# 现代世界的建构

陈方正 著

**SPM** 南方出版传媒
广东人民出版社
·广州·

图书在版编目（CIP）数据

现代世界的建构／陈方正著. —广州：广东人民出版社，2018.9
ISBN 978-7-218-13137-5

Ⅰ. ①现… Ⅱ. ①陈… Ⅲ. ①现代化研究-世界 Ⅳ. ①K14

中国版本图书馆 CIP 数据核字（2018）第 192905 号

XIANDAI SHIJIE DE JIANGOU

现代世界的建构

陈方正 著

出 版 人：肖风华

书名题签：金耀基
主 编：李怀宇
责任编辑：李展鹏 张 静
装帧设计：张绮华
责任技编：周 杰 吴彦斌

出版发行：广东人民出版社
地 址：广州市大沙头四马路 10 号（邮政编码：510102）
电 话：（020）83798714（总编室）
传 真：（020）83780199
网 址：http://www.gdpph.com
印 刷：广东信源彩色印务有限公司
开 本：787mm×1092mm 1/32
印 张：11.125 字 数：280 千
版 次：2018 年 9 月第 1 版 2018 年 9 月第 1 次印刷
定 价：66.00 元

# 自　　序

　　三十年前我初到中国文化研究所时，中国的改革大潮正风起云涌，许多学界朋友兴奋莫名，言谈中充满了对未来的憧憬。随后不久，风暴来临，憧憬幻灭，大家又对未来道路生出许多坚定不移的看法，认为中国应该这样或者那样走。我却没有这种信心和勇气。我觉得，未来是开放的，不确定的，中国将来会变成什么样子，或者最好走什么样的道路，都不那么容易看透，我们能够做的，只不过是尽量观察其他民族在近代发展中所获得的经验、所碰到的困难，从而作些比较和思考，如此而已。

　　不过，我很快发现，这种简单的想法并非大多数学者朋友所能够认同。其背后原因似乎是：大家都觉得中华民族是个特殊民族——它超庞大的人口、连绵悠久的历史、丰富多彩的文化都是独特的，不是其他文明所能够比拟的，因此把它和其他民族去作比较既没有必要也不可能；即使做了，也不见得会有什么意义。至于西方学者，则颇有人对所谓"现代化比较研究"（comparative modernization）感到极大兴趣，普林斯顿大学的布莱克（Cyril Black）和罗兹曼（Gilbert Rozman）就是很有名的两位。然而，与罗兹曼一席谈话，也拜读他们两位的著作之后，他们的社会学研究方法也不得我心。这主要因为他们本着专业中心主义，完全依赖社会经济数据的对比，而忽略文化和历史因素，也就是人作为现代化原动力的重要性，更因为在底子里他们并未脱离西方中心意识，没有看到某些西方国家（最明显的莫过于西班牙和葡萄牙）也同样有严重的现代化问题。

所以，从20世纪90年代开始，我在这方面陆陆续续做的一些工作都是就大家不甚熟悉的题材和角度立论，从而落在主流论辩和交锋以外。例如本书第二辑开头两篇文章本来是1991年初夏威夷"20世纪的中国历史反思"国际研讨会上的发言稿，会上虽然有许多相熟朋友，却几乎没有引起任何反应。原因很简单：大家对奥托曼和土耳其历史都很陌生，也不太感兴趣，因此虽然它和中国在19世纪20年代至20世纪30年代之间的历史进程有极其相似之处，也有颇为戏剧性的对比，却鲜为中国学者注意，人人无动于衷。这令我觉得十分惊讶，也十分遗憾。我想，这和国人对于外国文明、文化、历史缺乏浓厚和深入兴趣（但西方文学是例外），恐怕有点关系吧？为此我曾经在1995年初的海口国际汉学会议上发过一番议论，大意是中国的人文学者做学问似乎太"内向"了，对域外事物缺乏好奇和探究、剖析、审视的冲动。作为对比，我引了法国学者托多罗夫（Tzvetan Todorov）的话。他分析西班牙人何以能够以数百勇士征服墨西哥数千万众之后，得出如下结论："这惊人的成功关键在于西方文明的一个特点……说来奇怪，那就是欧洲人了解别人的能力。"也就是这一能力，使得"欧洲三百五十年来同化别人，消除外在界别的企图，基本上得以成功"。①然而，这

---

① Tzvetan Todorov, *The Conquest of America*. Richard Howard, transl.（New York：Harper，1985），p. 248.

议论带来的反应只是一片难堪的沉默。过后有一位老先生在我耳边细语："你都不知道，在大学里面教外国史做人多难呀！"那番不合时宜的话本来出自我为"西方冲击下的世界"翻译丛书所写的总序。该丛书一共六种，在1996年底由上海学林出版社出版，它见证了我在20世纪八九十年代对现代化比较研究所作的小小努力，本书《对三个现代化历程的反思》和《法律的革命与革命的法律》两篇文章，就是其中译著的序言。

至于本书其他篇章，也各有不同渊源，包括受到苏联突然崩溃这不可思议事件的震撼所激发，在报上连载发表的回顾感言《圣洁与邪暴》，和为学术会议、刊物、论文集撰写的多篇文字。它们大多就事论事，并没有整体计划或者主导思想，但也有一条隐约贯穿其中的线索，那就是对激进与改良之争的关注。这场大辩论是由20世纪80年代末的悲剧所引发，它导致了对激进行动和近代革命的强烈反应和全盘否定，也就是"告别革命"的呼声。不过，在我看来，那许多痛心疾首的言论恐怕都是情绪冲动而非冷静思考的结果，因为在社会需要作出根本变革的关头，激进革命往往是多次渐进改良的失败所激发，换而言之，是在穷途末路之中被逼迫出来的，而非从容选择的结果。本书第二辑第一、第二、第四三篇长文占了全部篇幅将近三分之一，它们至终所显示的大概便是这个道理。而西班牙现代化进程屡屡失败（《对三个现代化历程的反思》一文第二部分），也正就是在牢不可破的传统重压之下，多次革命胎死腹中或者被镇压所造成的悲剧。

与激进革命相对立的是渐进改良，它有两个为人津津乐道的典范，即英国和日本。对于这两个例子所引起的问题我在20世纪90年代初曾经作过一些思考和研究，但问题太大太复杂，迟迟没有总结成文。后来有关明治维新部分终于借着参加新亚书院金禧校庆研讨会的机会发表，即本书第一辑《论启蒙与传统的关系》一文。至于有关光荣革命的部分，则拖延很久之后，意想不到地居然碰上了平卡斯（Stephen Pincus）划时代巨著的出版，那不折不扣是新世纪的大翻案文章，对我而言更是出乎意料的惊喜，因为心中所长久猜想的观点至此得到证实，即光荣革命在本质上同样是激进革命。而且，对于它何以长期以来被人误解为温和变革而非一般意义的革命，此书也作出仔细解释：那是多位"辉格史学家"为了反对共和思潮而有意识、有计划地歪曲所致。所以为此书撰写评论（本书第一辑《为不算革命的革命翻案》一文）真可谓平生快事。

比较五四运动与法国启蒙运动那两篇文章（第一辑的《五四是独特的吗》和《从大逆转到新思潮》）前后相隔十年，分别是为了纪念五四运动八十周年与九十周年的研讨会撰写的。前者重点在阐明"反传统"是那两个运动的共同起点与基调，我们不应该因为主观上觉得需要看重两个运动"正面"或者"建设性"的那一面而忽视这个起点的重要性。至于后者，则重点在于详细剖析这两个运动的兴起过程，借以说明它们同样是受外来强大刺激所产生，我们觉得它们的根源有"受外来影响"与"自身发动"的分别表面上顺理成章，其实是未曾深入分析启蒙运动的渊源所得的假象而已。这两篇文章发表至今已经多年，这两点始终未曾引起注意和讨论。但我相信，它们的确是了解五四和启蒙那两个思想运动的关键。

时光荏苒，五四运动的百周年转眼就要来临，倘若以伏尔泰《哲学书简》的出版为起点计，启蒙运动的三百周年祭也为期不远，而从这本集子第一篇文章发表至今，也超过四分之一个世纪了。就在这短短二三十年间，世界形势又已经发生了翻天覆地的变化，其中最突出的，无疑就是中国的悄然崛起：一百六七十年来的积贫积弱转眼已成过去，长久渴望的富强，不知不觉间竟然已经接近，似乎触手可及了——当然，如影随形仍然未曾摆脱的，也还有一大堆剪不断、理还乱的新老严重问题，但无论如何，对欧美、俄国、日本、中国乃至土耳其，所有这些我们最熟悉也最关心的地区和国家而言，"现代化"作为一堵必须艰苦攀登的拦路峭壁，一个必须忍耐渡过的地狱煎熬，那样一个阶段其实已经过去。现在它们所共同面对的，是在全球化大潮中，如何各自凭借本身优势，也仍然带着、忍受着本身可能极其深刻的缺陷，来相互竞赛，力争上游的崭新局面。因此，不能够不坦白承认，这本集子所讨论的那些天大问题，有相当部分已经失去紧迫性甚至现实意义，而变为纯粹的历史回顾了。

但山中方七日，世上已千年。在此时此刻来回顾现代化进程，特别是五四与启蒙那两场扣人心弦的思想运动，实在不免令人掷笔四顾心茫然。因为这些曾经如此激动知识分子心灵的运动虽然好像是彻底改变了世界，然而改变的方向却和原来那些崇高、美好的理想不再是同一回事。它们并没有"落空"，而是很微妙地，在大众不知不觉之间，发生了变化，也就是被大众消费社会所消融，被无远弗届、无孔不入的商业运作全面渗透，被日益强大不可遏制的国家机器所宰制——也就是无可抗拒地落入赫胥黎所谓的"美丽新世界"深渊中去。因此，倘若我们的头脑还没有完全被眩惑而麻痹的话，那么就不能够不怀疑：当年到底是启蒙或者五四这类思想革命在改变世界，还是其他更根本、更不受人类控制的力量，譬如说科技，在底子里主导世界的改变，而思想运动只不过是其表征而已？对于人文学者来说，这样的念头是极其不愉快，乃至大逆不道的。但在 21 世纪的今天，在铺天盖地的电脑、机械人、互联网正在迅速宰制一切、取代一切（包括人类本身）的时代，这种疑惑的油然滋生也是无法避免的了。

这些文章大部分已经出版多年，现在蒙李怀宇兄的建议和帮忙，得以重新结集面世，我谨在此向他致谢。

2017 年端午后于用庐

# 目　录

## 第三辑 现代的传统根源

第一辑 五四与启蒙运动

# 为不算是革命的革命翻案
## ——重新探究和评价光荣革命

历史上有一场革命，是大家都颂扬、称赞，认为只带来进步、建设与光明，而没有野蛮、流血和残酷，更没有破坏、混乱和倒退的；是大家都承认，它如此平和、美好、圆满，实在不应该和历史上其他那些充满斗争、杀戮，犹如天崩地裂的政治大转变相提并论的。不用说，这独一无二，简直不算是革命的革命，所指就是光荣革命，近代民主政治的开端。在一般人心目中，它的过程很简单：国王詹姆斯二世（James Ⅱ，1685—1689）① 企图以高压手段将罗马天主教强加于英国社会，信奉新教的民众和议员群起反抗，将他驱逐，迎奉荷兰的威廉三世（William Ⅲ，1689—1702）登基，又得到他的承诺，君权必须和国会共同行使，由是确立了君主立宪体制。所以，这是一场不流血革命，在短短几个月内政权就和平地转移到新君和国会手中，民权、自由、宽容原则自此确立。它是以最小代价，在最短时间，获得最大进步，是最高效率的政治变革。

---

① 括号中年份为君主在位年份，下同。

# 一、里应外合的武装政变

但是，为什么英国这一次革命就如此完美和干净利落，就和日后其他革命完全不一样呢？是英国的民众和政治家特别有理性、智慧、远见，是英国的社会结构特别完善，它的政治传统特别优良吗？还是这个国家在文化或者法律上有什么秘密？抑或它是由因缘际会造成？这是个不能不追问的问题，否则在完美光洁的外衣包裹下，它就会从复杂的历史背景中被剥离出来，成为独特事件，从而失去在政治史上的意义。不过，要认真面对这问题，就不能够不探究一些细节，甚至关注英国以外的事情，例如，威廉三世到底是如何被"邀请"入主英国的。

要了解这个过程并不困难，因为伊斯雷尔的《荷兰共和国史》① 对此有详细论述。翻开这本逾千页的皇皇巨著就会知道，威廉三世其实是以倾国之力，调集两万大军、四百艘运输船只和五十三艘军舰，来横渡英伦海峡的——以船舶计算，那比百年前企图入侵英国的西班牙无敌舰队，足足有四倍之多！所以，和一般印象相反，威廉的"入主"绝非轻装简从、和气洋溢的"受邀"，而是自六百多年前诺曼人征服英国以来最大规模的跨海入侵，是荷兰人以国家命运作为筹码的豪赌——西班牙君主腓力二世的豪赌惨败就是名副其实的"覆舟之鉴"。既然如此，下一个问题就来了：荷兰人为何要孤注一掷，冒此奇险？为何实际出兵又并非在英国"七君子"密函要求援助的

---

① Jonathan Isreal, *The Dutch Republic: Its Rise, Greatness, and Fall 1477 – 1806* (Oxford: Clarendon Press, 1995).

1688年六七月间，而选定于风高浪急的11月？这是两个最自然不过的问题，而答案则是由英、法、荷三国错综复杂的外交、军事关系决定的。英国是新教国家，基本上亲近荷兰，在16世纪它们就曾经联合对付西班牙，荷兰由是得以独立；然而，到了17世纪，英国斯图亚特（Stuart）王朝历届君主倾向罗马天主教，因此和法国关系日益密切；另一方面，荷兰在独立过程中发展成为新兴海上贸易强国，势力、财富于17世纪中叶达到巅峰，这导致它和英法剧烈冲突，由是发生了1650—1670年间的两趟英荷海战，以及1672年的英法联合入侵，当时荷兰濒临亡国边缘，最后是靠打开海闸自淹国土，才得以退敌救亡。十六年后即1688年，荷兰处境更加不妙：雄才大略的路易十四此时已经羽翼丰满，正在逐步实现主宰全欧洲的大计，法荷战争一触即发；英国的詹姆斯公开信奉天主教，建立了强大的海军和常备新式陆军，而且唯路易马首是瞻；至于荷兰各省（它们是高度独立的，全国议会必须得到省议会授权才能够采取行动）则意见纷纭，莫衷一是。在此背景下，以上两个问题就很容易回答了。就荷兰全国而言，十六年前兵临城下的惨痛记忆犹新，亡国危机已再度出现，所以趁英国民情汹涌，一致反对詹姆斯专权和"天主教化"政策的时机，破釜沉舟，先发制人，以图打个翻身仗，那是果敢决断而非盲目冒险的行动。就威廉三世个人而言，他和英国王室关系密切：本人是英王詹姆斯的外甥，夫人玛丽（Mary Stuart）是詹姆斯的女儿，在法理上有资格继承大统，而以坎特伯雷大主教为首的"七君子"又致密函予他求助，这代表了教会、贵族和士绅的广泛支持。所以他可以说是碰上了千载难逢、"天与人归"的好时机。但即使如此，当年六七月间法军虎视眈眈于旁，本国各省议论纷纭于内，所以他仍然必须耐心等待。而最后决定大局的，则是路易选择在 1688 年 9 月加剧对荷兰的贸易战争，这至终激起了荷兰人的同仇敌忾，使威廉得以说服议会将他的大计付诸实施。同样关键的是，路易决意和德国诸邦开战，于 9 月底挥军进围莱茵心脏地区，由是为荷兰解除了后顾之忧，因此短短一个月后威廉就断然率军渡海了。所以，他是经过处心积虑部署，然后看准时机，以雷霆一击而成就大业，他的"黄袍加身"绝非幸致。

## 二、两百年来第一翻案文章

这些细节说明了一件事情：光荣革命不仅是英国内部的转变，而且和欧洲国际政治息息相关。没有决心打"翻身仗"的荷兰和威廉三世，没有失策的路易自动"配合"，都不会有这样一场革命。不过，尽管国际形势导致了这场革命的形态和进程，它的基本动力和决定性因素仍然是在国内。威廉有他的动机和实际考虑，那么他的对手詹姆斯又如何？他执意以高压手段推行"天主教化"政策，弄得众叛亲离，心中到底有何图谋、打算，抑或只是糊涂、固执、一意孤行而已？他有众多谋臣，有法国奥援，更建立了强大的军队和舰队，怎么会两军尚未交锋就仓皇出奔，将王位拱手让予女儿和外甥？他失败的真正原因到底何在？1688—1698 这场革命所代表的，仅仅是主教和贵族的"拨乱反正"吗，还是政治、社会和宗教上的整体和深层冲突？

三百年来，这些问题已经有无数学者、史家讨论过了。他们大多数是将之作为 17 世纪英国政治史的一部分看待，但以之作为主题来全面和深入研究的也代不乏人，其中 19 世纪麦考莱的四卷本《詹姆斯二世登基以来英国史》① 可谓奠基巨著，到了 20 世纪，他外甥孙特里维廉的《英国革命 1688—1689》② 以及琼斯的《英国的 1688 革命》③ 也持相同论调。这几位大名鼎鼎的英国史家基本上就是"光荣革命非革命"和"拨乱反正"说的创立者和宣扬者。特里维廉说"驱逐詹姆斯是革命行动，但除此之外这个奇特革命的精神正好和革命相反"④；斯特拉卡宣称："它（光荣革命）不是今日意义中的'革命'，因为它带来了加强而并非推翻旧秩序的一套法律。光荣革命可说是阻止了真正的革命……所以，它只不过是英国人赶走了一个不适合统治（他们）的人，否定了他的外交和内政方针，和找到一个更合心意的国王而已。"⑤ 那正就是这种论调的典型——光荣革命的平和、完美印象，就是由他们合力塑造的。

然而，到了 21 世纪，这一面倒的和谐形象终于被打破了！在过去短短两年间，就出现了三本有关光荣革命的专著：瓦伦斯的《光荣革命：1688——不列颠为自由而战》⑥、哈里斯的《革命：

---

① Thomas Babington Macaulay, *The History of England from the Accession of James the Second*, 4 vols. (London：Dent & Sons, 1962).

② George Macaulay Trevelyan, *English Revolution 1688 - 1689* (London：Oxford University Press, 1954).

③ J. R. Jones, *The Revolution of 1688 in England* (London：Weidenfeld & Nicolson, 1972).

④ 前引 Trevelyan, p. 11。

⑤ Gerald M. Straka, ed., *The Revolution of 1688 and the Birth of the English Political Nation* (Lexington, Mass：Heath & Co., 1973), p. ix.

⑥ Edward Vallance, *Glorious Revolution：1688—Britain's Fight for Liberty* (New York：Pegasus Books, 2008).

7

不列颠王国的巨大危机 1685—1720》①，以及耶鲁大学的平卡斯在去年出版的《1688：第一场现代革命》②。它们基于过去半个世纪的大量档案研究，各自展现了这个巨变更复杂和动态的不同面相。其中平卡斯的新书更对两个世纪以来的史家共识树起了鲜明的反叛大纛。他石破天惊地宣称："1688—1689 的革命是第一场现代革命，不仅因为它导致了英国国家与社会的蜕变，而且因为它和所有现代革命一样，是群众性的、暴力的、造成分裂的。……1688—1589 的革命并非像辉格建制派（Whig Establishment）史学所描述的那样，是贵族阶层间基于共识而没有血性的事件。"③ 毫无疑问，这是激进的、毫无妥协的两百年来第一翻案文章，它至终是否能够为史学界接受，接受到何等程度，自然尚属未知之数，但它将在史家之间掀起轩然大波。产生激烈争辩是必然的，它之大有可能彻底改变我们对西方近代史特别是现代革命的观念，也是毋庸置疑的。那么，平卡斯到底提出了些什么新观点，他的反叛又到底是从何取得突破的呢？

## 三、詹姆斯要干什么？

平卡斯所提出的众多新观念之中，最核心、最根本的是：詹姆斯是意志坚定的改革家，而绝非愚昧自大的昏君。光荣革命最直接的原因是这位新君以高压手段改造英国，企图使它成

---

① Tim Harris, *Revolution: the Great Crisis of the British Monarchy*, *1685 – 1720* (New York: Penguin, 2006).

② Steve Pincus, *1688: The First Modern Revolution* (New Haven: Yale University Press, 2009).

③ 前引 Pincus, p. 474 – 475。

为中央集权的天主教社会，这是大家都承认，不可"翻案"的事实。但他为什么要甘冒英国政治与宗教传统以及民心士气之大不韪，如此倒行逆施呢？平卡斯否定了向来的看法；他认为詹姆斯这样做绝非出于宗教狂热，更不是无目的与方针，昧于民心国情。正相反，他是一位有决心、有理想，有坚定意志的改革家，其现代化的典范就是当时欧洲最强大、最先进、秩序井然的高度中央集权（乃至极权）国家，路易十四治下的法国。也就是说，他要"以法为师"。

他为这个"大改革"观念提出了许多证据。首先，詹姆斯是有整体计划和实施步骤的，这包括他史无前例地建立常备军队，大事扩充舰队，以及不顾反对，以强力改造英国的中央和地方政府，包括其宗教、大学和司法体制乃至议会，务使它们都直接听命于国王。其次，他的"一面倒"政策得到了路易十四的全力支持：由于得到法国资助（这其实在他的父王查理二世时期就已经开始），他得以绕过国会掣肘而整军经武，而且，他的核心"执政团队"主要就是和法国关系密切的耶稣会士。第三，耶稣会士无论在罗马抑或在英国天主教徒之间都不受欢迎，而且法国和信奉天主教的西班牙、神圣罗马皇帝乃至罗马教廷积怨甚深，然而詹姆斯却始终站在法国一边；更奇怪的是，在光荣革命前后，英国天主教徒整体上并不支持詹姆斯，甚至在革命之后很长时期，英国国内图谋复辟的所谓"詹姆斯派"（Jacobites）也大多来自英格兰教徒（Anglicans）中的保守派，而非天主教徒。因此平卡斯再三强调以下结论：光荣革命的焦点绝非宗教冲突；詹姆斯的独裁和天主教情结都只不过是效法路易十四的方针而已——特别是效法他在 1685 年废除已经有将近百年历史的"南特诏令"（Edict of Nantes），不再容忍国内新教徒的独断政策。至于由此而引起宗教冲突那不过是连带性而非根本性问题。他更认为，詹姆斯这个"法国—天主教"现代化模式虽然失败，虽然被后来发生的革命所否定，但并非不切实际，或者完全没有成功可能。

## 四、不流血革命？

平卡斯所提出的第二个新的基本观念是：光荣革命绝非如传统史学所宣称的那样，只是"拨乱反正"和"回归传统"，是贵族阶层凭借共识、公议而决定的转变，所以是"非革命性的革命"。他认为，正好相反，它牵涉流血、冲突的全民性大规模斗争，它造成了思想上、政治上、社会上、宗教上、外交上等各方面的断裂和根本改变，所以是不折不扣的现代革命。可是，就大家所十分熟悉的，1688 年 11 月威廉率军渡海以迄他翌年登基之间那四个月在英格兰南部所发生的事件而言，这剧烈冲突的观念如何能够成立呢？也就是说，麦考莱和特里维廉的叙事到底在哪里出错呢？

答案有两个层次。首先，是平卡斯研究的范围和深度比以前增加了不知道多少倍。用哈佛大学的贝林教授在书评文章中的话来说，平卡斯"阅读了和这革命有关的每张印刷品和每份手稿，包括正面和反面，而且在一百二十八页密密麻麻的注释中把它们全部引用了"。所以，他警告那些有意批评平卡斯的人：别轻举妄动，除非你们也同样跑遍了他发掘资料的那六十二所档案馆，也通读了他在注释中引用过的千百种宣传册页、手稿和其他原始文献，否则肯定无法招架他的回应。① 其次，

---

① 见 Bernard Bailyn，"How England Became Modern：A Revolutionary View"，*The New York Review of Books*，November 19，2009 issue，pp. 44 –46。

也许是更重要的，平卡斯把光荣革命的观念扩充了不知多少倍：在时间上，从1688—1689年那几个月扩充到1685—1697间的十二年；在空间上，从英格兰扩充到英伦三岛以至欧陆，特别是荷兰和法国；在性质上，则从政治、宗教扩展到行政、经济、军事、外交、国际关系。我们在此自然不可能充分说明他这"激进革命"观念的内涵，但也许举两个例子就足够了。威廉登基后一两个月内苏格兰和爱尔兰的"詹姆斯派"（包括大量新教徒）就都起来造反，控制当地，而且起初节节得胜。苏格兰不久就平定了，但爱尔兰则要到翌年六七月间威廉亲自率军在波恩河（River Boyne）之役击败詹姆斯，才算是暂时稳定下来。然而，法国海军随即在英国东南岸的比奇角（Beachy Head）击败英荷联合舰队，此后法国入侵的企图和传言不绝如缕，直至1692年决定性的拉霍格（La Hogue）海战之后情况才逆转。① 而这些战役的大背景则是威廉在国会支持下，领导英荷向法国宣战，为惨烈的"九年战争"（1689—1697）拉开帷幕。直至此战结束，威廉的王位才得到法国承认而巩固。所以，"不流血"革命云乎哉？

其次，英国社会当时已经处于向工业和远洋贸易这新经济基础转化的关键时期，荷兰为此提供了典范。但詹姆斯仍然认定，土地为财富根源，支持以保守党（Tories）为代表的地主阶层，以及垄断性的特许海外贸易机构，诸如东印度贸易公司和非洲贸易公司，甚至不惜为此与印度的莫卧儿帝国（Mogul Empire）正式开战而致遭逢大败。威廉登基后代表新兴工商阶层的辉格党（Whigs）逐渐得势，其结果就是以商人为中坚的

---

① 但不知为何，平卡斯完全没有提及这场海战。

英伦银行之设立，土地税法案之通过，国家土地银行之议被否决，非洲贸易公司被废止，东印度贸易公司被迫修订章程及被迫自负盈亏等连串重大经济政策的剧烈改变。所以，"凭借贵族阶层共识"的革命云乎哉？

然而，对于这些军事、外交、经济上的巨变，麦考莱和特里维廉这两位大史家即使不甚注意，或者知之不详，也绝不可能懵然不觉，何以他们和平卡斯的观点如此之南辕北辙，冰炭不容呢？对此原因，平卡斯也同样没有放过研究！他的解释是，直至18世纪初为止，光荣革命之为剧烈的全国性大冲突是英国人所一清二楚，绝对没有争议的。对它看法的"保守转向"开始于沃波尔（Robert Walpole，1721—1742任首相）和他所开创的"建制派辉格党"之长期执政。他们在基本政策上作出了巨大逆转，要遏止有共和倾向的民主进程，并且转为与法国亲善，故而连带对光荣革命的"革命性"也不断加以淡化。此后两个多世纪间，这"保守转向"更因为三位著名学者对欧陆如狂飙激流般的民众运动之畏惧、反感而不断加强。这些学者中名气、影响最大的，自然是大力抨击法国大革命的保守政论家柏克（Edmund Burke），但麦考莱处身欧洲革命年代（1830—1860），特里维廉经历纳粹横行的黑暗时期，这祖孙两位"辉格史学家"发扬同样的保守论调也是很自然，很顺理成章的。所以，冰冻三尺，非一日之寒，两百多年来史学界对于光荣革命的成见牢不可破并非无因，而在三百年后的今日要为这场革命正名、翻案，还它一个公道，还得靠远在大西洋彼岸的美国学者，那恐怕并非偶然了！

# 五、现代革命的本质

那么，既然历来公认为最平和、最顺利的光荣革命是如此，难道所有现代化转型都必然是激进、流血、断裂性的吗？它们的本质是什么？为了回答这个最自然不过的问题，平格斯提出了他第三个核心观念，即现代革命并非由政府的压迫而产生，它不是"义民反抗昏君，推翻暴政"的故事，而是由渐进改革本身所触发的冲突所造成。在这崭新的解释框架中，光荣革命和其后法国、俄国、奥托曼帝国、中国等等的革命并没有基本分别，它们都是社会向现代转型过程中所要经历的相同阶段。

为什么改革反而会导致革命？平格斯认为，主要的原因在于：关乎政治、社会体制的基本改革必须经过酝酿、讨论阶段，而且必须以当权政府承认现行体制的基本不足为前提，这样就必然会为社会上各种本来被压制的势力提供在群众之间宣传、煽动其见解的空间，甚至提供了动员群众将各种不同理念（包括与政府截然相反者）付诸实际行动的机会。这样，自然就有可能瓦解原有的政治秩序，引发全国性冲突，当政府失去控制的时候就会出现革命。光荣革命基本上就是由詹姆斯的"法国现代化模式"与辉格党和保守党合流之后出现的"荷兰现代化模式"两者间之冲突所产生。同样，在辛亥革命中有"保皇党"与"革命党"或曰立宪与共和两种不同改革主张的冲突，俄国大革命中有克伦斯基政府、孟什维克和布尔什维克三者之间的斗争，法国大革命中有雅各宾派与吉伦特派的竞争，等等。此外，1908 年的土耳其革命、1959 年的古巴革命和1979年的伊朗革命，也都可以说是民间所追求的现代化模式战胜了当权政府的改革模式所造成。

不过，另一方面，平卡斯也强调，现代化改革并不一定就导致革命，其关键在于政府本身的健全程度和控制能力与社会自发性力量的强弱对比如何。他特别指出，像瑞典、丹麦、路易十四治下的法国，或者明治时代的日本都经历了现代化转型，但并没有发生革命。在现代化过程中虽然会有不同模式的冲突、竞争，革命却并不是必然的。

## 六、余论

《1688：第一场现代革命》是一本充满热忱、动力和反叛性的，令人兴奋莫名的新书。在它五六百页的篇幅中，几乎到处都予人以破感发覆，新义层出不穷的印象，然而它的注释却又是如此铺天盖地，无懈可击，无怪乎贝林要发牢骚说，此书是"过分撰写，过分征引，不断重复……它的论证重复了那么多遍，我们不免要因为被催眠而接受它了！"但对于中国读者来说，在辛亥革命百年祭的前夕来读这么一本大书，自然又别有滋味和感慨在心头。近二十多年来，有感于中国近百年现代化道路之曲折坎坷，从而追本溯源，质疑辛亥革命的中国知识分子可谓不绝如缕。他们虽然未必明言，但有意无意之间，往往流露出心底里的一种疑问、诉求来：为何中国的革命就不能够像光荣革命和明治维新那样理性、完美、顺当？是不是中国人太冲动、激进、缺乏远见，白白丢掉了循序渐进、立宪改良的机会呢，还是有什么别的理由？

平卡斯这本巨著不可能完全回答我们的疑问，但最少它可以很有力地说明一点：现代化转型要改变大多数人的思想、行为、习惯，要改造整个社会的机构、体制，所以它不是请客吃饭，往往不能避免流血、斗争、混乱，也就是需要经历货真价实的革命——即使那么成功的光荣革命也不例外。它的平和、顺利、凭借共识只不过是两百年来政治家和学者所共同塑造的表象而已，现在是面对历史真相的时候了！思虑及此，我们也应该可以对辛亥革命，以及对为此革命前仆后继的那许多先烈感到释怀了吧？

当然，我们心中还有一层更重要的疑问，是这本书没有提供答案的：仅仅就政权的转变而言，辛亥革命事实上和光荣革命几乎同样迅速，然而，光荣革命所产生的临时国会（Convention Parliament）为什么竟然能够在那样急迫、仓促、意想不到的情况下，在拥戴威廉登基之际，未经激烈争辩、讨论，就提出了如《权利宣言》（Declaration of Rights）那样成熟、合情合理、思虑周详的条件要求新君接受，而这也就顺利地成为了日后宪政稳定发展的基础呢？反过来看中国，则辛亥革命之后政局仍然是动荡不安，斗争不息，直到四十年后才初步稳定下来，而此后还要再经历三十年的失败尝试和激烈争论，这才终于走上较为平稳的现代化道路。这比之英国在光荣革命之后的发展实在是迂回曲折太多了，其差别又从何解释呢？

尽人皆知，这和20世纪初对中国极为不利的国际形势有关，而中国人口和幅员之庞大，也使得重新建立有效政府倍加困难。这些都不必在此讨论，我们要提出来的，是往往为国人忽略的第三个因素，即英国长远得多的宪政与革命传统。从远的来说，《大宪章》和议会（parliament）这两个体制从13世纪出现，至17世纪已经有三四百年历史和发展。从近的来说，第一位斯图亚特君主詹姆斯一世和议会的对抗是从 17 世纪 20 年代开始的，它后来发展成长达二十年的清教徒革命（1640—1660），那是个大混乱时期，其间发生了国王与议会的激烈抗争；双方两度内战；国王受审并被处决；长逾十年的议会当权和"护国君"克伦威尔执政，最后则以查理二世复辟收场。换而言之，英国的 17 世纪"大革命"实际上是延续了足足半个世纪（1640—1697）以上！因此，应该承认：光荣革命实际上是"大革命"的结束而非开端，它一方面继承了英国的长远政治传统，另一方面也反映了英国人在此前半个世纪的革命历史中所获得的惨痛教训，故此能够迅速带来较成熟与合理的结果。倘若用相类似的眼光回头看中国，那么我们可能也会同意，从 20 世纪初的辛亥革命开始，经过了大约七十年的冲突、斗争、探索，中国才能够吸取诸如"大跃进"和"文革"那样的惨痛教训，才终于发现"改革开放"这现代化道路，那虽然令人慨叹，其实亦并非不可思议。

原刊《读书》（北京）2010 年 7 月号，第 24—34 页。

# 五四是独特的吗？
## ——中国与欧洲思想转型比较

　　五四运动①和辛亥革命是中国近代史上两件大事。辛亥革命的意义和影响比较明确，五四运动却不一样：它的性质和评价至今仍颇有争议，在世界近代思想史上它应该占怎样一个地位，似乎也还未有定论。当然，胡适视他所推动的新文化运动为"中国的文艺复兴"；北大学生在胡适、陈独秀支持下办《新潮》，把它的英文名称定为 *Renaissance*；而且，远在辛亥革命之前，章太炎就已经有意识地推行他心目中的文艺复兴运动，即批孔和文学复古；日后他的学生、朋友如陈独秀、蔡元培、钱玄同、鲁迅、周作人等，都成了新文化运动的中坚分子。因此，称五四运动为"中国的文艺复兴"，不但是一些近代学者的看法，大概也颇为切合当日参加运动者的主观心态。

――――――――――

　　① 本文的"五四运动"采取周策纵在 *The May Fourth Movement: Intellectual Revolution in China*（Cambridge, Mass.: Harvard University Press, 1960）一书中的广义说法。它包括新文化运动、"五四事件"所触发的爱国运动，以及新知识分子所倡导的家庭、教育与社会改革运动等一系列运动，由于它们相互影响、呼应，而且根本动力都来自《新青年》、《新潮》等杂志所鼓吹的新思想，所以可以作为一个整体现象来论析。

此外，欧洲进入现代的另一个里程碑——启蒙运动，也经常被用以比喻五四：舒衡哲（Vera Schwarcz）和李泽厚都称五四为"中国的启蒙"；在五四七十周年之际，王元化办《新启蒙》杂志；后来，"启蒙心态"又被用为五四精神的代名词。①

那么，文艺复兴或者启蒙运动之于五四，到底只是比喻，或者运动参与者心目中的典范，抑或两者之间还有其他深层的内在关系呢？反过来说，西欧也曾经有过类乎五四的运动吗？那是文艺复兴抑或启蒙运动？当然，欧洲的近代演变和中国太不一样了，也许两者根本无从比较。无论答案如何，这些问题本身似乎还未曾被认真考虑过②，所以至今五四还是被视为中国特有的文化现象，而中国知识分子的观念、心态之变化，则始终牢牢占据着五四研究的中心甚至整体。五四发生至今已经八十周年，这应该是突破我们某些思想习惯，把中国的近代思想变革放到人类文明转型的大背景中去看，把中西（以及中外）历史进程的异同作一切实比较的时候了。

当然，这样的比较充满了观念上的争论与陷阱，作这样一

---

① 以上各点见朱维铮《失落的文艺复兴》，载刘青峰编《历史的反响》（香港：三联书店，1990）；J. B. Grieder, *Hu Shih and the Chinese Renaissance*（Cambridge, Mass.：Harvard University Press, 1970）；Vera Schwarcz, *The Chinese Enlightenment*（Berkeley：University of California Press, 1986）；李泽厚《启蒙与救亡的双重变奏曲》，载《走向未来》1（成都：四川人民出版社，1986）；杜维明《化解启蒙心态》，载《二十一世纪》（香港）1990年12月号，第12—13页。

② 余英时在《"五四"——一个未完成的文化运动》一文中确曾将五四和启蒙运动作对比，但重点则是在五四之意义及其不足，而并非两者作为文化现象的比较性探讨。参见余英时《文化评论与中国情怀》（台北：允晨，1993），第65—72页。

个尝试是吃力不讨好的。我在此不敢自谓有什么新发现或者洞见，只不过希望借此引起一些注意和讨论而已。由于篇幅所限，本文仅着眼于五四运动与西欧现代化蜕变的比较，至于其他相类比较，容另文讨论。

## 一、问题的核心：与传统决裂

五四是一个迅猛、激烈的运动，从 1915 年新文化运动揭幕，新思潮和白话文运动兴起，以燎原之势蔓延整个思想界开始，以迄 1919 年"五四事件"爆发，引起席卷全国学生、学者、市民的罢课、罢市、抵制日货运动，最后内阁垮台，政府被迫拒签和约与全面让步，以至 1921 年它开始转化，成为长期政治运动为止，前后只不过是短短五六年。当然，如许多研究者指出，五四的肇因其来有自，中国知识分子思想转变的酝酿最少可以上溯到 1895 年，亦即甲午战争翌年。然而，即使如此，张灏所谓中国近代思想的"转型期"，前后也只不过二十五年（1895—1920）而已。① 对于我们向来视为极之悠久深厚的中国文化来说，从传统到现代的转变如是之急速和剧烈，的确令人感到迷惑、目眩。余英时以"巨石走峻坂"来比喻中

---

① 张灏《中国近代思想史的转型时代》，载《二十一世纪》（香港）1999 年 4 月号，第 29—39 页；在其 *Chinese Intellectuals in Transition*（Berkeley：University of California Press，1987）一书中，他以 1890—1911 为中国思想的"过渡期"，但那是以从变法到革命这一过程的探讨为主。

国现代思想的激进倾向，五四可以说是最好的说明。①

那么，在西欧，可以与五四比较的，到底是哪一段转变历程呢？这委实不是个容易回答的问题。因为西欧在近代所经历的思想文化蜕变，是自发性而且相当平缓的，历时达数百年之久；中国所经历的，则是在强大外来势力冲击之下，由于强烈危机感而产生的文化重新取向（reorientation）。这似乎是两个性质完全不同的转变：前者需要创新；后者所需，则是观念与价值的重新校准（realignment）。将两者相提并论，似乎并不合理。然而，却也并非完全没有可以将这二者相比较的原则，因为无论创新也好，观念的重新取向也好，显然都同样要以与传统文化特别是传统思想体系决裂为前提。这里所谓"决裂"，是指在社会领导群体中，传统思想体系丧失主宰地位。而所谓"传统思想体系"，在中国是指儒家伦理，包括孔孟学说以及礼教；在西方自然是指基督教，包括罗马天主教与新教。②

因此，我们认为，在西方近代思想史上，可以与五四运动或者1895—1920年的文化转型相比较者，应当是基督教丧失

---

① 余英时《中国近代思想史上的激进与保守》，载《犹记风吹水上鳞：钱穆与现代中国学术》（台北：三民书局，1991），第199—242页。

② 林毓生在 *The Crisis of Chinese Consciousness：Radical Antitraditionalism in the May Fourth Era*（Madison：University of Wisconsin Press，1979）一书中称这种"决裂"为激进和全盘性（totalistic）的反传统主义，但这种说法并非没有争议。例如，见周策纵《以五四超越五四》，载《近代中国史研究通讯》（台北："中央研究院"）第12期（1991年9月）第36页；孙隆基《历史学家的经线：编织中国近代思想史的一些问题》，载《二十一世纪》（香港）1990年12月号，第47—65页。孙的文章对有关五四的几本近著有详细评析。

文化宰制地位乃至被思想界猛烈攻击、抛弃的过程。欧洲的近代化蜕变大致经历了五个阶段：文艺复兴（1300—1550）、宗教革命（1517—1648）、科学革命（1543—1700）、启蒙运动（1689—1789），以及民族革命运动（1789—1870）。前四个阶段都与中古基督教文化的衰落有密切关系；至于自法国大革命以迄普法战争的民族革命，虽然也是整个蜕变的重要部分，而且与教会势力进一步崩塌不无关系，但单从思想的角度而言，则显然已经不那么重要。因此，以下的讨论主要集中于五四与欧洲文化变迁前四个阶段的比较，特别是它们如何摧毁传统思想体系的主宰地位。

## 二、东西方思想体系的基本差异

要作上述比较立刻就要面对一个基本困难：欧洲的四个文化运动总共历时五百年之久，是中国近代思想转型所需时间的二十五倍。两者时间如此悬殊，原因到底何在？不了解这原因，又如何能比较？

我们认为，这历程上的巨大差异可以追溯到中国与西方传统思想体系之间的一个根本差别，即基督教是建基于超越俗世的宗教信念之上，而儒家学说则依存于现世的个人道德伦理以及社会、政治制度之中。这思想根源之不同，以及孕育这两个传统的文化、政治环境之相异，造成了其发展形态的绝大差别。最明显的差别，就是罗马天主教会具有高度独立的政治地位与力量，即使在罗马中央政权解体后的黑暗时期（约500—1000）也还能够维持高度连续的"道统"。因此，它与俗世政治力量始终分庭抗礼，而在11—13世纪间，甚至凌驾于神圣罗马皇帝与英、法诸国君主之上，骎骎然成为普世性神权政体的首脑。这和受儒家伦理熏染的中国士大夫甘心在大一统皇朝中接受从属政治地位，形成了强烈对比。甚至，即使是儒家思想中从未能真正实现的"内圣外王"理想，其实仍然是政统与道统融合的一元体制，而并非政统、道统实际上分离的二元体制。①

基督教与"儒教"（为了方便我们权且采用这一说法）不但政治地位迥异，而且理念系统与内部组织也同样有巨大差别。起源于希伯来传统的基督教救赎观念与末世思想，本来是极为单纯、质朴的。然而，经过早期教父运用希腊思辨方式与哲学观念加以深化和系统化之后，它们形成了一套具有逻辑结构的神学与教会信条。这套神学与信条是经过长期激烈争议（包括政治斗争），然后在历次普世性教会会议（church council）中正式确立的，所以具有长期延续性以及无可挑战的权威性和普世②。其后，到了12—13世纪，这思想体系更进一步发展成精密、严谨的经院哲学。至于儒学，则自先秦以迄明、清两千余年间，大体上有两个形态：或则表现为个别经师、儒者一家一派的著述、学说，即所谓一家之言；或则通过朝廷认

---

① 本节所论，余英时在其《士与中国文化》（上海人民出版社，1987）一书之"自序"及第二章"道统与政统之间"之中亦有涉及，唯其重心在于中国知识分子在建立道统方面所作之努力以及所遭遇之困难，但对于儒教由于缺乏一超越理念以及深厚法律传统之支撑而受到之限制似乎未尝措意。

② 这里所谓普世性，自然只是以西欧为限，而并不及于俄罗斯、拜占庭、中东等地。然而，罗马公教和东正教虽然长期处于分裂状态，"普世教会"（ecumenism）的理想和运动却也从未止息。

可，立于学官，成为皇朝政治和教育、察举体制的一部分。因此，比之基督教，儒教思想的传播与发展有一个深刻两难，即独立性和普世性二者不可兼得。这和它在政治上没有独立地位有相同根源，即缺乏具有组织和固定理念系统的教会。

罗马教会之所以能发展出独立而严密、强固的组织，一方面是由于它的信念超乎俗世之上，另一方面则是由于早期教父将罗马帝国的行政结构与法律精神引入教会，将本来松散、独立的地方教会按照帝国形象重新塑造成一个有机体系。也就是说，基督教在教义上吸收了希腊思辨哲学，在组织上吸取了罗马的法律与行政结构。到 11 世纪，格雷戈里七世（Gregory Ⅶ）借着"授职权之争"（Investiture Contest）发动了一场教会对俗世政治权威（特别是神圣罗马皇帝）的激进革命，亦即是充分利用改革意识所赋予的巨大道德形象，以及当时正在重新出现，并在急速发展的罗马法学，来将教会进一步法制化，以树立更高、更强的权威。至于儒教，则除了文人学者或政治党派的短暂自发性结合之外，唯一的固定组织也许只能寻之于朝廷的祭祀与学官系统，巨宗大族（最显著者莫如孔府）的血缘性组织，或者宋代兴起的书院之中了，其或则缺乏独立性，或则缺乏权威性、普世性，那是十分明显的。①

从以上的简略比较可见，儒教虽然悠久深厚，但正如黄

_____

① 明代儒者颜钧、林兆恩都曾有将儒学转化为有组织的民间宗教之努力，而且相当成功。但他们所遭到的困难与局限（例如林兆恩要混合佛、道以凸显其出世性格），以及终于未能发扬光大，亦正好说明儒学因缺乏超越理念而受的内在限制。见余英时《士商互动与儒学转向——明清社会与思想史之一面相》，载郝延平、魏秀梅主编：《近世中国之传统与蜕变》（台北："中央研究院"近代史研究所，1998）。

土高原一样，它是松散积淀的同质体，缺乏分化的强固内在结构。它基本上通过个别儒者来传播和发展，而作为士大夫的儒者只能依附皇朝存在，并没结合成具有本身理念与长期传统的独立组织。换而言之，在客观世界中，儒家思想只反映于个人，而没有形成超乎个人之上，具有内在生命的团体。所以，在强大的外来力量冲击下，一旦儒者群体中的精英分子的思想发生变化，它就再也没有其他坚韧的保守力量来支撑，而在很短时间内崩溃。五四那么重大的文化与思想转折，竟然在短短五六年内发生，缘故即在于此。明乎此，我们对基督教权威的崩溃历程那么悠久缓慢，也就同样不必感到奇怪了。

## 三、中古基督教文化的漫长衰落

然则，庞大、严密、有权势而又曾经渡过多次分裂与灾难的罗马天主教会，怎么可能丧失在它掌握之中的欧洲心灵呢？这是个曲折、漫长的过程，对基督教发起直接攻击的启蒙运动只不过是这过程末了的决定性阶段，教会那似乎稳如磐石的根基之开始受到侵蚀和发生动摇，则是在此前长达四个世纪的酝酿期（1300—1700）。甚至，在酝酿期之前也还有一段序曲，即所谓"早期文艺复兴"，那也是不能够忽略的。以下我们先对欧洲思想在这两个时期的转变作一简略回顾。

### 序曲：古希腊罗马文化的复苏

"早期文艺复兴"出现于12世纪，它是欧洲脱离基督教修道院文化全面笼罩，重新接续古希腊－罗马文化的一个大转机。导致这转机的，是 9—12 世纪间一连串复杂的变化。欧洲从黑暗时期复苏，开始于第 9 世纪初的加洛林帝国（Carolingian Empire）和第 10 世纪中叶的奥托帝国（Ottonian Empire），但导致这个复苏的决定性事件，则是 11 世纪中叶的"教皇革命"，亦即所谓"授职权之争"（Investiture Contest），这大大提高了罗马教会和教皇的地位与权威；而在地位提高之后，罗马教廷立刻就倡导对长期进逼欧洲的伊斯兰教徒作出全面军事反击，从而引起了一连串意想不到的连锁反应。

简而言之，这大规模军事行动导致了欧洲与地中海各地（包括中东、北非、西西里，特别是西班牙）伊斯兰教徒的长期与频繁接触，其中一个重要后果就是，欧洲获得了黑暗时期失传，但仍然保存于伊斯兰文化之中，已经翻译成阿拉伯文的大量古代希腊科学与哲学典籍。这转而在西欧学者间掀起了一股热潮：由于阿德拉德（Adelard of Bath）、罗伯特（Robert of Chester）、杰拉德（Gerard of Cremona）、普拉托（Plato of Tivoli）等人长期不懈的努力，这批典籍连同许多原创性伊斯兰科学和哲学著作被翻译成西欧通用的拉丁文，从而彻底改变了欧洲的文化面貌，这就是所谓"早期文艺复兴"。它不但令欧洲学者的目光、意识重新投向希腊、罗马这两个灿烂的古代文明，而且促成了多种新生事物，包括欧洲中古科学的萌芽、建基于亚里士多德哲学的经院哲学（scholasticism）和神学之兴起，以及雏形大学的出现。这些新学问、新体制在 13 世纪的蓬勃发展将中古基督教文化推向顶峰，同时也为日后的文艺复兴与科学革命埋下伏线。①

因此，从根源上看，欧洲思想的蜕变也同样生于"外来"刺激，即从伊斯兰文化的影响开始——当然，这里所谓"外来"，有相当部分可视为"礼失求诸野"，因为它们是古代欧洲本有的，但是就认识上所需要的翻译与学习过程，以及其所产生的思想冲击而言，则这个跨越千年的"自我遭遇"，和受到真正"外来"事物的冲击，其实并无二致。

### 悠扬辉煌的调子：文艺复兴

文艺复兴的主调是推崇人的价值，发扬以人为中心的文化，即所谓人文主义（humanism）。这调子有两个主题：一是复古，即恢复古希腊、罗马的灿烂文明，显著的例子是佩特拉克（Francesco Petrarch，1304—1374）所提倡，以古代为典范的拉丁文学，特别是西塞罗的书信和演讲词；再则是对俗世事物的重视与发扬，例如薄迦丘（Giovanni Boccaccio）那些尖酸谐谑的故事和伊拉斯谟（Desiderius Erasmus）极尽嬉笑怒骂的《愚人颂》，等等。② 这个运动并没有产生对基督教的任何批评，

---

① 早期文艺复兴的标准论述有 Charles H. Haskins, *The Renaissance of the Twelfth Century* (Cambridge, Mass.: Harvard University Press, 1927 & 1993); *Studies in the History of Medieval Science* (Cambridge, Mass.: Harvard University Press, 1924)。至于"教皇革命"与欧洲整体意识形成的关系，则见 Harold J. Berman, *Law and Revolution: The Formation of the Western Legal Tradition* (Cambridge, Mass.: Harvard University Press, 1983)。

② 当然，艺术创作是文艺复兴运动极其重要的一部分，但它与思想转型的关系相当微妙，我们不在此讨论。

更不要说质疑；它反而表现出比前更为丰盛、活泼和真切的宗教热诚。然而，它重俗世而轻来世、重人而轻神的弦外之音，却也十分明显。因此，布克哈特在其划时代著作《意大利文艺复兴时期的文明》中认为，文艺复兴运动对于基督教思想造成了沉重甚至致命打击。他断言："这样，获得拯救的需要在意识中就越来越淡薄，同时现世的进取心和思想或则全然排除有关来世的一切思念，或则将之转变为诗意而非信条的形式。"①

人文主义到底是什么？在其初，它仅仅指拉丁文文法的学习与辞章的撰写，随后则扩大为拉丁文学的发扬，乃至古罗马典籍的搜集、考证、诠释，以及古代哲学和政治思想的研究。这是个十分重要的转变，它虽然只是"复古"而并不触及基督教，但底子里则无异于"反攻倒算"。为什么呢？因为基督教在罗马帝国本是外来思想，它要"反客为主"，"操戈入室"，就必须先压制原有思想，亦即贬抑原来的希腊罗马俗文学、哲学与其他学术，然后以修道院精神将之从一般人特别是教士心中扫除净尽。这是个艰巨漫长的过程，它起源于埃及和近东的苦修运动（asceticism），随即散播到法国的修道院，然后在中古早期（500—750）迅速发展，成为主流。② 因此，古典文明

① 见 Jacob Burckhardt, *The Civilization of the Renaissance in Italy.* S. G. C. Middlemore, transl. (New York: Random House, 1954 [1860]), p. 370，并见末了"Religion and the Spirit of the Renaissance"以及"General Spirit of Doubt"那两节。他的观点曾经引起极大争论，但始终没有被全面否定。

② 以下为有关罗马教会文化转变的经典著作：Pierre Riché, *Education and Culture in the Barbarian West: Sixth through Eighth Centuries.* John J. Contreni, transl. (Columbus, SC: University of South Carolina Press, 1976)。

的复兴实在等同于教会弃甲曳兵，前功尽弃。当然，也必须强调，人文主义学者本身却绝对没有这种大逆不道的想法，他们都仍然是虔诚基督徒，大部分甚至是教会栋梁。

具有如此危险倾向的调子为什么能够在意大利自由吹奏，而且蔚然成风达二百五十年之久，不曾受到高度敏感的罗马教会干涉呢？这有多方面因素：首先，11—12世纪神圣罗马皇帝和罗马教宗的对抗在北意大利造成政治真空，独立城邦如威尼斯、米兰、佛罗伦萨乘势出现，经济上它们已经发展出雏形资本主义，由是产生富裕社会，文化得以独立发展，不再受制于教会或者君主。其次，入侵蛮族摧毁了古代文化，但古罗马法律传统却在意大利北部延续下来，在上述城邦时期，它的公证人（notary）系统高度发达，因此在教育体系中拉丁文备受重视，由是为人文主义提供了土壤。因此，许多人文主义学者都出身于公证人世家。① 再者，罗马教会在13世纪权势达到顶峰，到14世纪却一落千丈。这是由于心高气傲的教皇卜尼法斯八世（Boniface Ⅷ）与法国国王腓力四世（Philip Ⅳ）抗争失败，故此教廷在1309年迁到阿维尼翁（Avignon），自是沦为法国王朝傀儡；其后它又经历长期分裂，直至百余年后（1417）方才重新统一，回归罗马。因此，兴起于14世纪的意大利文艺复兴是在教会长期"缺席"罗马，并且丧失道义权威

---

① 有关"授职权之争"以及公证人体系与人文主义的密切关系，见 Ronald G. Witt, *The Two Latin Cultures and the Foundation of Renaissance Humanism in Medieval Italy*（Cambridge University Press，2012）。

的政治真空情况下展开的。①

早在 13 世纪，意大利就已经出现了仿效古代文体的拉丁文作品，但人文主义第一位大师则是佩特拉克。他出身佛罗伦萨公证人世家，研习法律，虽是虔诚教士，但深受古代文学影响，耽于"爱情"和"荣耀"的追求，不屑实务，以写作为终身志业，体裁仿效古代传记、史诗、情诗、凯歌、颂辞、忏悔录等，以是饮誉全欧，为教宗王侯争相罗致，并受加冕为桂冠诗人。这样，在西罗马帝国灭亡后将近千年，拉丁文学终于重放光芒。佩特拉克对同时代人影响很大，其中最重要的当数萨卢塔蒂（Coluccio Salutati）。他是佛罗伦萨名重一时的文人政治家，以奖掖后进，搜购古代书籍、文献为务，又延聘拜占庭学者克里索罗拉斯（Manuel Chrysoloras）为希腊文教席，以弘扬古代学术。人文主义由是蔚然成风，产生了诸如翻译家罗西（Roberto Rossi），藏书家尼科利（Nicoclò de'Niccoli），鼓吹佛罗伦萨公民意识和共和体制的政治家布鲁尼（Leonardo Bruni）②，搜求和发

---

① 有关世俗化的影响，见上引 Burckhardt；另有 George Holmes，*Florence，Rome and the Origins of the Renaissance*（Oxford：Oxford University Press，1986）一书，它认为在 1305—1316 年间教廷迁离罗马对但丁和乔托的创作都有决定性影响；Gene A. Brucker 在其 *Renaissance Florence*（Berkeley：University of California Press，1983）一书第五章则对文艺复兴时期的佛罗伦斯教会与宗教气氛有深入讨论。

② Hans Baron，*The Crisis of the Early Italian Renaissance*（Princeton University Press，1966）是讨论布鲁尼共和思想之萌发的专书；J. G. A. Pocock，*The Machiavellian Moment：Florentine Political Thought and the Atlantic Republican Tradition*（Princeton University Press，1975）则将 16 世纪佛罗伦萨共和思想、17 世纪英国清教徒革命与 18 世纪美国革命三者联系起来。

现大量古代手卷的波吉奥（Poggio Bracciolini）等一大批佛罗伦萨学者。到了 15 世纪，人文主义开始散播到欧洲各地，此阶段最重要的学者是瓦拉（Lorenzo Valla）和伊拉斯谟（Desiderus Erasmus）。前者推崇伊壁鸠鲁哲学，对拉丁文体与修辞有专门研究，由是得以证明教廷视为至宝的《君士坦丁封赠书》为伪造而成大名；后者是出身贫寒的荷兰人，凭自学成才。在他之前，人文学者对基督教绝少置喙，他却以人文精神阐发基督教，提倡人性与宽容，其最重要工作是出版考据綦详、文辞优雅的《新约圣经》希腊—拉丁对照本，这后来成为新教的重要根据。[1]

## 凄厉的变奏：宗教改革

文艺复兴的主调是人，宗教革命的主调又回到了神。人不可能对抗高高在上的教会，神却可以。马丁·路德（Martin Luther）就是把基督教的原始经典《圣经》搬出来，与罗马天主教会作坚决抗争——四百四十年前教皇如何对神圣罗马皇帝发动思想革命（政治革命当然亦随之而来），他亦以其道还治教会之身。必须厘清的是，革命的导火线虽然是赎罪券，主要问题却并不在教会的敛财行径和腐败。事实上，自 10 世纪以来，教会中腐败与改革的拉锯战几乎从未止息，但也从未曾危及教会的基础，因为普世性教会是一个超越于俗世的理念，并

---

[1] 关于伊拉斯谟，见 Léon-E. Halkin, *Erasmus: a Critical Biography*. John Tonkin, transl.（Oxford: Blackwell, 1993）。讨论人文主义与宗教改革关系有下列论文集：Donald Weinstein, ed. *The Renaissance and the Reformation 1300—1600*（New York: The Free Press, 1965）。其导言有简括的提要。

不受其实践缺失的影响。

那么，为什么到了 16 世纪，马丁·路德振臂一呼，却能够掀起轩然大波，完全改变欧洲基督教的面貌呢？关键在于，他不只攻击教会腐败，更从基督教基本教义出发，质疑罗马教会作为一个庞大行政机构的存在理据。具体而言，基督教信仰的最终目标是"得救"，也就是得到"永生"。罗马教会宣称，根据历代传统，这必须遵循教会订定与施行的仪式加上通过教会而作的"善行"（good work）才有可能。马丁·路德却提出：唯独耶稣才能施拯救，"得救"之途在于信奉基督，遵循其教诲，阅读《圣经》和祷告，那人人可行。至于教会和神职人员，则只不过具有宣讲、解惑的辅助性功能，而绝没有权力假借它奉为至宝的那套圣事和仪式来控制通往天国之路。至于"善行"则只不过是教徒分内之事，绝非得救保证，因为人人背负原罪，而神意不可测度——这就是所谓"前定说"（pre-destination）。换而言之，路德提倡回复基督教原始形态，以它绝无妥协余地的出世和末日观念，来对抗教会，来冲击它与俗世的妥协、融合。他无异宣称：罗马教会拥抱恺撒已久，是时候让它重归上帝了！这样，他就从根本上摧毁了罗马天主教的天下一统理念以及其庞大繁复世俗组织的正当性。①

然而，路德孑然一身，他的道理尽管锋利，何以竟然能够撼动根深柢固，庞大无匹的罗马教会，掀起波及全欧洲的宗教

① 宗教改革运动的综述，见 Euan Cameron，*The European Reformation*（Oxford：Clarendon Press，1991）；Lewis W. Spitzer，*The Protestant Reformation 1517 – 1559*（New York：Harper and Row，1985）。两书均对宗教改革运动的教义、理论与史实有详尽而深入的论述。

改革？这有好几个不同原因。首先，人文主义广泛推动了古代语言的研习，为《圣经》的研究与翻译奠定基础。其次，古腾堡印刷术在 15 世纪中叶兴起，它改变了知识传播的方式和效率，这不但令《圣经》广为流传（将《圣经》从希伯来和希腊原文翻译为德文是路德最主要的工作之一），而且使得改革家的宣传文字可以大量散发，令其新观念如水银泻地，传播到每一角落。① 再次，当时欧洲政治版图分裂，神圣罗马帝国内部诸邦林立，瑞士各邦有高度自治传统，而英、荷、北欧等大陆边缘国家亦都不受教廷控制，倘若王侯、领主或城邦民众的信仰改变，则罗马教会和神圣罗马皇帝亦束手无策，无法迫其就范。最后，马丁·路德虽然脾气暴躁，但信心坚定，性格倔强，从不退缩妥协，所以能够领导群众，将改革坚持到底，这也是基本原因之一。②

路德所倡议的宗教改革是具有强大魅力的新观念，由于上述有利因素，它在十数年间就以燎原之势演变成广泛的群众运动，其后果就是法国的宗教战争，以及荷兰对西班牙的独立战争，两者都旷日持久，其后更将全欧卷入酷烈的三十年战争（1618—1648）。这延绵将近一个世纪之久的多场战争最后以新

① 有关印刷术对于宗教改革的重大影响，见 Elizabeth L. Eisenstein, *The Printing Press as an Agent of Change*, 2 vols. （Cambridge University Press，1979）。

② 有关马丁·路德，见 Richard Marius, *Martin Luther: the Christian between God and Death* （Cambridge：Harvard University Press，1999）；Derek Wilson, *Out of the Storm: the Life and Legacy of Martin Luther* （New York：St. Martin，2007）；Donald K. McKim, ed. , *The Cambridge Companion to Martin Luther* （Cambridge University Press，2003）。

旧势力大致相当的僵局告结束，但罗马教廷在理念、组织、政治权威上都已经受到巨创，从此再也无力对新思潮作大规模干涉和镇压了。虽然所谓"宗教改革"只是对罗马教会，而并非对基督教本身的抗争——恰恰相反，它还是一个带有浓厚原教旨主义色彩的复古运动，但经此惨烈一役，基督教作为普世性教会这一理念，则正如从墙头栽下的 Humpty Dumpty 一样，已经四分五裂，再也无从拼合，恢复昔日光辉了。它更深远的后果是，在一般人心中产生了对于教义辩论和教派斗争的厌倦与反感，对基督教本身的怀疑和反叛情绪亦由是而滋生和蔓延。

文艺复兴代表人文精神的重新自我伸张；宗教革命则代表希伯来文明（假如我们可以这样形容原始基督教）的重新自我伸张——两者所表现的，都是表面上已经融合的欧洲中古文化，开始呈现分崩离析之势。

### 回归希腊：三股新思潮

文艺复兴活跃了思想，宗教改革造成了社会、政治、信仰上的大混乱。同时或者接续而来的，则是 16—17 世纪间的三股新思潮，它们都和希腊理性精神的伸张有关。其中最为人熟知的，首先就是科学思潮。这和 15 世纪中叶君士坦丁堡陷落，大批希腊学者移居北意大利，由是掀起复兴古希腊文明（特别是柏拉图哲学）的热潮有密切关系。它以哥白尼、第谷、开普勒、伽利略、牛顿等人为人熟知的大发现为主轴，但此外还有许多其他平行发展，例如代数学、解析学、解析几何与微积分学的突破；磁学、血液循环说和化学的出现；培根和笛卡尔的新科学观念；等等。所以科学思潮是个包罗广泛的运动，它全面改变了西方人对于自然世界的观念，由是希腊人所崇奉的理性开始压倒信仰。但必须强调，科学家本身虽然彻底打破了教会奉为至理的亚里士多德宇宙观，但他们仍然没有对宗教信仰产生怀疑。从笛卡尔、伽利略以至牛顿，他们无一例外都是虔诚的教徒，都认为发现宇宙的永恒自然法则适足以证明上帝的睿智，和增进它的荣耀。① 能够看到在他们的信仰与他们所发现的那些自然法则之间其实有深刻矛盾的，只是部分前卫哲学家如托兰德（John Toland）和下文提到的斯宾诺莎、贝尔等人。至于敢于公然指斥基督教为愚妄、迷信，则有待于 18 世纪的启蒙思想家了。

其次，是政治哲学思潮。这在 16 世纪集中于法国，以博丹（Jean Bodin）为代表。他是王室近臣，深受宗教战争中政出多门、国家濒临崩溃的乱局刺激，主张强大王权为社会秩序的基石，提出"主权"（sovereignty）为绝对而不可分割的观念，这在日后成为国家主权观的嚆矢。② 随后荷兰的格劳秀斯（Hugo Grotius）崛起，他是国际法专家，拥护宗教宽容，以《论战争与和平之法律》成大名。到了 17 世纪下半，英国的霍布斯（Thomas Hobbes）和洛克（John Locke）出现，他们都曾经在欧陆避难，承接其传统。霍布斯受《几何原本》推理方法

① 这种观点是 13 世纪中古科学兴起之初就已经确立的，它的始创者是大阿尔伯特（Albertus Magnus），一位本身也是科学家的德国主教。

② 有关博丹，见 Julian H. Franklin, *Jean Bodin and the Sixteenth-Century Revolution in the Methodology of Law and History* (New York: Columbia University Press, 1963); *Jean Bodin and the Rise of the Absolutist Theory* (Cambridge University Press, 1973); Julian H. Franklin, ed., *Jean Bodin* (Aldershot, Hampshire: Ashgate, 2006)。

吸引，又深感清教徒革命所产生大混乱的威胁，所以摒弃宗教和传统，纯粹从理性出发，著为《利维坦》（*Leviathan*），从人寻求安全的本能来论证绝对政治权力之必要。它饱受攻击，却被认为是现代政治哲学的起点。洛克和霍布斯相反，他在哲学上是经验主义者，在政治上反对绝对王权，主张宗教宽容和合理、有限度的以自然律为基础，以人民需要为依归的政府——那其实正就是光荣革命之后在英国实际出现的议会政府。他的《论宽容书简》（*Letters Concerning Toleration*）和《政府两论》（*Two Treatises of Government*）对下一世纪的法国和美国都产生了无比巨大的影响。

最后，还有一股疏离和怀疑基督教信仰的哲学思潮，这以蒙田（Michel de Montaigne）为先导。他是法国外省小贵族，受法王亨利四世倚重，设计了以宽容为基调的宗教政策，但拒绝从政，宁愿退隐，潜心著述，以三卷《散文集》（*Essays*）留名。他崇尚个人内心的闲适与自由，认为必须将之与外在的名位、责任、社会关系分隔；对于知识、宗教他一概采取高度怀疑态度，认为理性不足恃，信仰不可验证，故此退守"信仰主义"（fideism）。在政治高压下，他采取淡薄、低调的立场来回应新教狂潮，并且从服膺教会权威转向寻求内心自由的个人主义。①

到了 17 世纪，这一思潮变得激进。荷兰的斯宾诺莎（Baruch Spinoza）深受笛卡尔理性主义影响，但不接受其心物二元

---

① 关于蒙田，见 Dikka Berven, ed., *Montaigne's Message and Method* (New York: Garland, 1995)；*The Complete Essays of Montaigne*. Donald M. Frame, transl. (Stanford University Press, 1958)。

论，反而通过几何方法来论证，宇宙间物质为单元，心、物之分只不过是物质的两种不同表现；由于物质无限，故此它即一般人所谓上帝——因为"造物主"与"被造物"基本上是不可能区分的。所以，他认为，宇宙万事只有因果而无所谓善恶、目的；至于具有好恶、意志的人格神（也就是基督教的上帝）则是无稽的。这样，他的泛神论就摧毁了基督教信仰与道德的基础。故此他被视为洪水猛兽，他的《政治神学论》（*Tractatus Theologico-Politicus*）和《论道德》（*Ethics*）一出版（后者是身后出版）就遭受猛烈攻击，自然是意料中事。① 至于培尔（Pierre Bayle）则是法国南部新教徒，后来辗转流亡到荷兰执教鞭。他深受笛卡尔和斯宾诺莎影响，见解深刻锋利，提出"恶"的存在与上帝全能全爱之说根本矛盾，又论证无神论从来不曾对社会道德或者稳定构成任何威胁；他对后代影响最大的，是独力编纂了一部巨大的《历史及批判性辞典》（*Historical and Critical Dictionary*），以大量历史细节破除宗教偏见与迷信，这也就是日后启蒙运动中出现的《百科全书》之滥觞。②

纵观罗马教会在 1300—1700 这四百年间逐步失去思想界主导地位的历史，它也许可以归结为希伯来、希腊、罗马三种

---

① 关于斯宾诺莎，见 Richard H. Popkin, *Spinoza*（Oxford：Oneworld，2004）；Steven Nadler, *Spinoza：a Life*（Cambridge University Press，1999）。

② 关于培尔，见 Elizabeth Labrousse, *Bayle*（Oxford University Press，1983）。此外，自蒙田以至培尔的怀疑思潮，见 Richard Popkin, *The History of Scepticism from Savonarola to Bayle*（Oxford University Press，2003）。

文明在中世纪短暂拼合之后，又回复各自本来面目，从而分头迅猛发展，令本来充满内部矛盾的中世纪基督教文化分崩离析的这样一个过程。这一过程的启动，其始是由于在 11 世纪重新接触古希腊罗马典籍的刺激所导致；自 14 世纪以还，则是在教会各种"缺席"情况下得到充分发展；到 17 世纪末期，这些个别运动已经扩张、汇合，成为无可抗拒的大潮了。

## 四、短暂的正面批判：启蒙运动

在 1687—1690 短短四年间，牛顿出版了《自然哲学的数学原理》，英国发生了光荣革命，法国西南部一个贵族孟德斯鸠诞生，而洛克则出版了他的《人类理解论》。这四件大事一方面标志着科学革命迈向高潮与启蒙运动的开始，另一方面也正好显明启蒙运动的谱系：它基本上是起源于英国，然后发扬光大于法国的一场运动。①

---

① 有关启蒙运动性质及意义的讨论，见 Peter Gay，*The Enlightenment*：*An Interpretation*（New York：Norton，1966）；有关其系统论述，见以下著作：Ira O. Wade，*The Origin of the French Enlightenment*（Princeton University Press，1971）；Ira O. Wade，*The Structure and Form of the French Enlightenment*，2 vols.（Princeton University Press，1977）；Jonathan Israel，*Radical Enlightenment*：*Philosophy and the Making of Modernity 1650—1750*（New York：Oxford University Press，2001）；Jonathan Israel，*Democratic Enlightenment*：*Philosophy*，*Revolution and Human Rights 1750—1790*（New York：Oxford University Press，2011）。

## 从科学到自然神论

17 世纪被称为理性的时代，那是科学与数学的时代；18 世纪则被称为批判的时代，那也就是启蒙时代。批判什么？自然是基督教——不断变化的欧洲思想终于图穷匕现，要把上帝放到被告席上来了。这个大转变之出现，有两重最直接的原因：其一，欧洲科学经过了五个世纪的发展，终于由牛顿发现了一套完整的自然法则，它无论在方法、精确程度或理论结构上都无懈可击，令人信服。其二，经过清教徒革命、斯图亚特皇朝复辟和光荣革命之后，英国终于找到了一个自由（虽是颇有限度的自由）而又稳定的政治架构，并且采取了宗教宽容（虽是颇有限度的宽容）政策。这反映于 1693 年在国会通过的《注册法案》，它保障了言论和出版自由，为各种形式的宗教讨论铺平道路。

在这种情况下，各种偏离正统基督教的言论、教派开始出现，包括"反三位一体论"（anti-trinitarianism），神体一位论（Unitarianism），那颇接近早期被定为异端的阿里乌斯教派（Arianism），还有所谓"基督教理性主义"（Christian rationalism），即相信基督教有需要，但它的信仰和"理性"并无冲突。洛克被目为经验论者，也是一位"基督教理性主义者"，他的《基督教之合理性》就是其思想的最好论述。再进一步，真正和基督教决裂的，是"自然神论"（deism），它认为基督教是种种"犹太迷信"（例如三位一体说、耶稣从死里复活，以及他和先圣所行的种种神迹）以及道德规范的混合物：前者必须加以破除，后者则是人类运用理性所得的自然结果，是与世界上主要高等宗教共有的。换而言之，基督教的核心部分，即由耶稣所带来的"启示"（revelations）是多余的，单凭理性，即已足以建构具有正面社会功能的那些规则和教义了。

自然神论者的思想并不深刻，而且充满漏洞。例如，单纯从"理性"或者科学到底能否推断出基督教道德？除了哲人以外，一般人是否也都可以不需要宗教的熏陶、教化，而同样能够自律？这些其实都是天大的问题，所以这个哲学—神学流派从来没有在英国兴旺。然而，"成事不足，败事有余"，他们攻击"犹太迷信"的那部分言论却能获得舆论赞许，在社会上造成广泛的怀疑态度，以及反教士情绪。这情绪也没有在自由的英国产生多少反响，但这一论调渡海传到其国王向来以"基督君主"（the most Christian king）自命的法国，便掀起轩然大波了。

## 从启蒙到革命

在红衣主教黎塞留和路易十四治下，17世纪法国文治武功盛极一时，享受了半个世纪黄金时代。但以西班牙王位继承之战和路易十四去世为转捩点，法国从18世纪初开始走下坡路，因此迎接自然神论的，是一个已经略为失去自傲与光彩，但文采风流犹尚存的法国。

第一代启蒙思想家（philosophe）是才华横溢的孟德斯鸠（Charles-Louis Secondat de Montesquieu）和伏尔泰（Voltaire），前者出身地方贵族，后者父亲是财政官吏，都属中上之家，自幼接受优良教育。孟德斯鸠受巴黎开明教士、学者影响，经过数年酝酿，于1721年出版《波斯书简》，假借异教徒的眼睛，委婉讽刺欧洲的宗教、习俗、体制，由是成为名士，打入巴黎上流社会与学界内圈。此后他游历欧陆和英伦数年，然后以十余年工夫搜集资料，潜心研究，多年后完成毕生巨著《论法的精神》（1748），那时启蒙运动已经进入高潮了。① 伏尔泰才华横溢，在弱冠之年即成为著名诗人和剧作家，但年少气盛，多次因为得罪权贵而被短暂投狱，最后更被迫流寓英伦三年。他趁此机会观摩学习彼邦体制、学术、文风，领略吸收他们的自由宽容思想，回国后再经数年准备，终于在 1734 年出版《哲学书简》。此书表面上是论述英伦各种事物，实际上则是以辛辣、讽刺的文笔，旁敲侧击，揶揄挖苦法国种种不合理的制度与现象。由于其言论大胆，批判锋芒无所隐匿，所以甫经面世便轰动全国乃至欧洲，令政府赫然震怒。他自此挟着如日中天的名声，与红颜知己避居国土边界上的小镇，潜心研究历史、政治、经济、科学，有多种著作问世，从文坛名士蜕变为影响深远的思想家，启蒙运动亦由是揭开帷幕。②

第二代的狄德罗（Denis Diderot）和达朗贝尔（Jean d'Alembert）在思想上并未脱离自然神论范畴，但言论更大胆、激烈。例如，狄德罗已经提出无神论者亦可以是好公民的说法。但他们的最大贡献，自然还是在文学、哲学以外开辟了一个新的论述领域——"百科全书"。这在西方文化史上并不新鲜，然而在《百科全书》中大量介绍最新科技，以及应用它作为宗教批判的工具却是新生事物，是有强大煽动力的。他们在

---

① 有关孟德斯鸠，见 Robert Shackleton, *Montesquieu：A Critical Biography* (London：Oxford University Press, 1961)；Rebecca E. Kingston, ed., *Montesquieu and His Legacy* (Albany：SUNY Press, 2009)。

② 有关伏尔泰，见 Ira O. Wade, *The Intellectual Development of Voltaire* (Princeton University Press, 1969)；A. Owen Aldridge, *Voltaire and the Century of Light* (Princeton University Press, 1975)。

1751—1766 年间出版的这套巨著瞬即洛阳纸贵，风行一时，正好说明法国人的心志其时已偏离正统天主教很远了。

当然，从长远来说，同一代的卢梭（Jean Jacques Rousseau）思想更激烈，影响也更大，这主要是由于他在《民约论》中提出的民主思想；在宗教方面，他的观点和其他自然神论者并没有基本差别，只是反对教会的态度更为激烈，对自然宗教本身更为认真而已。至于英国著名的怀疑论者休谟（David Hume）则和法国启蒙思想家不一样，他不是通过讽刺、指斥等诉诸感情的文学方法，而是从逻辑和知识论的角度来重击基督教的要害——例如神迹的可信性。他之被视为基督教最危险的敌人，不是没有道理的。

到了 18 世纪 70 年代，短暂的（相对于前此多个运动而言）启蒙运动已经行将完成它的历史性使命，而它的缺失和局限——用建基于科学的理性取代宗教价值——也越来越明显了。因此，作为这一运动殿军的康德在 1784 年撰文质问"启蒙是什么"，从而为之定位——也就是作总结，是十分自然和恰当的。《纯粹理性批判》将现象（phenomenon）和本体（noumenon）二界截然划分，一方面是为实证知识寻求稳固的基础，另一方面则是重新安排科学与宗教的关系，以求越过启蒙理念本身的极限。①

在当时，康德认为启蒙仍然远远未曾完成，所有的争论以及风气改变都还只是思想家圈子里的事。没有人能料到，法国

---

① 当然启蒙并非法国的专利，在英、德、美诸国还有许多重要的启蒙思想家，诸如亚当·斯密、吉本、莱辛（Gotthold Lessing）、富兰克林等等，不可能在此尽述。

大革命在短短五年后就爆发，而革命理念以及随后的政治思潮都深受启蒙思想家，特别是卢梭的言论、著作影响。大革命不但推翻了帝制，而且解散教会，没收它庞大的财产，实现了启蒙思想中的那些激烈呼召。① 虽然这些浪潮此后还有多次涨落和反复，而直至今日，天主教和各新教教会也还维持着重要的社会功能和相当的影响力，但无可否认，自 19 世纪开始，基督教宰制欧洲思想的日子已经一去不返了。

## 五、中国思想转型的回顾

现在，我们可以回到本文最初的问题上来了，即五四究竟相当于欧洲近代史上哪一个思想运动？答案是相当清楚的：五四的确就是中国的启蒙运动。但这二者在历史上相应，并不是因为它们所宣扬的理念相同——它们在表面上的确有相同之处，但实际上是有根本差别的。例如，民主是五四的主调，但《民约论》虽然是在启蒙运动的高潮中诞生，它的观念对那些带有贵族气质的启蒙思想家而言，却是陌生的，甚至格格不入的。卢梭不但由于脾性不合而与狄德罗、伏尔泰激烈争吵，他的思想也远远走在他那个时代之前。

我们认为五四与启蒙两者相应的主要理由，毋宁是它们都代表一系列传统思想变革的最后阶段，只是到了这最后阶段，中国知识分子反对传统儒家伦理，和西方启蒙思想家反对基督

---

① 见 Eric Vogelin, *From Enlightenment to Revolution*；John H. Hallowell, ed., *From Enlightenment to Revolution* (Durham, NC: Duke University Press, 1975)。

教和教会，才成为激烈的公开言论，才汇集成影响整个社会的大潮流，才决定性地结束了传统思想体系在其本身文化中的宰制性地位。① 因此，五四和启蒙运动分别成为中国和欧洲在思想上与传统思想体系决裂的分水岭。这是两个文明在文化史上的大事，在其前，只有汉武帝在公元前 2 世纪末决定独尊儒术，以及君士坦丁大帝在 4 世纪初决定接受基督教为国教差可比拟。②

所以，作为一个激烈反对传统思想体系的民间文化运动，五四并不独特，与其前二百年的启蒙运动性质是非常之类似，甚至可以说是相同的。假如这一点能够成立的话，那么我们免不了还要追问以下三个问题：首先，中国思想体系转型的酝酿期到底有多长？它和启蒙运动之前那长达四百年的欧洲思想变迁时期是否可以比较？其次，虽然我们已经为五四发生得那么迅速提出一个基本解释，但其发生的机制如何？那似乎仍有进一步说明的需要。最后，在五四和启蒙运动以外，还有没有其他类似的运动？这显然也是要充分了解五四所不应忽略的。

---

① 当然，Carl L. Becker, *The Heavenly City of the Eighteenth-Century Philosophers*（New Haven：Yale University Press，1932）一书曾经十分辛辣地反复论证，伏尔泰也好，休谟也好，他们那一辈启蒙思想家都只不过是以"自然"和自然法则这些符号来替代上帝和宗教而已——也就是说，在底子里，他们的思想仍然深受西方中古思想的深层结构所影响，但这也不影响启蒙运动决定性地改变了欧洲的主流思想这一事实，见前引 Peter Gay 以及 Raymond O. Rockwood, ed., *Carl Becker's Heavenly City Revisited*（Archon Books，1968）。

② 余英时在前引《"五四"——一个未完成的文化运动》一文中提出，启蒙运动在批判基督教之外还有很强的建构性意义，而五四在这方面则几乎阙如；当然，这是两者相异而非可比拟之处。

## 中国思想转型的酝酿期

中国士大夫思想的变革到底从什么时候开始？这是一个不容易回答的问题。朱维铮所谓"持续百年的晚清'自改革'思潮"是指 19 世纪，它以洪亮吉上书要求皇帝兑现"咸与维新"的诺言（1799）为开端，以百日维新失败（1898）作结束。这一思潮中的重要人物，例如提出自改革观念的龚自珍，撰《海国图志》的魏源，撰《校邠庐抗议》的冯桂芬，还有王韬、郑观应等，都对西洋事物有相当了解，而且言论不无影响力。甚至，他还认为，有间接证据显示，自 16 世纪末耶稣会教士来华以还，中国士大夫就已经意识到西方这一文化整体的存在，并且一直密切留意其科技、地理乃至文物制度，甚至往往受其影响，而在文字中有意无意地流露出来。①

然而，个别士大夫私下留意西洋动态，或者主张采用西方技术乃至制度、观念以求变革，和解决实际政治问题，甚至发为议论，彼此呼应，虽然都很值得注意，但那和西方风起云涌的思想运动譬如宗教改革还是难以比拟。在这个意义上，中国在康、梁之前的第一个新思潮，恐怕只能够数太平天国这个仍带着浓厚传统色彩，而为绝大部分士大夫所摒弃的下层民众运动。它与中国思想主流的变化，显然不可混为一谈。不过，中国传统思想转型的开始，也许亦应该比张灏

---

① 见朱维铮《"君子梦"：晚清的"自改革"思潮》，载《二十一世纪》（香港）1993 年 8 月号，第 4—7 页；龙应台、朱维铮编《未完成的革命：戊戌百年纪》（台北：商务印书馆，1998），特别是"导读"部分及第 32、52 页。

和许多其他学者所提出的1895年略为推前几年。从1891年起，康有为以中国的马丁·路德自居，发表带有强烈复古味道的《新学伪经考》、《孔子改制考》，同时在万木草堂正式开讲，四方知名之士纷来就学，以这一年作为中国知识分子在正统儒家思想体系以外寻求出路的起点，也许是恰当的。换而言之，中国的启蒙有二十五年的酝酿期（1891—1915）。① 至于在此以前的一个或者三个世纪，也许可以和欧洲的文艺复兴相比吧。

我们倘若还要在酝酿期之内寻找与西方思想运动相应的阶段，那就很困难，甚至没有多大意义了。康有为之以路德自命，或者章太炎、胡适之有意识地推动"中国的文艺复兴"，都有借用西方观念，或者模仿其某个特殊变革精神的用意。然而，这种借用都很肤浅，不能够说有什么深刻的意义。例如，中国并没有具高度组织性的儒教，因此康有为之托古改制，实在只是传统观念之运用，而绝不可能发挥如欧洲新教那样的积极建构作用。同样，中国中古与近代文学与先秦两汉一脉相

---

① 金观涛、刘青峰在近著《新文化运动与常识理性的变迁》（《二十一世纪》［香港中文大学·中国文化研究所］1999年4月号，第52页）中提出，五四（他们仍用"新文化运动"之称）及其前之酝酿期（以谭嗣同《仁学》为代表）同样具有激进及全盘地反传统的形态，而二者的基本差别则在于：早期反传统者所持的理由是外在的，诸如它阻碍民主等，但五四时民主与科学这两个理念已经进入文化意识深层，成为常识理性的一部分，因此反传统便表现为"中国文化的再次理性化"。然而，他们指陈中国与西方的理性化有根本差别，我们则认为，这只不过是时间上的，而非本质的差别，在启蒙时代，科学同样被自然神论者广泛认为可以成为"合理的"新宗教、新道德之基础——也就是说具有超越工具理性的意义。

承，古代文学的观念、词藻、体例具在典籍，从未曾因为经过黑暗时期而失传，所以类似于佩特拉克的文学"复古"，也是缺乏真实意义的。至于胡适提倡白话文自然是一大改革，而且的确和欧洲方言文学的兴起相应。但文艺复兴的内涵很丰富，方言文学并非其中主要部分，所以以之与五四相比，也并不恰当。

### 思想转型与政治变化的关系

欧洲历次思想运动虽然间接受政治背景影响，但大都循其内在理念与逻辑发展，而并非政治变化之一部分。在中国则不然，虽然在 19 世纪之初士大夫就已经开始感到儒家的宇宙观、世界观以及相关政治、社会体制的严重危机，但其思想变化却始终未曾越出改革、新政、变法，亦即政治变革的范围。而且，即使是康、梁、谭嗣同、章炳麟这些思想家，其立身行事，也仍然脱离不了政治家或革命家色彩。这对比如此鲜明，其原因何在？

如所周知，在传统中国一体化结构之下，朝廷、社会与儒家思想体系紧密契合，形成一张巨大的网罗，而维系此网罗的定点，则是朝廷。因此，直至戊戌变法前夕，亦即朝廷尚能维持其政治权威的时刻为止，士人注意力的焦点总还是在政治变化；但到了 1900 年八国联军入京，亦即清廷威信崩溃，革命之必要已再无疑义的时候，则情势完全改变：革命思潮以及反孔，反传统政治、社会体制的新思潮两者，就同时猝然兴起了。如陈万雄的研究指出：陈独秀、吴虞、蔡元培、鲁迅等日后的五四健将，当时正就是这一"早期新思潮"的推动者；陈独秀在 1905 年创办的《安徽俗话报》已可以视为十一年后

《新青年》的雏形。① 因此，辛亥革命与五四运动可谓一脉相承，是同一运动的两面。

然而，辛亥之前的新思潮虽然广泛而蓬勃，却仍然是地区性运动，作为全国言论之首的北京有"围城"危机，但既处于天子脚底下，就不可能有公开的反孔反传统思潮出现。只有在辛亥革命成功，网罗全然冲破之后，像五四那样一场自觉属于全国的思想革命才有可能发生。辛亥革命发生在五四之前，启蒙运动却先于法国大革命在巴黎展开，而且为后者播下思想种子，铺平道路。所以，政治革命与思想革命二者的次序在中国与西方是截然相反的。这对比并非偶然，其基本分别就在于中国的"儒教"是依附于皇权之上并受其制约，而西方的基督教则是独立于王权之外。也就是说，中国传统社会是一元的，道统受政统束缚，而欧洲则是二元（就一国之内而言）乃至多元的（就全欧洲而言），道统可以自由发展。从这一角度出发，何以在本世纪初朝廷威信丧失殆尽之后，中国的思想界即日趋激烈，直如脱缰野马，以"巨石走峻坂"之势狂奔，较之欧洲宗教革命或启蒙时期不遑多让，也就不难理解了。

**五四是普遍的吗？**

倘若启蒙运动和五四的确有本质上的相同之处，那么很自然地，我们必须追问，这是否传统社会向现代蜕变之际的普遍现象？在诸如俄国、奥托曼、日本、印度等国家的现代化蜕变之中，是否还有第三、第四个五四或者"启蒙"型的运动？这

---

① 见陈万雄《五四新文化的源流》（北京：三联书店，1997），特别是第5、6章。

个大问题自然不是本文所能够讨论的，但我们初步观察的结果则似乎显示，为了各种不同原因（最主要的可能有两种情况：或则传统思想体系极为强大，新思潮无法与之抗衡；或则它与政治、社会体制本没有密切关系，因此没有引起对抗性运动），类似于五四的整体性反传统思想运动似乎并未曾发生于其他国家。五四虽然并不独特，却是相当罕见的。

原刊《二十一世纪》（香港）第 53 期（1999 年 6 月），第 33—45 页，嗣收入《站在美妙新世纪的门槛上》（沈阳：辽宁教育出版社，2002），第 212—231 页；此处增入以下文章部分内容：《现代思潮为何出现于西方？》，刊《中欧商业评论》（北京）2014 年 7 月号，第 114—120 页。

# 从大逆转到新思潮
## —— 五四与启蒙运动比较重探

　　十年前笔者曾经为文论证，18 世纪欧洲启蒙运动与 20 世纪中国五四运动是相类似的文化现象，因为它们都是这两个文明各自在思想转型中对传统文化之公开、正面、猛烈攻击，以求摧毁长期占据宰制地位的旧思想，即基督教与儒家伦理，以为新思想的建立拓展空间。因此五四并不独特。① 该文发表后，得见余英时先生讨论相同问题的大文。他指出，胡适本来是以文艺复兴为新文化运动的典范，但到了 20 世纪 30 年代中期，此运动被重新诠释为中国的启蒙运动，而那是出于具体政治动机；他又认为，以五四运动"比附"启蒙运动或者文艺复兴虽然有些道理，但都不甚恰当，也没有必要，因为后两者是从西方文明本身获得资源与动力，五四运动却是受外来压迫所引致的严重政治危机刺激，援引西方理念而产生，而且自有其本身目标与内在复杂性。② 以上两种看法表面上颇为抵牾，但

---

　　① 见本书第一辑《五四是独特的吗?》一文。

　　② 余英时《文艺复兴乎? 启蒙运动乎? ——一个史学家对五四运动的反思》，载余英时等《五四新论——既非文艺复兴，亦非启蒙运动:"五四"八十周年纪念论文集》（台北:联经，1999），第 1—31 页。

其实出发点大不一样：敝文着眼于文化现象的比较，而余文则以探讨五四运动参与者以及借用者的心态为主。所以，就其意向而言，两者并无实质冲突。

## 一、基本构思

上述旧文所作的比较只是一个粗浅开端。它所讨论的，仅为启蒙与五四这两个思想运动的破坏性，即是它们攻击、摧毁传统的一面，而未及于其他问题。例如余先生所指出的，它们一出于外来刺激，一出于自发这个主要分别；又例如这两个运动所宣扬的正面理念，亦即其建设性一面的比较，以及它们与激进革命的关系，等等。这些问题牵涉甚广，并非我们在此所能够全面讨论。本文所要探讨的，仅限于上面第一点，即这两个运动的起因究竟是否具有不同性质的问题。从表面上看，五四运动（就其广义而言，亦即包括"新文化运动"，下同）起于外来刺激，欧洲的启蒙运动出于自身内部酝酿，两者性质迥然不同，不能相提并论，似乎殆无疑义。不过，在我们看来，这观点颇有商榷余地。而且它不仅关乎这两个运动的起因，也还涉及东西两大文明的某些特征，是颇为值得注意的。因此不揣谫陋，就此提出一些看法，以冀收抛砖引玉之效。

本文的基本构思可以综述如下。五四显然是由"外来"思想刺激所触发，启蒙运动则向来被视为西方文明内部酝酿的结果，因此是"自发"思想运动。可是，倘若细究其出现的过程与因由，则会发现事实并不如此。我们不能够忽视，启蒙运动在兴起之初是个法国现象，是以孟德斯鸠和伏尔泰的著作为开端的，而这两位启蒙思想家都曾经在英国居住数年，和彼邦人士广泛交往，对于牛顿（Isaac Newton）、洛克（John Locke）的学说，以及光荣革命所带来的宽容、分权政体有深刻了解，极感钦羡。因此，就启蒙运动这两位开山人物和它的核心区域即法国而言，其触发的主要因素是英国的思想与体制，亦即同样是"外来"刺激。

当然，五四还有"外力"压迫，亦即列强侵略的因素。法国的启蒙运动又如何呢？答案似乎是个响亮的"否"，因为17—18世纪之交"太阳王"路易十四在位，法国势力如日中天，而光荣革命之后入主英国的威廉三世地位尚未稳固，颇有颠覆之虞，此时像是英国而非法国受压迫。这诚然不错，但也不尽然，因为18世纪之初发生了长达十余年的西班牙王位继承之战（War of Spanish Succession），此战不但结束了路易十四的霸权，也为大英帝国的军威与崛起奠定基础。所以，在两位启蒙思想家访问英国的时候即18世纪20—30年代，英法两国力量的对比已经发生了戏剧性逆转！诚然，在18世纪30年代启蒙运动兴起之初，法国仍然说不上受"侵略"，但敏锐的思想家对英国各方面力量之咄咄逼人，是不可能无动于衷的。

因此，从以上两方面看来，就法国的启蒙运动而言，它和五四的起源在性质上即使不完全相同，也还是有多重可比性。下文即从以上观点出发，作进一步讨论。

## 二、时代与文化背景

五四运动的大背景是西方列强对中国的进逼，以及在此压力下中国政治、社会、文化与思想体系的解体，所以五四在发生后短短数年间就从思想上的"启蒙"转变为具体的政治运动。西方启蒙运动的大背景则是宗教改革和科学革命，它锋芒所指，是绝对君权和教权。荷兰和英国都是新教国家，它们分别通过独立战争和光荣革命改变了政治体制，建立雏形的民主政治，这为仍然处于绝对君权统治下的法国提供了榜样。所以启蒙运动从法国开始，至终亦同样发展为激进革命，而它的背景则需要从宗教改革说起。①

### 先进的荷兰共和国

马丁·路德（Martin Luther）的宗教改革发生于 1517 年，它发展成席卷欧洲的政教两方面的革命则是从 16 世纪中叶开始。其时所谓"低洼地区"（Netherlands）的多数民众已经信奉新教，但他们的宗主，即以维持正统为己任的西班牙君主腓力二世（Philip Ⅱ），则执意强迫他们继续宗奉罗马天主教，由是激起长达三十年（1567—1598）的荷兰独立战争。其至终结果是西方第一个建立在民主原则上的国家荷兰共和国（Dutch Republic）之出现。它的成功有许多因素：民众的空前团结；奥兰治（Orange）家族的领导；"执政"（stadtholder）莫理斯亲王（Maurits of Nassau，prince of orange）的革命性军

---

① 下文有关宗教改革，荷兰、英国与法国在 16—17 世纪的历史背景，分别参见 Euan Cameron，*The European Reformation*（New York：Oxford University Press，1991）；Jonathan I. Israel，*The Dutch Republic：Its Rise，Greatness，and Fall，1477 – 1806*（Oxford：Clarendon Press，1995）；George M. Trevelyan，*England under the Stuarts*（London：Methuen，1961）；Christopher Hill，*The Century of Revolution，1603 – 1714*（Edinburgh：Thomas Nelson，1961）；James M. Thompson，*Lectures on Foreign History，1494 – 1789*（Oxford：Blackwell，1965）。

事改革——它迅即为整个欧洲所仿效，海上贸易和海军的迅速发展，以及英国的大力支持等等都是决定性因素。此外，此地区的人文和科学传统也很重要：在 16 世纪之初，荷兰的伊拉斯谟（Desiderius Erasmus）是欧洲最著名的人文学者，世纪下半出现的斯特文（Simon Stevin）则是著名数学家（微积分学先驱）和工程师，也是莫理斯的导师和亲信，其军事改革的构思、设计和推动者。

17 世纪是荷兰的黄金时代：经过了独立战争的洗礼，它跻身欧洲军事列强，也成为最繁荣强大的海外贸易与殖民帝国。它的政体以近乎世袭的市议会为基础，但在危机时刻则往往受民众压力而被迫将大权交予执政。这雏形民主政府虽然不十分稳定，但在当时已经是最先进的了。它的科学和哲学同样位居前列：望远镜和显微镜在此发明；笛卡尔（René Descartes）和斯宾诺莎（Benedictus de Spinoza）这两位最有影响力的哲学家也在此定居工作。笛卡尔的"机械宇宙观"（mechanical philosophy）提出：世界上所有事物、现象都是由不可见细微粒子的运动与撞击所产生。这自然动摇了"神"的地位。斯宾诺莎则更进一步，认为心物二者并无分别，因此所谓上帝只能够是自然的整体，而人不可能有自由意志，所谓善恶都只不过是自然规律运行的结果。这样，他们的哲学从最根本处动摇了基督教的宇宙观和道德观，无怪乎斯宾诺莎在生前就被视为洪水猛兽了。

### 后来居上的英国

政治上，英国本来是欧洲最早成熟的：它在 13 世纪之初就已经有限制君权的《大宪章》（Magna Carta），同一世纪末则已经召开由社会各阶层代表组成的"国会"（parliament），要征税就必须得到它的合作。但在宗教改革冲击下，英国政治却变得长期摇摆不定。在16世纪，亨利八世（Henry VIII）和伊丽莎白一世（Elizabeth I）都维护英国自立的教会，与罗马教廷决裂，但居间的玛丽一世（Mary I）却悍然不顾物议，反其道而行，甚至冒大不韪，与最保守的天主教君主即西班牙的腓力二世缔婚，幸而那还只是短暂插曲（1554—1558）。到了17世纪，斯图亚特（Stuart）王朝的君主却是无能、自私而又不了解政治情势，屡屡企图行使绝对权力，更漠视民意，偏袒天主教。这在1640—1660年间激起了清教徒革命，导致查理一世（Charles I）被处死。但跟着出现的共和政体（commonwealth）却又未曾成熟，很快就失去民心，所以不久查理二世（Charles II）就得以在国会支持下复辟。

尽管政治上一波三折，学术上17世纪英国却能够绽放异彩，这当是其中世纪深厚累积的表现。就哲学而言，培根（Francis Bacon）、霍布斯（Thomas Hobbes）和洛克是无人能绕过的三座高峰。在思想上，他们分别倡导了：科学的重大功能；统治权力的基础是理性而并非神授；民权、自由之重要。就科学而言，我们自然会举出研究磁学的先驱吉尔伯特（William Gilbert）、发现血液循环的哈维（William Harvey）和发现气体定律的波义耳（Robert Boyle）等一长串名字来。不过，直至17世纪中叶为止，英国的理论科学传统其实仍然薄弱：沃利斯（John Wallis）的冒起方才扭转此形势，而我们必然会想到的牛顿（Isaac Newton）后来虽然成大名，但他在剑桥埋首治学三十多年，却并无师友切磋，经常独来独往。

## 追求绝对的法国

英国与荷兰都是海洋国家，民情比较实际，以商业利益为重；法国则处于欧陆中心，君主和大臣所追求的是，在国内令人俯首帖耳，在国外建立霸权，从 16 世纪的弗朗西斯一世（Francis Ⅰ）以至 17 世纪的路易十四莫不致力于此。然而，就法国而言，国外新旧教势力旗鼓相当；国内则新教徒属起源于本土的加尔文派（Calvinists），即所谓胡格诺教徒（Huguenots），他们人数虽少，但信仰坚定，团结聚居以自保，要斩草除根绝不容易。所以上述两位霸主戎马半生，最后希望都不免落空。

宗教改革之初，新教在法国发展得很快，甚至上层社会包括王室也为其渗透，但弗朗西斯一世为了政治考虑而转向旧教，因此对新教徒的迫害从 16 世纪 30 年代开始，这后来发展成为席卷全国、延绵三十多年的宗教战争（1562—1598），直至宽大仁厚的亨利四世（Henry Ⅳ）颁布《南特诏令》（The Edict of Nantes，1598），赋予新教徒有限度的宗教自由和公民权利，战争才暂时歇止，民众也得以休养生息。随后两位宰相黎塞留（Duc de Richelieu）和马萨林（Jules Mazarin）谨慎理财，整军经武，为日后扩张政策奠定基础。路易十四在马萨林去世之后方才亲政，他起用柯尔贝尔（Jean-Baptiste Colbert）推动建设、实业、贸易，使得国库充盈；又创办各种学院，奖励文艺、学术、作家、诗人，造成空前繁荣兴旺的景象。使得法国科学位居欧洲前列的巴黎皇家科学院（Royal Academy of Sciences）即是此时所创建。然而，路易十四深信"朕即国家"：宫廷的奢华、繁荣，军队、舰队的强大，都是以民众的沉重负担为代价，社会的顺从则是以随意逮捕的权力和出版的严厉审查为基础。在他心目中，不但"君权神授"是理所当然，即使国家的存在也是为了"君主的荣耀"，因此君主意志是绝对、不受限制，也不容质疑的。这样，在大革命之前一个世纪，法国就已经成为"绝对君权国"的典型了。

## 三、英法之间形势的大逆转

在进一步讨论启蒙运动的起源之前，让我们重温一段众所周知，但可能未曾受到充分注意的近代中国史实。那就是鸦片战争的屈辱其实是个大逆转，而并非顺势发展——它的性质，和科尔特斯（Hernán Cortés）之征服墨西哥或者皮萨罗（Pedro Pizarro）之征服秘鲁完全不一样。事实上，在鸦片战争之前三个多世纪，当所谓"佛郎机"即葡萄牙人最初到达宁波一带的时候，他们也曾经幻想可以重复西班牙人在美洲的丰功伟业，但受了几趟惨痛教训之后，就认清现实，以立足澳门为满足了。① 此后数个世纪间，西方与中国展开了广泛接触与互动，包括通商、贸易、传教、殖民、文化交流、派遣使节来华等等。直至 18 世纪末年，中国无论在政治、文化、社会、经济等各方面的实力，大体上都还可以视为处于优势。不但中国当时以此自许——如著名的 1793 年马戛尔尼（Lord George Macartney）觐见乾隆事件所显示，而且，当代研究也同样证实，整个欧洲的工业生产力量之超越中国，是在 1830 年左右，亦

①　见方豪《中西交通史》下册（台北：中国文化大学出版部，1983），第 668—683 页。

即工业革命启动（约 1750 年）之后将近一个世纪。此后短短十年，就发生了鸦片战争。① 因此，中华帝国沦为列强侵凌的对象并非历来积弱所致，而是 18—19 世纪之交国力对比大逆转的结果。此后它在军事、政治、社会、经济乃至科技、文化各方面的严重不足次第浮现，由是累积的危机意识最终为巴黎和会与山东问题所"引爆"，遂有五四运动之出现。

我们要请读者注意的是，在启蒙运动之前大半个世纪，即 1660—1730 年间，相类似的力量对比之逆转也曾经出现于英法两国之间。在政治上，这主要是由以下三个相关变化造成：法国废除《南特诏令》（1685）、英国发生"光荣革命"（1688—1689），以及两国之间（当然也牵涉其他欧洲国家）爆发"九年战争"（亦称"英国王位继承之战"，1688—1697）与"西班牙王位继承之战"（1701—1714）。那两场战争的决定性与冲击力也许不能够和鸦片战争相比，但其历史性意义则颇为相近。此外，在学术上，英国在同一时期也绽放了逼人光芒：牛顿、洛克、托兰德（John Toland）等的主要著作都在 1685—1695 短短十年间以爆发姿态出现，将科学、政治学以及宗教观念带入现代。这些都是翻天覆地的巨变，以下我们就其梗概作最简略说明。

查理二世复辟和路易十四亲政是上述时期的开端。其后二

----

① 此关键问题的讨论，见 Paul M. Kennedy, *The Rise and Fall of the Great Powers: Economic Change and Military Conflict from 1500 to 2000*（New York：Harper，1989），pp. 147 – 150。当然，军事对抗的结果并不完全决定于整体生产力量：科技力量和军事组织的发展往往重要得多。但马戛尔尼出使中国这事件本身就已经显示，在 18 世纪末中国与西方大体上仍然可以抗衡。

十五年（1660—1685）间，法国在绝对君权统治与推动下励精图治，向东面和北面扩张，将弗朗什孔泰（Franche Comté）、阿尔萨斯（Alsace）、洛林（Lorraine）、斯特拉斯堡（Strasbourg）等地区收归版图，甚至一度将荷兰逼到亡国边缘（1672），从而迎来睥睨全欧洲的辉煌时代。然而，作为绝对君主的路易执意一统宗教，因此在1685年断然废止《南特诏令》，导致大约三十万新教徒流亡国外，同时激起新教国家的同仇敌忾之心。此举遂成为法国盛极而衰的转捩点。

在同一时期，英国的查理二世复辟后仍然未曾接受父王失败的教训，屡屡与国会中的辉格党（Whigs）发生冲突，更在1682年通过密约从法国获得财政支持，建立常备军，多方寻求专权。他去世后王弟詹姆斯二世（James Ⅱ）登基，他公开信奉天教，更积极招募军队，起用天主教徒，企图将英国改造为旧教国家。① 但这完全错估了英国上下的情绪与力量。1688年4月他获得男嗣的消息传出，遂有七主教联合邀请荷兰执政威廉三世（William Ⅲ）暨夫人玛丽二世（Mary Ⅱ，詹姆斯二世的长女，信奉新教，并且有合法王位继承权者）武力干政，导致是年年底威廉率领舰队与大军在英国西南部登陆，詹姆斯出奔，翌年（1689）初国会宣布詹姆斯自动退位，由威廉和玛丽共同继承大统，是为光荣革命。

这所谓"革命"其实是一次里应外合的武装政变，它之所以成为英国乃至西方政治制度转捩点，是由于詹姆斯出奔后英国政权出现真空，因此临时国会（Convention Parliament）在奉

---

① 有关此问题最近有重大翻案文章，见本书第一辑《为不算是革命的革命翻案》一文。

请威廉与玛丽登基的国书中，得以将他们的政治要求一并提出并获得确认，其条款更在 1689 年底由国会以法律形式通过，是为《权利法案》（Bill of Rights）。它的基本精神是三权分立：国会享立法权和赋税权，君主享行政权，法官（和上议院）享裁判权。① 也就是说，政治权力不再集中，而是分散于国家不同阶层，并且互相制衡。这复杂、微妙的结构并非由设计产生，而是国会与君主在整个 17 世纪不断冲突、摸索、思考而酝酿出来的。它反映了政治的成熟，但亦有很大因缘际会成分，特别是詹姆斯不战而仓皇出奔法国，以及威廉本来具有民本思想传统，乐意接受立宪体制。

在新体制下，人民"权利"的观念开始萌芽，例如出版预审制度在 1695 年废除；信仰自由最初只限于对新教"异议派"（dissenters）和天主教徒的容忍，其后日渐发展，但赋予他们平等权利则是 18—19 世纪间的事情；至于选举权的扩大、开放则更是 19—20 世纪的事情了。此外，由下议院多数党组阁替代君主行使行政权，本来亦只不过是由于实际需要而形成的惯例，后来才发展成为制度。

威廉与玛丽登位后新政权尚不稳固，詹姆斯曾经率军登陆爱尔兰，而法国也数度派遣强大舰队试图入侵，直至三年后法国在巴夫勒尔（Barfleur）与拉霍格（La Hogue）海战（1692）中溃败，光荣革命才算是初步告成。然而，英国与荷兰的紧密结合使得它们和法国的对立愈趋激烈，而许多欧陆其他国家包括瑞典、西班牙、神圣罗马帝国等也都有意遏制路易十四的野

---

① 司法独立的规定，亦即法官任免权从君主转移到国会，是迟至1701 年的《王位继承法案》（Act of Settlement）才得到法律保障的。

心，这导致了所谓"九年战争"。其后大致相同的对垒阵营（但西班牙转到法方）之间又发生了"西班牙王位继承之战"，最终法国虽然勉强保持领土完整，但已经疲敝不堪，完全丧失动力与国威，又被迫永久放弃与西班牙合并，并且正式承认英国新王室；至于英国，则通过这两场战争，和以高效率的政治体制为基础，跃居海权与殖民力量之首。

不但如此，在学术方面，英法之间在 17 世纪 80 年代也同样出现了大逆转。① 就科学而言，巴黎大学和牛津大学本来是中古欧洲的科学中心，但经过百年战争与黑死病肆虐之后，两所中古大学都衰落了。在 15—16 世纪间欧洲理论科学再度发展，那是从中欧和意大利开始，然后向西即法国与荷兰传播，其发展的高峰就是 17 世纪上半叶梅森（Marin Mersenne）在巴黎所建立的活跃数学沙龙，笛卡尔的解析几何学与"机械宇宙观"，以及巴黎皇家科学院的惠更斯（Christiaan Huygens）所提出的钟摆和光学理论。这数理科学之风吹到英国，则已经是 17 世纪中叶的事情。例如，作为微积分学滥觞的"分析学"在荷兰、法国出现是 1590 年左右，而英国在这方面能够引起欧陆注意的，是沃利斯在 1656 年发表的《无限算法》（*Arithmetica Infinitorum*），落后将近七十年。牛顿在剑桥闭门治学二十六年（1661—1687）之后发表《自然哲学之数学原理》（*Mathematical Principles of Natural Philosophy*，1687），其后再发表《光学》（*Opticks*，1704），那都是石破天惊，震撼欧洲学界的大事，因为这两部著作为科学整体开创了新时代，而牛顿并

---

① 见陈方正《继承与叛逆：现代科学为何出现于西方》（北京：三联书店，2009），第 11—12 章。

没有明显的师承、传授——他是直接吸收整个西方传统的。无论如何，1687 年之后，欧洲科学便被迫逐步承认英国的领导地位了。①

在哲学上，洛克的《人类理解论》（*An Essay Concerning Human Understanding*，1690）以经验为知识的基础，全面扫荡没有根据的（新柏拉图学派）形而上学建构，从而开启现代哲学；他的《论宽容书简》（*Letters Concerning Toleration*，1689—1692）和《政府两论》（*Two Treatises of Government*，1689）可以说是为光荣革命在事后寻找根据，但其以民众的接受与福祉为政治学根基，这和霍布斯《利维坦》（*Leviathan*，1651）以理性推断为根基一样，都完全抛开君权神授观念，成为现代政治学的开端。此外，在科学思想与霍布斯影响下，洛克发表《基督教的合理性》（*The Reasonableness of Christianity*，1695），提出所谓"基督教理性论"；托兰德和廷德尔（Matthew Tindal）进一步开创自然神论（deism），提出基督教的道德训示是合理的，但它的神话如神降生为人、行各种神迹、死后复活等

--------

① 其实，这大转变是个复杂和漫长过程，前后持续最少半个世纪，即直至 18 世纪 40 年代方才完成，其所以如此迟缓，是因为欧陆特别是法国学者对牛顿的万有引力理论始终抗拒。详见以下各专著：Niccolo Guiciardini，*Reading the Principia: the Debate on Newton's Mathematical Methods for Natural Philosophy from 1687 to 1736*（Cambridge University Press，1999）；J. B. Shank，*The Newton Wars and the Beginning of the French Enlightenment*（The University of Chicago Press，2008）；Mary Terrall，*The Man Who Flattened the Earth: Maupertuis and the Sciences in the Enlightenment*（The University of Chicago Press，2002）。

等，则是不合理也不必要的，因此宗教可以"理性化"。① 他们和牛顿、波义耳、洛克等虽然思想各异，却同样是推动现代思潮的前驱。②

## 四、启蒙运动的起点

在文化上，五四运动是个宣扬、引进西方思想的运动，它的主将如蔡元培、胡适、陈独秀，前驱如严复、梁启超都曾经在欧美、日本留学、居住、考察，从而对西方文化、学术获得深刻、真切的了解；另一方面，他们在中国传统社会不但享有很高的地位，而且对固有的学术文化也具有深湛的修养，因此能够出入于两种不同文化，比较其文物、制度、思想的异同优劣，为新思想登高一呼，便能够获得全国响应。③ 启蒙运动在兴起之初基本上是个法国的思想运动，开端者是孟德斯鸠和伏尔泰。④ 我们在此要指出，他们两人和严复、梁启超、胡适、

---

① 见 Roland N. Stromberg, *An Intellectual History of Modern Europe* (Englewood Cliffs, NJ: Prentice Hall, 1975), pp. 68 – 131.

② 我们必须强调，波义耳、牛顿等科学家在宗教上都仍然十分保守，至于他们和他们的新科学对于当时政治思想的影响，以及与法国启蒙思想的关系，则见 Margaret C. Jacob, *The Newtonians and the English Revolution*, *1689 – 1720* (New York: Gordon & Breach, 1990); *The Radical Enlightenment: Pantheists, Freemasons and Republicans* (London: Allen & Unwin, 1981), chap. 3。

③ 至于冯桂芬、王韬、郑观应等更早期的新思想人物，则由于社会地位以及旧学根柢的欠缺，所能够发挥的影响力就差得远了。

④ 当然，也有认为启蒙运动是开始于 17 世纪 80 年代的英国，对此看法的讨论见本文最后一节。

陈独秀等有非常相似之处：他们同样是了解本国文化，在国内享有崇高社会地位，然后通过在英国的长时间居留，获得了对英国文化、人物、体制、学术的深切了解，成为不折不扣的英国通和英国迷（anglophile），同样是在回国之后登高一呼，获得四方响应。现在就让我们来看一下，这两位处于"英法大逆转"时期的关键人物，如何蜕变成为启蒙思想家。

## 孟德斯鸠：从小贵族到名学者

孟德斯鸠（Charles-Louis Secondat de Montesquieu，1689—1755）① 出身法国西南部波尔多（Bordeaux）地区的贵族家庭，先祖有战功，上代有好几位学者，母家相当富有，而且具有英国王室血统。他在波尔多大学取得法学资格，其后到巴黎居住数年（1709—1713），结识不少具有自由思想的教士、学者，然后还乡继承家族产业，结婚（夫人是胡格诺新教徒）生子，承袭伯父的地区法院（parlement）副院长职位②，社会地位日渐上升，遂当选波尔多学院院士。但他破茧而出，获得举国瞩目，则是因为1721年出版《波斯书简》（*Lettres Persanes*），其时他已过而立之年了。此书从1717年即开始酝酿，是极其用心之作，而且借鉴多种此前同类作品——事实上，它是模仿意大利人马拉纳（Giovanni P. Marana）的《土耳其间谍书简》（1684）之作，后者的法文译本已经在他留下的藏书中

---

① 有关孟德斯鸠，见 Robert Shackleton，*Montesquieu：A Critical Biography*（London：Oxford University Press，1961）；Rebecca E. Kingston，ed.，*Montesquieu and His Legacy*（Albany：SUNY Press，2009）。

② 即所谓 président à mortier，这是个有市场价格，可以通过买卖转让的官职。

找到了。①

《波斯书简》是书信体小说，它通过两位在欧洲游历的波斯人发回家乡以及发予出使欧洲友人的书信，从另一个文明的角度，对西方特别是法国的社会习俗、宗教信仰、政治体制，乃至当时的君主、人物和事件等等，作出观察和带嘲讽的评论。书中对于东方社会也有生动、准确描述，以作对比。此外，孟德斯鸠更进一步通过时事和虚拟故事来发挥政治和宗教问题的讨论，包括通过异教徒之口直接攻击教皇和极权君主。这样，由于跳出了西方本身的观点，孟德斯鸠得以用对比方式，客观地批判西方（主要是当时法国）的政教体制——很显然，在这里已经有其后来巨著《论法的精神》的影子了。不过，《波斯书简》却也没有直接冲击当时的体制。此书在荷兰阿姆斯特丹以无名作品方式出版，它的批判无论如何深刻，也仍然是超脱的，假诸虚拟人物之口的，而且，它只是讽评，并没有指出变革之道。在这两方面，它都远远不及十三年后伏尔泰的《哲学书简》之对现实所产生的强大的冲击力，因此只是启蒙运动的先声，而尚非起点。

直至发表《波斯书简》为止，孟德斯鸠只能够算是小贵族、地方闻人，此书为他打开了巴黎上流社会的大门，使他得以出入宫廷和活跃于众多沙龙，最后在 1727 年当选法兰西学

---

① 《波斯书简》有下列最新英译本：Charles Montesquieu, *Persian Letters*. Margaret Mauldon, transl. （New York：Oxford University Press, 2008）。有关此书与《土耳其间谍书简》关系的讨论，参见前引 Robert Shackleton, *Montesquieu*, pp. 31 – 32；有关其他作为《波斯书简》前驱的同类著作之讨论，见同书 pp. 28 – 31。

院（L'Académie française）院士，奠定了名学者地位。不过，从表面上看，他的才气、冲劲好像已经为此书消耗殆尽。在它面世之后十四年间（1721—1734），他在家乡管理庄园，在巴黎交结权贵，纵情享受社交生活，在1728—1731年间游历意大利、中欧和英国，成为皇家学会（Royal Society）和共济会（Free Masons）会员，其间最认真的工作则是在1734年出版了一部罗马史。它是一部以罗马为题材的历史哲学作品，但反应不佳，因为其角度是大家所不熟悉的。从时间和性质上看，此书正好是《波斯书简》与下一部巨作的过渡作品。事实上，1734年是个转捩点，因为当年伏尔泰《哲学书简》的出版对孟德斯鸠产生了巨大刺激，此后他表面上继续出入巴黎宫廷和沙龙，其实大部分时间退居家乡的拉布雷特庄园（Chateau de La Brède），在那里集中精力搜集资料，分类排比，精研覃思，撰述毕生巨著《论法的精神》（De l'esprit des lois），以迄它在十四年之后完成。

## 伏尔泰：从诗人到思想家

伏尔泰和孟德斯鸠齐名，但两人性格、禀赋、作风迥异，成为强烈对比：拉布雷特庄园的主人和光同尘、玄默守拙、蛰伏二十余载，然后一飞冲天；伏尔泰则风流倜傥、才华横溢、少年得志、作品泉涌，一生多姿多彩。伏尔泰（Voltaire，原名Françis Marie Arouet，1694—1778）出身于巴黎中上家庭，父亲是财政官员，母亲有贵族血统。他少年时代在著名的耶稣会学院就读，获得优良而严格的古典文学训练，因此立志继承上世纪莫里哀（Molière）和拉辛（Jean Racine）等的传统，成为伟大的诗人和剧作家。① 离开学院未久，凭着才华与努力，他发表了不少诗作和文章，数出剧作也得以上演，因而声名鹊起，出入宫廷，与达官贵人、外交使节往还，成为上层社会一分子。然而，由于他思想敏锐，言谈锋利，更兼年少气盛，略无畏惧，也曾经多次因为干犯权贵、禁忌而出入巴士底大狱。此时他很可能已经萌生反对极权体制和教会的思想了。

他生命的转捩点出现于 1726 年 5 月，当时他因为与贵族罗昂（de Rohan）交恶而再度被短暂投狱，然后流放英国，自此在彼邦度过大约两年半时光，直到 1729 年初才获准返回巴黎②——不过，也有看法认为他自己本来就有意去英国，与罗昂的冲突只是借口而已。③ 无论如何，他充分利用这两年多的光阴吸收英国文化，不但潜心学习英语，广泛结交各界人士，旁听国会辩论，参加共济会聚会，观摩莎剧演出，领略弥尔顿（John Milton）、蒲柏（Alexander Pope）、德莱顿（John Dryden）的诗歌，进窥牛顿、洛克学说，并且勤奋工作，笔耕不辍，完成了一本传记、一部长篇史诗、两篇论文，和一本以书信体撰写的英国杂录——那就是日后《哲学书简》（又名《英国通

---

① 有关伏尔泰，见 Ira O. Wade, *The Intellectual Development of Voltaire* (Princeton, NJ: Princeton University Press, 1969); A. Owen Aldridge, *Voltaire and the Century of Light* (Princeton University Press, 1975) 及前引 Shank, *The Newton Wars*, chaps. 4 & 5。

② 事实上在这两年半之间他曾经数度秘密或者获准回到法国，因此在英国实际逗留时间大约只有两年两个月，见前引 Wade, *The Intellectual Development*, pp. 149 – 151。

③ 见 Voltaire, *Letters Concerning the English Nation*, ed. Nicholas Cronk (New York: Oxford University Press, 1994), pp. ix – x。

讯》，*Letters Concerning the English Nation*）的张本。令人惊讶的是，他的论文和杂录居然都是以英文写就，足见他语言天赋之高，与他交往的英国人也都对此啧啧称奇。因此，这两年多光阴是他如海绵般吸收英国文化，从而脱胎换骨的时期，更是他沉潜变化、积蓄力量的机会。

回到法国之后五年间（1729—1734），他并没有急于改变事业轨迹，仍然着力于完成上述传记和史诗的发表，又以从莎翁所得灵感，发表了多篇评论，以及四出新剧作，其中如《布鲁图》（*Brutus*）和《恺撒之死》（*La Mort de César*）的莎剧渊源是很显然的。因此，直至不惑之年，他仍然保持诗人、剧作家的身份。但是，到了1734年，半由意愿半由命运，他的生活乃至生命都彻底改变了，起因就在于《哲学书简》（*Lettres philosophiques*，1734）的出版。其实伏尔泰在1733年已经准备出版此书的法文版，但印刷完成后未能通过审查，一直在谈判中拖延，其时未经作者允准的英文原版不但在伦敦出现，而且流传到法国，出版商不甘损失，遂冒险将已经印就的法文版出售。这违规之举令当局大为恼火，立即发令拘捕伏尔泰，幸亏他及早躲避到情人夏特莱侯爵夫人（Emilie Marquise du Châtelet）在边界上西雷（Cirey）小镇的别墅，得免再受牢狱之灾。然而，自此他也被迫隐居于斯，从恣肆才情变为埋首书斋，从名作家转为哲学家。就这样，"启蒙思想家"诞生了。

当局的剧烈反应使得《哲学书简》顿然"洛阳纸贵"，不但在巴黎，即使在法国外省和英国伦敦等地，也都成为热烈谈论焦点。其实，此书形式并不独特，例如前辈作家丰特奈尔（Bernard Le Bovier de Fontenelle）的《名士书简》（*Lettres galantes de monsieur le chevalier d'Her\*\*\**，1685）、曾到伊斯坦布尔

的英国女作家蒙塔古（Mary W. Montagu）的《土耳其书简》
（*Turkish Embassy Letters*，约1718），以及孟德斯鸠的《波斯书
简》等，都是以书信形式和特殊角度来讨论社会现象的著名前
例。甚至，此书的内容也不能够算独特，不但英国社会和政治
制度在法国早已经有报道，而且像牛顿的发现、微积分的意义
等科普性题目，丰特奈尔也都在18世纪20年代捷足先登了。

那么，《哲学书简》的独特之处到底何在？我们有何理由
将它定为启蒙运动的起点呢？关键在于以下两点：首先，它笔
触虽然轻淡，语调虽然温和而略带嘲讽和疑问，底子里却极其
辛辣而不回避、不顾忌要害——政府、教会和基督教本身的要
害，那是谨慎的孟德斯鸠更不用说温文尔雅的丰特奈尔所小心
翼翼不敢触碰的。像书中为光荣革命和英国新政体辩护的第八
函，和通过驳斥帕斯卡（Blaise Pascal）来质疑基督教三位一
体教义的第二十五函就是很好的例子。其次，它虽然精短，却
对英国作出了全面、整体性的刻画，从宗教到社会、政治，从
科学到戏剧、诗歌，罔不包罗，而且字里行间处处流露钦佩之
情。因此韦德（Ira O. Wade）说："问题不在于伏尔泰是否第
一位，而在于他是否最有力地（在法国推动英国文学和哲学）；
……也不在于他是否将英国文明（civilization）介绍给法国人，
而在于他如何推动了英国和法国文明的融合。"① ——在此，
英法之间的差异已经被视为基本和重要如同不同文明之间的差
异了！换而言之，伏尔泰是第一位公开和正面（虽然仍然很低
调）挑战法国宗教、政治体制以及其背后思想的人，也是第一
位毫不犹豫地宣扬在海峡彼岸所出现的新政体、新思想优胜于

--------

① 前引 Wade，*The Intellectual Development of Voltaire*，p. 231。

本国者。因此，启蒙运动在"破旧"和"立新"这两方面的思想都已经结合在《哲学书简》这本小册子之中了。

## 启蒙思潮的兴起

我们无法在这里缕述启蒙思想从《波斯书简》和《哲学书简》这两本小书发展成为壮大潮流的经过，而只能够指出，在生于 17 世纪的孟德斯鸠和伏尔泰开风气以后，出生于 18 世纪的下一代思想家到 19 世纪 50 年代前后就风起云涌了。《论法的精神》在 1748 年出版，狄德罗（Denis Diderot）宣扬唯物质主义（materialism）的《论盲书简》（*Lettres sur les aveugles*）紧跟着在下一年出版，他也因此坐牢。① 两年后，他和著名的力学家达朗贝尔（Jean Le Rond d'Alembert）开始筹划出版一套新的《百科全书》（*Encyclopédie*）来宣扬科学、理性，和反对宗教与王室权威的思想，以期实现知识能够改变世界的"启蒙"理念。这巨大计划吸引了许多作家、学者参与，它虽然屡屡为当局所压制、禁止，但经过二十多年（1751—1772）努力，至终得以完成其二十七大卷的出版。

当然，这时期也出现了许多其他启蒙著作，例如爱尔维修（Claude-Adrien Helvétius）借以与孟德斯鸠争先的巨著《论心智》（*De l'esprit*，1758）、伏尔泰的《哲学辞典》（*Dictionnaire philosophique*，1764）、卢梭（Jean-Jacques Rousseau）的《论人类不平等的起源》（*Discours sur l'origine et les fondements de l'inégalité parmi les hommes*，1755）和《民约论》（*Du contrat so-*

---

① 有关狄德罗，见 Arthur M. Wilson，*Diderot*（Oxford University Press，1972）。

cial, 1762), 以及强烈无神论者霍尔巴赫 (Baron d'Holbach) 的《基督教之揭露》(*Christianisme dévoilé*, 1761) 和《自然的体系》(*Système de la nature*, 1770), 等等。继承了巨大家财的霍尔巴赫所主持的沙龙, 即所谓 "霍尔巴赫议论圈" (d'Holbach's coterie), 也是在同一时期 (1750—1780) 活跃, 它大体上可以视为 "百科全书派" 学者的大本营, 也是英国启蒙思想家如休谟 (David Hume)、亚当·斯密 (Adam Smith)、吉本 (Edward Gibbon) 等经常到访、聚会之所。[1] 很显然, 美国独立革命、美国宪法, 还有法国大革命等等的种子, 都已经在此时播下, 不久就要萌芽了。

## 五、余论

我们在上面讨论了 1660 至 1715 年这半个世纪间英法的对立, 以及其军事与学术力量对比之戏剧性逆转, 并且试图显示, 其后半个世纪 (1721—1770) 在法国首先出现的启蒙运动, 是其敏锐的学者、思想家受到此对立与逆转的刺激之后, 所发起的思想运动。在此意义上, 它和中国与西方的力量对比在 18、19 世纪之交出现大逆转, 此后中国备受侵略, 至 20 世纪初中国有远见的学者遂发起攻击传统文化与体制, 接受西方民主与科学理念的五四运动, 可以说是有相类似模式的。因

---

① 有关霍尔巴赫, 见 W. H. Wickwar, *Baron d'Holbach: A Prelude to the French Revolution* (New York: Kelley reprint, 1968); Alan Charles Kors, *D'Holbach's Coterie: An Enlightenment in Paris* (Princeton University Press, 1976)。

此，我们有理由说，这两个运动不但同样以"反传统"为特征，而且在起因与最初的过程上，也颇为类似，而不能截然划分为"自发"与"外来"两种形态。以下我们从此观点出发，对两个运动的比较再提出几点看法。

首先，对于本文的中心观点，读者可能仍然有以下疑问：即使就法国而言，启蒙有外来因素，但倘若以英国为启蒙的发源地，那么它的思想不就仍然是自发的吗？而倘若更进一步，从欧洲思想的整体看，启蒙运动之为自发似乎就更没有疑问了。这表面上不错，其实也不然。因为英国的思潮何尝不受欧陆影响？例如，新教思想起源于德国；以议会和民意为根据的政治体制起源于荷兰；数学和理论科学的复兴在15—16世纪由意大利开始，牛顿的力学观念源自意大利的伽利略（Galilei Galileo）和法国的笛卡尔；在自然神论出现之前已经有荷兰的斯宾诺莎先行；等等。诸如此类的例子是不胜枚举的。所以，就英国而言，也无所谓"自发"。扩而言之，近代欧洲在政治上是分裂的，在思想、学术上百家争鸣，互相影响，因此其中无论哪个国家，哪个地区，都必然受到外来影响，也同样没有单纯的"自发"思想可言。那么，欧洲整体又如何呢？诚然，古代希腊、罗马文明对于它的近代发展极其重要，但我们不可忘记，它所受到的两方面的外来冲击也是不能够忽略的。首先，是伊斯兰文明的挑战，这在中古时代的罗吉尔·培根已经感受到了①，而奥托曼帝国的进逼特别是君士坦丁堡的陷落（1453）与文艺复兴以及欧洲近代科学的兴起有极为密切关系——其实，欧洲中古文明即所谓"早期（12世纪）文艺复

---

① 见本书第三辑《中华与西方文明的对比》一文。

兴"的诞生，根本就是由与伊斯兰帝国的抗争而激发①；其次，则是从远东所辗转传入的新技术，亦即培根（Francis Bacon）所谓改变了世界者——火药、造纸、印刷术、指南针等，它们从 15 世纪开始，对欧洲的巨变如民族国家的兴起、远航探险、宗教改革、科学革命，都有极其深远的影响。② 这两点牵连广泛，而且论者颇多，无法亦毋庸在此赘述。但可以断言，欧洲自文艺复兴以迄启蒙运动这整个现代化历程，其"外来"因素的作用委实不容抹杀。

其次，我们可以将五四运动的正面诉求与启蒙运动作一粗略比较。五四的诉求大体上包括白话文、科学与民主三项。就白话文运动而言，它与文艺复兴时期欧洲各国的国语运动相对应，后者在 18 世纪已经成熟，因此没有必要在此讨论。就科学而言，如许多论者指出，五四运动所倡导的，并非科学知识本身，而是"科学主义"，也就是对经典、传统作为思想权威的反叛，以及对理性、逻辑之颂扬。③ 这事实上与启蒙运动中所揭橥的"理性"（reason）极为相近，只不过后者并非对立

① 以上两点分别见前引《继承与叛逆》第 11 章及第 9 章，以及所引相关文献。

② 见前引《继承与叛逆》，第 611—620 页，以及所引相关文献；惟西方学者亦有认为指南针的发现虽然晚于东方，却并非从东方传入，而为独立发现者。

③ 最先研究此问题的专著为 Danny W. Y. Kwok, *Scientism in Chinese Thought*, *1900—1950* (New Haven: Yale University Press, 1965)。近人的论述见杨国荣《科学主义——演进与超越：中国近代的科学主义思潮》（台北：洪业文化，2000）；汪晖《现代中国思想的兴起》第二部下卷：《科学话语共同体》（北京：三联书店，2004）。

于传统，而主要是对立于基督教，亦即对立于神示真理（revealed truth）和希伯来的人格神而已。① 当然，五四运动中宣扬科学主义的文章一般缺乏实质内容，而孟德斯鸠、伏尔泰等所宣扬的，往往是具体的牛顿学说，亦即推广性的科普工作。这与法国的科学发展本来很先进，与英国在伯仲之间，而在 20 世纪初的中国科学对绝大部分人而言还是闻所未闻的崭新事物，自然是相关的。就民主的诉求而言，五四运动发生于辛亥革命之后，其时推翻帝制，建立共和的目标已经实现，因此其言论颇为直接与激烈；启蒙运动则是处于王权控制与压力之下的运动，所以它的言论在其初相当温和，主要从侧面落墨，只是到后期（1760—1780）方才变为直接与激烈。因此，两个运动的正面诉求虽然有细节和表述的分别，大体则相同。

再次，五四运动到了 20 世纪 20 年代发展成为激进的，由另一种外来政治思想，即从刚刚发生革命不久的俄国传入的共产主义，所主导的群众运动。这被称为"救亡压倒启蒙"②，

---

① 以"理性"、"自然"替代宗教，但实质则没有改变，是 Carl Becker, *The Heavenly City of the Eighteenth Century Philosophers*（New Haven：Yale University Press，1932）对启蒙运动整体的辛辣批判。到了 20 世纪 60 年代，Peter Gay, *The Enlightenment：An Interpretation*（New York：Norton，1966）则起而反驳其论调，为启蒙运动的意义作辩护和正面评述。

② 此说见 Vera Schwarcz, *The Chinese Enlightenment：Intellectuals and the Legacy of the May Fourth Movement of* 1919（Berkeley：University of California Press，1986），pp. 151 – 152。"救国与提倡新文化两者之间会产生对立，而且前者会掩盖后者"这一观念最先是由舒衡哲在 1986 年出版的上述著作提出，但明确提出"启蒙"与"救亡"是五四运动中的两个主旋律，而后者至终压倒前者的，则是李泽厚。见其《启蒙与救亡的双重变奏》，载《走向未来》杂志创刊号（北京，1987）。

其至终结果是奉行社会主义的新中国在 1949 年诞生。另一方面，启蒙运动至终带来了法国大革命，它同样是由激进的雅各宾主义（Jacobinism）所主导，此后它还要经过八十年的动荡与反复才达到稳定的政体，即第三共和（The Third Republic）。换而言之，五四运动和法国启蒙运动一样，都带来了激进革命，其后也都经过长时间才趋于稳定。而且，法国启蒙的激进思想也像中国的共产主义一样，有外来根源，英国的自然神论、荷兰的斯宾诺莎思想（Spinozism）、起源于英国但在荷兰蓬勃发展的共济会等等，都是它形成的重要原因。① 从此可见，英国的政治思想不仅有其温和与保守的一面，也有其激进的一面，而至终是后者以及荷兰的激进运动对法国政治发生了决定性影响。

但是，倘若如此，我们就不能不问：何以这两个运动竟然会有如此众多的相似？是巧合，还是别有深层原因？我们的看法是：这并非完全巧合，而原因也很明显，即 17 世纪末出现于英国的科学革命与雏形议会民主的确是推动其后数百年间世界思想大变革的原动力，它的影响在 18 世纪及于最邻近的法国，由是发生启蒙运动，在 20 世纪及于中国，和中国的贫弱状况结合，由是发生五四运动。因此五四运动与法国的启蒙运动，同样是英国在科学与政治上的划时代变革所激发的思想运动，其根源相同，因此也就具有相类似的模式与特征。

---

① 见 Margaret C. Jacob, *The Radical Enlightenment*; Jonathan I. Israel, *Radical Enlightenment: Philosophy and the Making of Modernity, 1650 – 1750*（New York: Oxford University Press, 2001）。

当然，由于时代、地域、文化背景的巨大差异，这两个运动仅仅是相类似而已，它们的细节、具体表现和后续影响仍然大有分别。例如，启蒙运动的领袖人物以社会上层（贵族、科学家、专业人士，甚至官吏）为主，它通过沙龙聚会和学术著作、通信等方式进行；而五四运动则以大学教授、学生甚至工人为主体，以杂志、报纸、传单、群众集会、游行等方式进行。又例如，法国启蒙运动与欧洲其他国家（包括英国本身）的互动相当强烈，与欧洲前此四百年的思想变迁关系既深且巨。但显而易见，五四运动基本上只是中国本身在 19—20 世纪发生的运动，它与 19 世纪以前的思想虽然不无若干关系，但是说不上密切，而它在中国以外（例如东亚和东南亚）即使发生过某些影响，大概亦相当微弱。

　　最后，还有这样一个无可避免的问题：启蒙运动发生于三个世纪之前，五四运动的百年祭也为期不远了。在此时来比较这两个已经或者即将走入历史的思想运动，除了作为纯粹的历史研究以外，还会有更切实的意义吗？我们的看法是，历史总可以引导我们对现实产生反思。譬如说，启蒙运动产生了像《论法的精神》、《民约论》那样有长远价值，可以无愧于古人的作品，而五四运动则恐怕拿不出那样的成绩来。诚然，那两本巨著是有识之士的"盛世危言"，他们尽有闲暇、心情和安定环境来从容构思，学究天人，指出法国歌舞升平局面背后所隐藏的巨大危机。至于五四时代面对内忧外患、国仇家恨的中国知识分子，则"救亡"尚且不暇，无法静心论学是无可奈何，势所必然，也是我们应该充分谅解的事情。这诚然不错，但倘若如此，我们自不能不想到，今日中国在世界上的地位已经大变，其知识分子的处境与百年前也迥然不同，那么他们也就应该对自己的时代和工作作更多、更深入的反思，和更大承担了。

原刊《二十一世纪》（香港）第 113 期（2009 年 6 月），第 29—41 页，嗣收入《迎接美妙新世纪》（北京：三联书店，2011），第 192—212 页。

# 论启蒙与传统的关系
## ——日本启蒙运动的反思

## 一、引言

社会从传统蜕变为现代的过程中，"启蒙"是一个关键阶段。但"启蒙"究竟是什么？从历史的角度看，答案比较清楚：它就是 18 世纪在西欧，特别在英法两国兴起的"启蒙运动"（Enlightenment，Lumière），其中心思想是攻击、抛弃被视为迷信的基督教信仰，以及崇扬刚刚在 17 世纪出现的现代科学，以及它所代表的理性精神。康德为启蒙所下的简洁界说"一切价值之重估"所指，正就是以科学理性取代基督教信仰作为衡量价值的标准。

然而，在 18 世纪中叶之后，一些国家、社会诸如普鲁士、奥国、俄罗斯、土耳其，乃至远东的日本、中国也都发生了类似于"启蒙"的运动——像五四运动就被认为是"中国的启蒙"。这些林林总总的"启蒙"到底和西欧的原型启蒙有无共通之处呢？我们是否有可能界定启蒙的内在意义，以使之适用于不同社会、国家，并被理解为现代化过程中一个有明确特征的阶段呢？作为初步尝试，我们最近提出了下列观点：广义的、适用于非西方国家的启蒙，就是对具有宰制性地位的传统思想体系之攻击与摧廓，以为新价值体系之建立铺平道路。①在这个观点下，启蒙就是反传统；或者，说得更准确一点，就是公开反对传统之中具有宰制性，能够遏止新价值体系之出现的那一套旧思想体系。西欧的启蒙反基督教但并不反对古希腊、古罗马的文明遗产；五四运动反儒教及其道德伦理而并不反对诸子百家或佛教，是基于同一道理。五四之可以称为中国的启蒙，正就是由于儒教在传统中国，的确与基督教在传统欧洲一样，具有宰制性地位。②

除了西欧和中国以外，这个理解启蒙的观念架构是否也可以应用到其他社会、国家中去呢？一个富有吸引力的例子无疑是土耳其，亦即历史上的奥托曼帝国，因为像西欧和中国一样，它也立国于一个具宰制地位的传统思想体系之上，即伊斯兰教。可是，严格来说，奥托曼帝国并没有出现过任何公开而直接针对伊斯兰信仰的运动；另一方面，凯末尔所建立的土耳其共和国，又的确是一个俗世化和具有现代意识的民族国家。那么，奥托曼历史是否表明，启蒙并非现代化历程的必经阶段？只要稍为探讨一下奥托帝曼帝国蜕变为土耳其的历史，就会发觉这问题其实不难解决。我们一般将启蒙理解为由知识分

---

① 见本书第一辑《五四是独特的吗》与《从大逆转到新思潮》两篇文章。

② 有意见认为五四不能称为中国的启蒙，因为它是受西方思潮引发，而并非如欧洲 18 世纪的启蒙运动是自发的。我们认为这观点未免太狭窄了。例如在英国和法国以外，普鲁士、奥国、美国的相类运动也都受外来影响，但大家亦都一概认为是启蒙。见余英时等《五四新论——既非文艺复兴，亦非启蒙运动》（台北：联经，1999），第 1—31 页。

子发起的思想运动，这包含了一个假设，即传统社会内的知识分子具有高度的思想自主性，可以接受、讨论和宣扬新思想，以使之产生实际文化与政治后果。在 18 世纪的英国和法国，以及 1915—1920 年的中国，实际政治、社会的情况也的确可以容许这种思想运动的出现。可是，宰制奥托曼社会的，是强大、保守而且与社会、政治体制密切结合的伊斯兰教，对它的任何正面攻击都无异于以卵击石，绝无成功可能。因此，奥托曼好几代改革者，从苏丹马哈默德二世、"奥托曼青年"政论家，以至"土耳其青年"革命家和"土耳其之父"凯末尔，都被迫采取寓启蒙于政治革命的道路，也就是说，一方面宣扬新的思想、理念，另一方面通过政治力量（包括暴力与政变）来改变社会—政治体制，以令新思想、新理念获得滋长空间，但在整个过程中，却绝不直接触动在民众间仍然具有强大影响力的传统思想体系，即伊斯兰教。这可以说是土耳其民族从 18 世纪多次改革失败的痛苦经验中发展出来的策略。这样的启蒙其重点在于实际制度变革与新思想之萌生，而回避新旧思想之间冲突的问题。它与西欧或中国那种牵涉极其尖锐思想对抗的启蒙运动表面上迥然不同，底子里则是相通的。①

---

① 以上论述见本书第二辑：《毁灭与新生》Ⅰ、Ⅱ，《从胡适和格卡尔普看中国和土耳其的新文化运动》三篇文章，以及笔者之《论启蒙与"反传统"——五四运动与凯末尔革命的比较》，载《庆祝王元化教授八十岁论文集》（上海：华东师范大学出版社，2001），第278—286 页，嗣收入《站在美妙新世纪的门槛上》（沈阳：辽宁教育出版社，2002），第299—319 页。

## 二、明治维新与启蒙

中国知识分子中对土耳其关心的人不多，对日本明治维新的成功却深有感触，而且，多数认为日本成功的关键在于没有摧毁传统，保留了天皇体制。因此，明治维新是否包含了启蒙的阶段，倘若有的话，又是否仍旧能够以上述架构来理解，是颇为值得注意的。

从表面看来，日本的思想转型似乎的确十分畅顺，并没有经历一个激烈思想论争的阶段。如所周知，从 18 世纪开始，以解剖、医学、天文、地理、炮术、堡垒守御等为核心的所谓"兰学"（Rangaku），便已在日本学者间悄悄发展，并且产生相当影响。迄佩里（Commodore Perry）率领军舰闯入相模湾，胁迫日本开国，幕府以及有实力的藩国几乎立即就开始了各种实业与军备的积极建设。其后，经过十余年外交方针（开国、锁国、尊王攘夷）以及政体改革（公武合体、大政奉还、倒幕等等）的激烈争辩与斗争，日本终于在 1868 年初迎来了明治维新——那其实是萨摩与长州两个藩国的中下级武士与朝廷公卿结合成的"倒幕派"所主导的一场宫廷政变。在随后的鸟羽、伏见之役，萨、长两军对幕府军获得决定性胜利，从而巩固了政变成果。

其后短短一年间，新政府平定内乱，统一全国，然后在四五年间，彻底摧毁原有政治与社会体制，包括将大将军与各藩主的领地完全收归中央管辖，以及废除各级贵族、武士与平民的身份等级制度，由是将"幕藩制"封建国家改造成为中央集权的现代民族国家。在这连串急剧变化之中，最堪注意的是，几乎从明治维新第一日甚至之前开始，维新政府内和舆论界的领袖人物，就都已经有了"文明开化"，亦即全面接受欧西文明的共识。这可以从兰学者加藤弘之（Kato Hiroyuki）在19世纪70年代初的《真政大意》和《国体新论》，以及训示岩仓具视（Iwakura Tomomi）所率领的赴欧美庞大使节团的"事由书"得到清楚印证；至于福泽谕吉（Fukuzawa Yukichi）、森有礼（Mori Arinori）、加藤弘之、西周（Nishi Amane）等思想家在1873年所组织的"明六社"和所办的《明六杂志》在启蒙过程中所起作用之大，就更不用说了。①

这"日本的启蒙"所代表的是整一套新思想，即以欧西文明为模范的观念与决心，之为举国接受。它之所以特别值得注意，是因为和西欧、中国、奥托曼的启蒙完全不一样：它是在相当顺利、自然的状况下出现的，似乎并不涉及大规模的知识分子动员，也不需要以摧廓旧有思想体系为前提。然而，自17世纪初德川家康建立幕府政权以来，日本却自有其主导思想体系，即是以朱子学为正统的儒学。那么，作为幕府意识形态的儒学，在明治维新前后到底起了些什么作用呢？

## 三、儒学在日本的兴起与影响

要回答上述问题，不能不先稍为提及儒学兴起和获得幕府

---

① 以上历史背景，见 W. G. Beasley, *Meiji Restoration* (Standford University Press, 1972)；信夫清三郎著，周启乾等译《日本近代政治史》，四卷本（台北：桂冠，1990）。

尊奉的过程。① 佛教在第 6 世纪与中国文化一同传入日本，此后千余年间蓬勃发展，不但成为国教，而且影响文学、艺术、建筑、习俗、政治，渗透整个社会，其地位和重要性与基督教之在西欧可说不相上下。然而，佛教并没有很强的排他性，因此本土的自然宗教并未被消灭、取代，反而由于摄取了文化养分而同时得到充实与发展，成为植根于本土的神道教。这样，一直到 16 世纪下半，亦即是日本"战国时代"末期，佛教才由于大庄园的没落以及市民文化的兴起而开始走下坡路。

从 17 世纪德川家康在全国建立统一政权开始，儒学逐渐崛起，成为显学。这开始于有名的禅僧藤原惺窝（Fujiwara Seika，1561—1619）以高姿态排佛归儒，广收生徒，大力倡导朱子学。他的弟子林罗山（Hayashi Razan，1583—1657）继起，在京都设塾授徒，后来更出任幕府记室（1607），起朝仪、定律令，历仕四代将军。由于他凭借其政治地位而发生的广泛影响，儒风就逐渐在江户早期的日本兴盛起来，与他同时或稍后出现的，还有中江藤树（Nakae Toju，1608—1648）、山崎暗斋（Kitaro Nishida，1618—1682）、熊泽蕃山（Kumazawa Banzan，1619—1691）、山鹿素行（Yamaga Soko，1622—1685）、伊藤仁斋（Ito Togai，1627—1705）、贝原益轩（Kaibara Ekken，1630—1714）等一大批名儒，他们以及门人弟子纷纷在京城以及各藩国开讲授徒，开设学校，寖寖然取代寺院学校，成为全国的基

---

① 对儒学的兴起，以及它与佛教、神道教、国学、古学等思想体系的复杂互动关系，以下最新著作有详细论述：吕玉新《政体、文明、族群之辩：德川日本思想史》（香港中文大学出版社，2017）。此书对水户学特别注重，并着意探究此等学术体系与日本民族主义与军国主义之间千丝万缕的关系。

本教育力量。到了明治年间，日本的识字率估计达到五成左右，这不能不说是儒学努力的绝大成果。①

不过，在 17 世纪乃至 18 世纪初期，儒学还是处于流派众多，诸家竞进的局面。朱子学，特别是林家的朱子学之成为独占性的"官学"，其实是个漫长历程。林罗山本人始终是幕官，而非"儒官"。他死后，孙子林凤冈（Hayashi Hoko, 1644—1732）于 1690 年被第五代将军纲吉任命为"昌平坂学问所"，即幕府直辖官学的"大学头"，自是林家世袭此职，方才以"儒官"身份间接控制各藩国的地方教育。到了 1790 年幕府在松平定信的主持下加强文化统制，一方面禁止新书籍出版，另一方面则明文规定林家的朱子学为"正学"，并禁止其门人学习异学；翌年更扩建"圣堂"，加强其编制，以之为每年测试幕臣子弟的场所。这样，直到 18、19 世纪之交，朱子学派才获得"幕定"的独尊地位。②

另一方面，从山鹿素行的《武教全书》开始，儒学被援引到 16 世纪"战国时代"发展出来的兵学、武学之中，将之提

---

① 见王家骅《儒家思想与日本文化》（杭州：浙江人民出版社，1990），特别是第四章有关儒学如何通过藤原惺窝和林罗山两人的努力而得以与江户幕府密切结合的经过；永田广志著，陈应年等译《日本哲学思想史》（北京：商务印书馆，1992）；王中田：《江户时代日本儒学研究》（北京：中国社会科学出版社，1994）；三宅正彦著，陈化北译《日本儒学思想史》（济南：山东大学出版社，1997）；Tetsuo Najita & Irwin Scheiner, ed., *Japanese Thought in the Tokugawa Period* (The University of Chicago Press, 1978)；Peter Nosco, *Confucianism and Tokugawa Culture* (Princeton University Press, 1984)。

② 见前引三宅正彦，第 153 – 159 页。

升为"武士道",从而为大批再也不能发挥其战斗本能的武士提供自律、修身、立德的阶梯,灌输忠君、爱国、克尽人伦等大道理。德川幕府能够在建立政权后二百六十余年间维持一个大体上相当和平、稳定,以严格名分、等差为基础的封建社会,显然在许多方面都和儒学的兴起有莫大关系。[①]

## 四、儒学在西潮冲击下的反应

然则,"文明开化"大潮来临的时候,儒学到底有什么反应,有没有产生预期的抗阻呢?这可以分好几个不同层次来回答。首先,抗阻并非没有,而且十分激烈,只是它往往通过直接政治行动而非以言论形式表达,因此其儒学根源往往被忽略了。例如,就在鸦片战争之后,幕府已深感震动而急谋对策,因而有所谓"天保改革",即通过引进西方炮术以及集中财权来增加防御力量的企图。这一改革之失败,一个重要原因便是幕府内部代表保守势力的鸟居耀藏(Torii Yozo)与代表改革派的高岛秋帆(Takashima Shuhan,1798—1866)之间的倾轧。而鸟居耀藏正是"大学头"林述斋(Hayashi Jussai,1768—1841)的次子,亦是深深敌视"兰学"的儒士。在1839—1840年间他制造了所谓"蛮社之狱",强力镇压发表开国言论的兰学者高野长英(Takano Choei,1804—1850)和渡边华山(Watanabe Kazan,1793—1841)。所以,在洋学和开国思想萌芽的早期,儒教是对新思潮产生过决定性抑制作用的。

其后,在佩里要求开港,开国—锁国的大辩论兴起之际,

--------

① 见刘梅琴《山鹿素行》(台北:东大,1990)。

早期最有势力的，便是"尊王攘夷"派，他们激烈反对幕府较现实、开明的政策，主张动员全国力量与"外夷"开战，以贯彻锁国政策。"尊攘派"领导人物大多是儒学者，他们所普遍反映的，正就是儒学培养出来的皇朝中心主义与道德优先心态。此派祖师爷也许该数佐藤一斋（Sato Issai，1772—1859），他1805年出掌林氏家塾，1841年出任幕府儒官。他的弟子大桥讷庵（Ohashi Totsuan，1816—1862）便是激烈的尊攘派，不但著有《辟邪小言》，成为排斥洋学的代表作，一时洛阳纸贵，而且在1862年还策划暗杀开明的幕府首脑安藤信正，卒以身殉。佐藤另一位弟子佐久间象山（Sakuma Shozan，1811—1864）以及拜在佐久门下的吉田松荫（Yoshida Shoin，1830—1859）都是当时负盛名的中青年学者，最初也都秉持强烈的锁国、尊王攘夷观点。此外，受山崎暗斋一派学说影响的土佐藩士武市瑞山（Takechi Zuizan，1829—1865）则是所谓"天诛组"的幕后策动者，专以暗杀来达到"尊攘"之目标。甚至，到了明治初年，"文明开化"已成为沛莫能御的大潮之际，依然还有名重一时的大儒企图力挽狂澜，最后在故居创办书院，以正宗朱子学讲课授徒：大桥讷庵的两位弟子，号称"西海二程子"的楠本端山（Kusumoto Tanzan，1828—1883）和楠本硕水（Kusumoto Sekisui，1832—1916）兄弟即是。当然，他们的影响力已届强弩之末了。①

　　另一方面，却又必须强调，相当一部分日本儒学者对外来影响表现出非常开明的态度。可以说，他们很早就感到，要达

---

　　①　见山口宗之著，马安东译《吉田松荫》（台北：东大，1990）；冈田武彦著，马安东译《楠本端山》（台北：东大，1991）。

到"尊攘"这一最终目标的前提,就是了解世界大势,学习坚船利炮之术,乃至推行彻底体制改革。他们因而往往摇摆于锁国—开国这两个截然相反的政策之间,陷入两难。他们最著名的前驱是新井白石(Arai Hakuseki,1657—1725)。他是以朱子学得到幕府重用,授以高官,而且与大学头林凤冈可以分庭抗礼的儒者;然而,他也是"兰学"的始祖①。其次,应该提到会泽正志斋(Aizawa Seishisai,1782—1863)。他是儒学最昌盛的水户藩的武士兼历史学者,远在鸦片战争之前,就已经深深感到外国舰只频频出现于日本海域所带来的威胁,因而以手稿形式发表了尊王攘夷思想的经典之作《新论》(1825),其中包含了彻底变法以求富国强兵的开明见解,但基本出发点则离不开严守"和夷之辨"的锁国目标与皇朝中心主义。② 最后,到了1850—1870年间,许多具有强烈儒学背景的藩士都纷纷转变思想,成为推动明治维新的重要人物,这包括上文已提及的炮学家佐久间象山和吉田松荫,此外还有吉田的弟子久坂玄瑞(Kusaka Genzui,1840—1864)和高杉晋作(Takasugi Shinsaku,1839—1867),以及幕府中有极大影响力的开明谋士横井小楠(Yokoi Shonan,1809—1869)。

因此,总括来说,表面上日本儒学虽然似乎与具有宰制性的思想体系无异,实际上它主要还是一个学术体系而非信仰体系。它虽然不乏衷心尊奉者,但对大部分学者而言,它的地位

---

① 一般书籍都以新井白石为兰学奠基者,而较少提到他的儒学背景。见前引王中田,第102—103页。

② 见 Bob Tadashi Wakabayashi, *Anti-Foreignism and Western Learning in Early-Modern Japan*: *The New Theses of 1825* (Cambridge: Harvard University Press, 1986)。

还是要由其实际效能与表现而决定。它对西潮的抗阻并不那么激烈，原因或许即在于此。

## 五、日本的传统思想体系

会泽、大桥、佐久间、吉田、久坂、横井这一批思想家兼革命家无疑和康、梁、章太炎、陈独秀有若干相似：他们同样是处于过渡时期，思想在急剧转变中的儒家。然而，在时代上，他们却相差将近半个世纪之久。会泽、佐久间、高杉、横井诸人（年代约1780—1870）的同辈并非康、梁，而是魏源（1794—1857）、冯桂芬（1809—1874）、王韬（1828—1897）、郑观应（1842—1921）等。但除了冯桂芬以外，这几位新思想前驱在中国士大夫之间都只可以算是略有名气的边缘人物，在当时能够发挥的影响力颇为有限。至于像新井白石那样以儒官而开创兰学的早期人物，在中国是不可能找到的。那么，在日本儒学和中国儒学者之间，为什么会有这么显著的差异呢？

其中一个基本原因是，儒学在日本是"迟来者"，在它之前的神道教和佛教已经有千年以上的根基，深入人心了。况且，儒学经典中隐含华夏中心思想，由是对日本学者的民族情绪产生刺激，令儒教与神道教之间的关系变得十分敏感。例如山崎暗斋就曾自己设问：假如孔孟二圣率军攻打日本，那么日本儒者应当如何自处？他晚年提倡"垂加神道"，成为调和神、儒二教的学者，那可以说是一个具有象征性的转变。① 山鹿素

---

① 见冈田武彦《山崎暗斋》（台北：东大，1987），第96；83—90；145—152页。

行的思想更是经过多次剧变,自朱子学而转向两汉经师,再进一步转向孔孟原典乃至文、武、周公、孔子,最后则提出所谓"日本圣学"思想,要以日本为中朝,以神道教为至尊。① 这种背反的华夏中心主义或曰"本土主义"在 18 世纪经过荻生徂徕(Ogyu Sorai,1666—1728)、荷田春满(Kadano Azumamaro,1669—1736)、贺茂真渊(Kamono Mabuchi,1697—1769)等大家的阐述,更由本居宣长(Motoori Norinaga,1730—1801)进一步发挥到极致,成为"国学"的中心思想。除此之外,18 世纪的安藤昌益(Ando Shoeki,1703—1762)以及富永仲基(Tominaga Nakamoto,1715—1746)更曾对儒学作出直接而激烈的批判。② 由此可见,在日本学者的意识里,儒教始终未曾成为完全地、心悦诚服地被接受的普世性宗教,这和基督教在欧洲或伊斯兰教在中东、北非、小亚细亚是有巨大差别的。换而言之,儒教从来未能独占日本人的思想领域,而只不过是在德川时代地位大大上升,比神、佛二教具有更正统的官方地位和更广泛的影响力而已。③

其次,可能最重要的,则是在德川家族所建立的幕藩体制内,儒教虽然受到幕府尊崇,实际上却并无遍及全日本的建制性地位,因为在各藩国内,教育与学术政策还是有相当大的自主性。况且,在"幕藩制"中,大名与武士的地位都经由世

---

① 见前引刘梅琴,第 84—108 页以及第三章。

② 见前引三宅正彦,第 134—138 页。

③ 当然,在中国,儒家也从来不曾单独占领一般人的心灵,所以也不能够说是"普世性宗教",但自汉唐以来,它已经成为社会、政治制度以及道德伦理的基础,在这个层面,释、道二教是无法和它竞争的。

袭，而并不通过公开考试决定。那也就是说，儒学对于日本士人仅有一种教育、琢磨的功能，却绝非事业上必经的进身之阶，更谈不到是立国垂教的大经大法。① 这其中关键与幕藩制本身有极为密切的关系。首先，数百藩国并立造成了政治和学术上的错综复杂局面，令"定于一尊"的思想无法贯彻。更重要的是，就幕府本身而言，作为其首脑的大将军基本上只是权臣，或所谓僭主。他可以利用儒教来收拾人心，稳定天下，但绝不能把君臣名分、上下尊卑那一套看得太认真，弄得太制度化，否则自身地位就变得十分尴尬了。这种潜存的冲突在 18世纪中叶就曾经表面化。在皇族德大寺家任职的竹内式部（Takenouchi Shikibu，1712—1767）由于过分强调君臣名分之说而遭流放，而激烈的天皇中心主义者山县大贰（Yamagata Daini，1725—1767）则因为其"尊王斥霸论"而以谋反罪被捕、投狱以至处死，那正是幕府对儒学深怀内忌的最好说明。②

因此，无论从历史渊源、文化传统抑或现实政治来看，儒教都没有可能在日本成为真正具有宰制性地位的思想体系，而实际上也从未获得那样的地位。德川幕府的奖掖以至尊奉，只不过令它在日本的多元思想体系中占到重要位置，可以与神、佛二教并列，甚至颇为占先，如此而已。因此，日本的启蒙之所以不必以摧廓原有思想体系为前提，其基本原因在于，它本来就没有一套具有宰制性和独占性的单元思想体系，故此新思

---

① 关于林罗山在幕府中的功能以及儒学的地位，Herman Ooms 有详细论述，见前引 Nosco，pp. 27 – 61。

② 见前引三宅正彦，第 130—134 页。

想之出现并不意味"以此代彼"那种翻天覆地之变化，而只不过是在原有体系之内再容纳一个新单元，然后就实际需要而调整各部分之比重而已。中江兆民（Nakae Chomin，1847—1901）曾经留学法国，是著名的教育家、启蒙家、激烈的民主政治鼓吹者，也是幸德秋水（Kotoku Shusui，1871—1911）、片山潜（Katayama Sen，1859—1933）等社会主义者的前驱。但他在思想深处却仍然坚持儒教的道德原则，以及其作为立身、立国之基的重要性，那也许正好说明这种调整如何可以和谐地在同一日本心灵中完成。①

## 六、对启蒙的反思

我们将启蒙视为对传统思想体系之摧廓和现代新思想之出现。旧体系是什么，那是十分清楚明确的——基督教、儒教、伊斯兰教等，但所谓"现代新思想"又是什么呢？那就很难回答了。18世纪的第一代启蒙思想家以为自然科学可以提供完整答案，现在我们知道这是不可能的——不但有关社会、政治、道德的问题它无法回答，即就有关自然界本身的问题它也仍然在探索之中。换而言之，"现代新思想"只能是一个开放的、多元的思想体系。说得粗浅一些，即是一个大杂烩，包含各种不同成分，而且其比例需要不断地调整。从这个观点看，"一切价值之重估"不可能有简单的答案，而必须是一个长期探索的过程。倘若如此，那么日本的启蒙之出乎意料地顺利，或许

---

① 见前引 Nosco，pp. 251 - 266；李今山《中江兆民》，载铃木正、卞崇道等《日本近代十大哲学家》（上海人民出版社，1989）。

正可以归因于其本有思想体系之缺乏固定形态，而表现为可调整的多元组合。从这一观点看，今后中国文化之发展，到底应当以自由主义抑或某种新的集体主义形式为依归，或许也并不是那么需要迫切解决，那么"非此即彼"的事了吧。

原刊《开放时代》（广州）1999 年 10 月号，第 5—11 页，嗣收入《站在美妙新世纪的门槛上》（沈阳：辽宁教育出版社，2002），第 320—334 页。

# 论胡适对科学的认识与态度

　　胡适与科学的关系是颇为奇特的。作为思想界领袖，他大力推崇科学，宣扬科学，尊之为中国所必须学习的西方文明核心；在他笔下，科学的重要性可说是无以复加。但实际上，在他浩如烟海的文字、日记、书信中，我们却找不到多少科学家的名字，或者科学发明、科学理论的具体介绍和讨论。无怪乎在许多人的心目中，胡适是白话文运动的先锋，自由主义的健将，抗战中为中国争得美国朝野支持的功臣，但在引进、推动科学方面，则无甚贡献。① 但这种印象是否准确？这样的评价又是否有"厚诬贤者"之嫌？胡适一生讲究证据，讲求实事求

---

　　① 当然，这未必为所有学者认同。例如曹伯言在《甘为"魔鬼的辩护士"》一文开头说："他（指胡适）对中国近现代自然科学所做出的贡献，是值得人们重视和研究的。"季维龙在《胡适与自然科学》一文中详细罗列胡适有关自然科学的言行，虽然没有加以总结或者评论，从语气看来也认为他是有相当贡献的。分别见沈寂主编《胡适研究》第二辑（合肥：安徽教育出版社，2000），第 19—34 页；第三辑（合肥：安徽教育出版社，2001），第 205—222 页。这两篇文章都提到胡适多次宣扬科学，为科学的重要性辩护，也提到他运用在"中华教育文化基金董事会"的影响力，为"中国科学社"从美国所退回庚款中申请到补助金。这些都是事实，但与胡适在科学理念与具体认识上之空疏没有矛盾。

是，我们倘若对于他崇扬科学的那些言论认真看待（而我们的确有理由对之认真看待），那么将他的科学观念、科学认识加以梳理，以了解上述现象和它之所以形成的原因，当是有需要的。

## 一、相关研究与批评

其实，将近十年前，周质平先生对此现象已经阐述和分析得很透彻了。在《评胡适的提倡科学与整理国故》① 一文中，他指出了以下几点：首先，胡适"贬低清儒考据成绩，而夸大20 年代整理国故所能够引起的社会作用"。其次，他自己虽然是"整理国故的首功"，但其实际效果不见得是弘扬科学方法，反而是"增长了他们（按：指国粹派）的气焰"。再次，他竭力为科学在中国传统学术之内"寻根"，其结果是一味在"意识形态"（即科学态度、科学方法）上下功夫，反而全然忽略自然科学与工业的具体内涵。周文的结论是，"胡适所提倡的国故整理，对中国自然科学的发展，可以说并没有发生任何积极推动的作用"，但他提倡怀疑和独立思考，则为知识分子"注进了不少'消毒抗暴'的力量"，这虽然只是"副产品"，却是他"著作精义之所在"。

周文是围绕胡适"提倡科学"与"整理国故"两者之间关系而展开，以下我们就从此文所提出的核心论点开始。周质平指出：胡适反对陈独秀把科学人格化，视之为新权威、新宗教，从而过分强调其"万能"；他要把科学视为"一个方法，

① 此文收入周质平《胡适与中国现代思潮》（南京大学出版社，2002），第 206—228 页。

一个态度，一种精神"，这方法并非西洋独有，"乃是人类的常识加上了严格的制裁和训练"；至于"声、光、电、化"则"不是科学本身"，只是其产品而已。从这基本观念出发，胡适就得出了中国本来也有科学方法、科学精神，以及通过文史考据也可以培养科学精神的观念。周文的分析很精确，但所注重的只是胡适对科学的表面态度，以及此态度所造成的问题。至于他之所以会发展出如此态度的背后原因，以及此态度的根本问题，则尚未触及，而这是本文重心所在。

## 二、胡适心目中的科学

首先，我们要指出，胡适对"科学是什么"这一根本问题，其实并没有很清晰、前后连贯一致的观念。例如，在新文化运动兴起之初以至五四运动前后，即 1917—1919 年间，他强调科学的实验性和变革性，说"科学律令"只不过是科学家的假设，用来解释事变的，所以可以常常改变。① 然而到了与"玄学鬼"短兵相接之际，也就是在 1923 年为"科玄论战"作总结的时候，他所提出来的"科学的人生观"就不再强调科学律令的假设性，转而强调"在那个自然主义的宇宙里，天行是有常度的，物变是有自然法则的，因果的大法支配着它——人的一切生活"了。他为所"信仰的新人生观"勾画了一个有十条纲目的"轮廓"，包括天地之大、时间之长、生物及社会的

---

① 见其《实验主义》，原载 1919 年 4 月 15 日《新青年》，嗣收入《胡适全集》第 1 卷（合肥：安徽教育出版社，2003），第 277—323 页。此文原是在北大的演讲稿，基本上是一篇皮尔斯、詹姆斯和杜威思想的介绍。

演进等等，说它们都是根据天文学、物理学、生物学、地质学、人类学、心理学、社会学等等的知识而得来。这时他仍然不忘将这"二三百年的科学常识"标签为"一个大假设"，但很显然，作为一种共同信仰的基础，它们已经是不可能因为受到质疑而"常常改变"了。① 然而，再过五年，他更进一步坦白承认，"单学得一个方法是不够的；最要紧的关头是你用什么材料"，因此劝少年人"及早回头，多学一点自然科学的知识与技术"，因为那才是"活路"。② 这样，他终于意识到"自然科学"与其他学术是有根本区别的了，那是 1928 年的事。但这亦仅止于蜻蜓点水，惊鸿一瞥而已。终其一生，胡适从来没有正视过，更不要说深入讨论过这区别及其意义。

## 三、与科学的疏离

为什么聪明敏锐如胡适，竟然忽略了这个其实是很明显，也很重要的区别呢？这样的忽略对于他的科学观念又有什么影响呢？这需要从他所受的教育说起。如所周知，胡适为学的根底是在家乡私塾就已经奠定的：由于母亲的坚持和不惜付出优厚学金，也由于天分，他从三岁到十二岁间（相当于今日的幼

① 见《〈科学与人生观〉序》，收入《胡适文存》第二集（台北：远东图书公司，1953），第 120—139 页。此文原为"科玄论战"的结集《科学与人生观》（上海：亚东图书馆，1925）的两篇序文之一，另一篇为陈独秀所作。

② 见《治学的方法与材料》，原载 1928 年 11 月 10 日《新月》第 1 卷第 9 号，又载 1929 年 1 月《小说月报》，嗣收入前引《胡适全集》第 3 卷，第 131—143 页。

儿园和小学阶段）接受了极其扎实的传统教育，遍读四书五经和大量通俗小说，文笔也在此时开始畅通。① 对于胡适这么一个天资聪颖的儿童来说，如此长期、认真和高强度的人文训练，无疑对他一生志趣有决定性影响。② 此后他在上海度过动荡不安的六年（1904—1910），"换了四个学校"，其中梅溪学堂和澄衷学堂共两年，中国公学两年（其中还告假回乡养病），新中国公学一年，最后一年辍学和自修。此时学校内风潮不断，学制仍然在调整中，更兼教员缺乏，需要聘请日本教员，由同学翻译，甚或由年长同学授课。此时影响学校最厉害的，是严复、梁启超的新学说，以及如火如荼的革命思想。在这种情况下，胡适恐怕连最基础、最根本的物理、化学、生物学也没有接触过多少。③ 他虽然在澄衷学堂学到一些代数，也许还有一点几何，"常常在宿舍熄灯之后，起来演习算学问题"，但这刚刚萌芽的兴趣不旋踵就被在《竞业旬报》上写小说、诗歌、文章和做编辑这些吸引力强大得多的文字爱好所淹没。他

---

① 李燕珍编《胡适自叙》（北京：团结出版社，1996），第47—59页。

② 但这影响的作用也不应该过分夸大。一个很明显的相反例子是：任鸿隽少年时代所受的古典教育与胡适非常相似，而且他还考上府学生，成为末代秀才。然而后来他除了继续吟咏以外，却完全抛弃国故，以化学、教育与普及科学为志业。

③ 他在澄衷学堂推辞了做"理化研究会"的发起人，也不敢参加老师发起的"化学游艺会"（即化学实验示范），只担任招待员，但参加了"算术研究会"，见1906年《澄衷日记》；其后于1910年因大醉被关巡捕房，幡然悔悟之后经常复习代数，见1910年《藏晖室日记》。这两部日记俱收入曹伯言整理的十卷本《胡适日记全集》第一卷（台北：联经，2004）。

对这个转变的总结是很坦白的："我从此走上了文学史学的路，后来几次想矫正回来，想走到自然科学的路上去，但兴趣已深，习惯已成，终无法挽回了。"① 这是他疏离自然科学的第一步。

胡适赴美进康奈尔大学后第一年攻读农科，修过化学、植物学、生物学、气象学、地质学，做过化学实验和生物学实验，得到全面和扎实地接触自然科学的机会。但从1911年《留学日记》看来，这些似乎都没有在他心中激起任何回响，日记中只有考试成绩是否满意，野外实习走了多远，或者花朵如何艳丽，记录影片如何神奇之类的简略记载，引发强烈兴趣和详细评论的，反而是选修的英国文学课。短短一年半之后，他选修"果树学"，在实验中被要求分辨三四十个苹果品种，感到这种枯燥细致的工作与自己的性情格格不入，就毅然决定转读文科，投向哲学、政治、经济和文学。② 这成为他和自然科学分道扬镳的第二步，也可以说是转捩点。因此可知，在胡适的气质和知识底蕴（或曰功底）里面，自然科学的成分是极其薄弱的。

## 四、在哲学与科学之间

然而，转修文科，并不就等于和自然科学绝缘。在此之后，胡适仍然有许多接触自然科学的大好机会，因为他在康奈尔最亲近的几个好朋友都在科学领域：任鸿隽学化学，赵元任学物理，胡明复学数学，他们朝夕过从，砥砺切磋，学问上自然有许多互

---

① 此段资料取自前引《胡适自叙》第三、第四两章，引文见第95页。

② 这选苹果的故事他曾经多次提及，例如前引《胡适自叙》，第133—136页。在这几页自叙中他还一再提到哲学与文学对于他的强大吸引力，可见造成其转变的，除了"苹果学"的"排拒因素"以外，还有文史的"牵拉因素"，亦即禀赋、气质其实是决定性因素。

相激发补充之处。而从后来的发展例如"中国科学社"之成立看来，他周围这班才高八斗的好朋友无疑有一个共识：自然科学是西方文明的核心秘密，也是更新中国文化的必经之途，中国未来的关键。所以，以胡适的聪明才智，他绝不可能没有意识到自然科学的重要性。不过，直接修读科学既已经感到乏味和难以出人头地（果树学的挫折只是最后转变的导火线而已），那么另辟蹊径，发挥自己之所长就是理所当然的了。因此，如何保持与科学的关系，必然是他在此期间反复思量之事。

但非常奇怪，在他留学七年（1910—1917）所留下的日记中，和这三位好友交往的记载虽然比比皆是（其中有关任鸿隽的特别多而亲切，显出他们不同寻常的交情），所记载的绝大部分却都是诗歌唱和，纵论时局，争议文学革命，或者来往交游的纪实和感想，涉及自然科学的可谓凤毛麟角，其中值得一提的，只有以下寥寥数项：中国科学社的成立（从其他资料可知，他是第一批参股社员，但并非发起人）①；送梅光迪赴哈

① 以下五种材料都说，在《〈科学〉月刊缘起》上签名的胡达（即胡明复）、赵元任、周仁、秉志、章元善、过探先、金邦正、杨铨（即杨杏佛）、任鸿隽九人即为科学社的发起人，其中并无胡适。见任鸿隽《中国科学社社史简述》（载下引《任鸿隽文存》，第723页）；胡适1914年6月29日的日记（载《胡适日记全集》第一册，第341页）。以上两种均为一手资料。范铁汉《体制与观念的现代转型：中国科学社与中国的科学文化》（北京：人民出版社，2005），第24页；张剑《科学社团在近代中国的命运——以中国科学社为中心》（济南：山东教育出版社，2005），第12—14页；冒荣《科学的播火者：中国科学社述评》（南京大学出版社，2002），第10页，此书第8页引章元善的说法，称包括胡适在内的十几人"参加发起"，但并没有说他是正式发起人。唯一称胡适为发起人的，只有前引季维龙《胡适与自然科学》一文，但未注明出处，不知何所据而云。至于胡适是参股社员一节，见上引张剑书第49—50页的两个表，以及《科学》第2卷第1期第138页的《中国科学社社友录》。

佛的长诗，其中提到牛顿、培根、开尔文等科学家名字，这又转引出任鸿隽的谐谑赠诗；与赵元任数度讨论音韵问题；以及赵元任和胡明复同时当选 Phi Beta Kappa 与 Sigma Xi 学会会员这一殊荣。① 与此成为强烈对比的是，任鸿隽在《科学》杂志创刊后的两年半间（1915 年 1 月—1917 年 6 月）在这刊物上发表了足足二十三篇文章，其中既有非常具体的自然科学、科学家与科学机构之介绍，例如《化学元素命名说》、《世界构造论》、《近世化学家列传》、《外国科学社及本社之历史》等，也有对科学功能、科学发展、世界科学近况的阐述。②

在此期间的最初大半年，胡适仍然在康奈尔，到 1915 年秋季他转往哥伦比亚大学，但此后也还一直与任鸿隽保持密切联系。那么，在胡适的日记、文章中，他对于这大量活动与文章有何反应，受到这些新思想冲击，留下了些什么痕迹呢？仅有的似乎只是上述科学社成立的记载，以及他在《科学》杂志上所发表，分别讨论新式标点符号之应用与"先秦诸子的进化论"的两篇文章③。前者与自然科学并无直接关系，后者却是他以自然科学观念来审视古代哲学的第一个尝试，也是他日后在整理国故与科学这两个不同领域之间开辟通道的先声。除此之外，日记中以下这条也很值得注意："……南下至华盛顿小

① 对于这检索工作来说，前引十卷本《胡适日记全集》资料最齐全，应用也最方便，因为它编了一个很全面的索引，列为第十卷。

② 见任鸿隽著，樊洪叶、张久春选编《科学救国之梦：任鸿隽文存》（上海科学技术出版社，2002）。

③ 分别为：《论句读及文字符号》，载《科学》第 2 卷第 1 期（1916）；《先秦诸子进化论》，载《科学》第 3 卷第 1 期（1917），此篇收入《胡适全集》第 7 卷，第 8—30 页。

住，与经农（按：指朱经农）相见甚欢。一夜经农曰：'我们预备要中国人十年后有什么思想？'此一问题最为重要，非一人所能解决也，然吾辈人人心中当刻刻存此思想耳。"① 他心目中的"中国人未来之思想"，当不可能缺少科学这一块，但对此他可以有何贡献呢？关键也许就在于，他认为问题"非一人所能解决"，也就是各人尽可以"殊途同归"。统而言之，他对于这几个好朋友如火如荼的科学活动无疑知道得很清楚，表面上虽然好像志不在此，缺乏共鸣，实际上则应当是在寻找、酝酿他自己的独特途径。

## 五、在哲学转向的背后

经过专修文科那两三年（1912—1914）的酝酿，胡适终于在文学、政治学、心理学等众多可能性之中选择了哲学为深造领域，并且在康奈尔大学研究院修读短短一年之后，又决定南下哥伦比亚大学师从杜威（John Deway）。这可能出于多个不同原因，《自叙》中就提及了以下几个理由：由于过多的校外活动（特别是四处演讲）而被剥夺奖学金；康奈尔大学哲学系的新古典主义与他脾胃不合；由于系中的批判而开始认识"实验主义"（pragmatism）并阅读杜威，从而对哥伦比亚大学与杜威的巨大威望获得深刻印象。② 但除此之外，也许还有这么一层重要考虑：以杜威及其前驱皮尔斯（Charles S. Peirce）为代

---

① 《留学日记》1917 年第 29 则《中国十年后要有什么思想》，见前引《胡适日记全集》第 2 册，第 469 页。

② 见前引《胡适自叙》，第 139—140，166，160 页。

表的"实验主义"学派，其核心观念一言以蔽之，正就是以科学方法作为哲学的根据。对此，他在《自叙》中有一句画龙点睛的话："我对杜威的多谈科学少谈宗教的更接近'机具主义'（instrumentalism）的思想方式比较有兴趣。这里我只能举出几个杜威思想如何影响我自己的思想的实例来说说。"跟着，他详举杜威所著《逻辑思考的诸阶段》一文所论述的"人类和个人思想的过程"所必经的四个阶段，而其最后亦即最高阶段，"当然便是现代的归纳实证和实验逻辑的科学了"①。

换而言之，通过杜威的实验主义哲学，他可以获得一把开启自然科学核心要义的钥匙，不必汲汲于研习物理、化学、数学那无数令人迷惑的具体公式、定律、现象，就可以直接掌握科学的基本精神与根本方法。明乎此，也就可以了解，为何胡适后来居然会有那么大的信心，在对物理、化学、生物或者任何一种自然科学的定律、结构、操作方法都未有确切认识之前，就敢于坚持，科学方法已经包含在"大胆的假设，小心的求证"这简单的十字真言之中。这可以说是"明修栈道（哲学），暗度陈仓（科学）"的绝妙策略。而且，它还有另外一重极为重要的功能，即是可以很自然地将他极为熟悉而且心领神会的考据学也同样装入"科学"这个大口袋之中——事实上，将十字真言应用于典籍、小说的考据上，无疑要比加之于自然科学容易取信（convincing）得多。这样，在胡适的学术世界中，哲学、科学、考据学这三个好像各不相干的领域就都得以融会贯通，就都安排停当了。在此中，他的学说不但有虚实相生之妙，也可以从容出入雅俗之间，同时面对学者与大众。

---

① 前引《胡适自叙》，第 167—168 页。

胡适于 1917 年 6 月浩然赋归，回到阔别七年的中国。在此前后他的主要精力与著作都放在风起云涌的白话文革命上面。但归国一年半之后，就在五四运动前夕，他出版了第一部学术著作《中国哲学史大纲》上册，同时又在《科学》上发表了他第一篇有关科学与考据学的论文《清代汉学家的科学方法》①，这里面开头有一段话很能够表现出他的雄心和志向，值得详细征引："欧洲科学发达了二三百年，直到于今方才有比较的圆满的科学方法论。这都是因为高谈方法的哲学家和发明方法的科学家向来不很接近，所以高谈方法的人至多不过能得到一点科学的精神和科学的趋势，所以创造科学方法和实用科学方法的人，也只顾他自己研究试验的应用，不能用哲学综合的眼光把科学的各方面详细表示出来，使人了解。"② 跟着下去，便是朱熹一派宋儒的"格物致知"何以不能够导致科学的讨论，以及考据学亦即朴学如何带有科学精神之论述。此文可以说是他实现贯通哲学、科学、考据学三者的构想之宣言，他此后宣扬科学、讨论国故的多篇文章尽管有侧重点的不同和

① 见前引《胡适全集》第 1 卷，第 363—390 页。此文最初连载发表于《科学》1919 年 2、3 月两期，其后经增补陆续发表于《北京大学月刊》1919 年 11 月、1920 年 9 月与 1921 年 4 月三期，题目亦改为《清代学者的治学方法》。《胡适全集》所载是增补后收入《胡适文存》的版本。

② 前引《胡适全集》第 1 卷，第 364 页。这段话很可与杜威的学生胡克（Sidney Hook）对他老师的以下看法相印证："事实上他（按：指杜威）对于想方设法促进哲学家与科学家合作以解决问题，比对吸引门徒或者追随者更有兴趣。"见 Sidney Hook, *John Dewey, an Intellectual Portrait* (Amherst, New York: Prometheus Books, 1995 [1939]), p. 9, 作者译文。

例证的增益，但基本上可以说都是从此发展出来的。①

　　青年胡适在酝酿、探索他未来学术发展途径的时候，是否的确曾经有我们上述的深远、微妙考虑？必须承认，以上说法只是一种猜测，我们所引各段自述为此说提供了支持，但难以称之为证明。事实上，他确有这种考虑是难以证明的，更何况，它很可能只是属于下意识的感觉，而非经过仔细盘算的策略。比较能够确定的是，对于胡适而言，这种对科学的态度与观念的确可以产生上述互补效应，也就是说，他会觉得这种对科学（包括自然科学与人文学科）的解释是顺理成章，完全可以成立的。在归国以后多年的成功经验无疑更增强了他在这方面的信心，而这观念一直到20世纪五六十年代也没有改变。他在1959年第三届"东西方哲学家会议"上的演讲《中国哲学里的科学精神与方法》② 比以前自然是细密和成熟得多，但基本理念其实与四十年前那篇宣言无大差异。

　　问题是，他对科学这样的理解正确吗？他的说法真能够成立吗？在将近一个世纪之后再来讨论此问题显然已属明日黄花，但作为一种文化现象的检讨，当仍有其意义。

------

　　① 我们不能不指出，上面所引那一大段话是很令人吃惊的，因为它显示，胡适似乎从来没有听过培根和笛卡尔，或者他们在科学方法论上的对立，这就文科学生而言自然不稀奇，但对一位毕业于哥伦比亚大学而又对科学方法论深感兴趣的哲学博士来说，就不免让人感到迷惑了。

　　② 原文为"The Right to Doubt in Ancient Chinese Thought"，收入第三届东西哲学家会议的论文集《东西哲学与文化》（*Philosophy and Culture East and West*，夏威夷大学，1962），徐高阮的中文译文见前引《胡适全集》第8集，第483—513页。

# 六、胡适的科学观念代表什么?

胡适与科学之间关系全终将牵涉到"科学是什么?"亦即科学本质这个大问题,那相当复杂,不容易说得清楚。但我们可以从两个较简单的问题开始,即胡适心目中的"科学"与"自然科学"到底有何区别,以及胡适对"自然科学"有多少了解。

自然科学的本质大有争议,但以举隅方式说明却很容易。没有人会怀疑,牛顿的力学和光学是现代自然科学的原型,其后 18—19 世纪的天文学、电磁学、热力学、化学、生物学都循同样途径发展,也都获得相同或者相近的成功。它们基本上有以下四个共通点:(1)化约主义(reductionism):以一套根本理论(它可能表现为数学理论,也可能是少数以言语表达的自然规律)来解释其领域中的大量自然现象。(2)可验证性(verifiability)与普遍性(universalism):这理论是建立在可以重新验证的观测事实或者实验数据之上,而且基本没有例外。(3)"自然的数学化"(mathematization of nature):根本理论的发展总是力求精确,亦即以数学化为鹄的。(4)科学原理的层级结构(hierachical structure)与内在统一:这是化约主义的延伸,亦即是说,自然科学是个统一的、相通的整体。它表现为电磁学可以解释光学,分子运动可以解释热力学,微观物理学可以解释宏观现象,物理学可以解释化学,化学可以解释生物学,而且这"解释"可以导致更进一步的发展,等等。不过,这统一结构只是一个理想,它在胡适的时代(主要为 1910—1930 年间)正在逐步呈现,至今虽然已经发展到很广泛和深入的程度，但仍然未曾完成。①

　　自然科学的巨大成功使得许多学者试图将它的方法、原理应用到社会与人文领域中去，这在 18、19 世纪曾经风行一时，对于经济学、社会学、人类学，乃至历史学、考古学、古生物学（包括古人类学）等等都产生了极大的冲击和影响。而且，在某些方面（例如数学之应用于经济学、人口学，各种年代测定方法之应用于考古学，比较解剖学之应用于古生物学，等等）也的确获得了非常惊人的进步，甚至刷新了整个领域的观念和思维。然而，自然科学的部分理念与技术可以借用或者移植于人文社会科学领域，但它最根本的原则，即是化约主义和数学化，却不可能如此移植，因为在人文社会科学现象之中根本不存在简明、精确、普遍有效的基本理论或者规律——两百年来所有建立这种理论或规律的努力都失败了。经济学虽然可以被量化，也发展出不少规律和数学理论，然而它们总是不确

---

　　① 西方的科学哲学家往往企图将自然科学简化为他们所"发现"或者"提炼"的某种原理，其学说也往往大行其道，例如波普（Karl Popper）的"证伪说"（criterion of falsifiability）、库恩（Thomas Kuhn）的"典范说"（paradigm shift）皆属此类。但事实上这种简化理论与自然科学的实际内涵与运作方式相去甚远。这问题十分复杂，无法在此讨论，详见笔者的《在正统与异端以外——科学哲学往何处去?》，收入《在自由与平等之外》（北京大学出版社，2005），第 111—157 页；以及《科学进步的历史有规律吗? ——波普与库恩学说评析》，载《科学》（上海）66 卷 6 期（2014 年 11 月），第 5—12 页。非常值得注意的是，胡适在前引 1919 年 4 月《实验主义》那篇文章中就已经秉承皮尔斯，强调"科学律令"只是人造的假设，是可以"时时变更"的，这与波普的证伪说十分相近，但比波普著作（即 Karl Popper, *The Logic of Scientific Discovery* ［London：Hutchison，1934］）的出版还要早十五年。波普与美国实验主义是否有关系这点至今似乎尚未有人论及。

定，随时代和地域而改动的，因此普遍性和精确性始终遥不可及。那就是自然科学与人文社会科学之间的鸿沟之最佳说明。这鸿沟之所以存在，基本上是由于社会和人都是高度复杂的系统，它们与自然科学相对简单的对象—— 分子、原子、电子、光波、恒星、基因、细胞等等是不一样的。①

从上述的简略背景出发，我们也许可以这样为胡适提倡了一辈子的"科学方法"，也就是他的"十字真言"来定性：它是一个历史考证学家的理念与自然科学方法这两者之间的最大公约因子（highest common factor, hcf）。换而言之，倘若我们将一切学术都放到"科学"这个大口袋里面去，那么这个说法自然也不能够说是不对。然而，自然科学和考证学无论在理念上（特别是普遍、精确的根本自然规律之追求与发现）或者方法上（特别是实验方法与数学的运用），差别都是如此之巨大，这所谓最大公因子亦即"十字真言"实际上意义不大——它只不过是考证学家自己的理念与方法之概述而已。它告诉我们考证学应当怎么样做——这也就是胡适一生身体力行，不断示范的考证学之实际做法②，却完全没有，也不可能告诉我们物理、化学、生物学、天文学应该怎样做，甚至，也没有为我们对这些自然科学领域的内涵，提供一个切实的图景。他在

_____

①　即使在自然科学之中，某些领域所研究的现象也是高度复杂而没有简明、普遍的规律，更不要说有数学化理论，例如植物学、地质学、古生物学皆属此类。因此自然科学与人文社会科学之间的分野并非绝对，其间仍然有灰色地带：分隔两者的"鸿沟"更毋宁是"峡谷"。

②　其实，即使这点也不无疑问，因为对于考证学家而言，对资料整体的熟悉，很可能还要比这"方法"即"十字真言"重要得多，见前引周质平《胡适与中国现代思潮》，第213—214页。

《〈科学与人生观〉序》中为科学世界观所描绘的轮廓，亦即那十点纲目，显示他对于 1923 年自然科学状况的了解是多么零碎、肤浅、偏颇和带有严重误导成分。这其中最明显的，就是他不断提到各个自然科学和社会科学领域的"知识"，好像它们都只不过是平铺直叙的一大堆事实，却完全忽略了前者是有严谨结构的，是建立在新发现的理论和规律之上的，因此与社会科学的"知识"有根本区别。

当然，我们不能够期望在 20 世纪初期尚不足三十岁的胡适能够对自然科学有深入的认识，但他断言"科学的真意义只是一个态度，一个方法"，所以科学"不是声、光、电、化"，就未免太鲁莽，甚至显示出哲学流派的自傲，认为不必细究自然科学的内涵，就可以提炼出它的本质即"真意义"来了。周质平说，"其实晚清人把'格致'或'科学'界定为声、光、化、电的科技，基本上并没有大错"①，是平实得多的看法——倘若无法为自然科学找到无争议的"内秉"（intensive）定义，则以"外延"（extensive）方式来描述它，最少是更稳妥的办法。但对于拳拳服膺杜威哲学及其"实验主义"的胡适而言，他对于自己为科学所提出的"内秉"定义，显然从未感到丝毫疑惑。

## 七、结语

以胡适当时如日中天的声望而如此义无反顾地大力宣扬、鼓吹科学的重要性，这对自然科学的发展是否也仍然有正面推

---

① 见前引周质平《胡适与中国现代思潮》，第 208—209，224 页。

动作用？抑或如周质平所说，其作用主要在于"反而增长了他们（按：指国粹派）的气焰"，"甚至于还把一批年青人引上了乾嘉考据的老路"？这一点平心而论，倒是很不容易判断。但胡适的宣扬比之任鸿隽、胡明复等在《科学》杂志和其他方面长期脚踏实地、默默耕耘的成效，自然是不可同日而语。也许，对于一位三十来岁，学术背景全然在文史哲方面，然后一朝"暴得大名"的年轻人来说，我们不应该过分苛刻。他虽然在自然科学方面背景薄弱，但看到了未来潮流，所以仍然愿意披挂上阵，以另一种方式为科学打气，无论其效果如何，这还不足够，还不值得我们衷心赞赏吗？

诚然如此。但我们也不应该忘记，胡适当年在中国思想界引领风骚，望重士林，曾经被日后成为"中国学"宗师的费正清（John Fairbank）目为"当代伏尔泰"①。而这一位启蒙前辈和胡适的背景、经历其实也的确颇为相似。伏尔泰同样是文人出身，以诗歌、戏剧知名，然后在而立之年（1726）去英国游历三年，发奋修读英文，与彼邦彦硕交往，深究其政治、宗教、文学、戏剧——但也还有牛顿的科学发现。回国后再经八年酝酿，他写出讥讽法国体制、文化的《哲学书简》（1734），顿然洛阳纸贵，成就大名。令人惊奇的是，此书居然有足足三章是讨论牛顿学说的，它间接成为牛顿学说在欧洲大陆被接受（大约是1738—1740年间的事）的媒介。与胡适大不相同，也令人拜服的是，此后他并没有为盛名所累，而是隐居在法国东部边界西雷（Cirey）小镇的别墅，专心读书、写作，从出入宫

---

① 原文为"the modern Voltaire"，见 John Fairbank, *China Bound, a Fifty-Year Memoir*（New York：Harper & Row, 1982），p. 46。

廷的名士蜕变为引领欧洲思想变革的启蒙思想家，四年后更出版《牛顿哲学原理》①，自然科学之成为启蒙运动的动力与内核，可以说就是以此书为开端。对比这东西方一先一后两位思想界大师，我们恐怕要为天分如此之高、名声如此之大、影响如此之深远的胡适之从未兴起过超越杜威的念头，和始终不曾踏出国故考据的藩篱，而发一长叹吧。

当然，跨文化比较是困难的。倘若我们记得，欧洲的国语运动，以及宗教改革运动，早在16—17世纪就已经萌芽、开花、结果，那么也就不能不承认，18世纪启蒙运动的负担，是要比新文化运动和五四运动轻得多。在这个意义上，胡适与伏尔泰虽然有相似之处，但将他们对科学的认识与态度加以比较，也许不那么公平。比之伏尔泰，胡适所背负的传统闸门要沉重得多，而毫无疑问，他是为我们扛起了这道闸门的一位重要人物。

原刊耿云志、宋广波主编《纪念胡适先生诞辰一百二十周年国际学术研讨会专辑》（北京：社会科学文献出版社，2012），第52—64页；又刊《中国文化》（北京）2011年秋季号，第99—106页。

---

① 原书为 Voltaire, *Elements de la philosophie de Newton*（1738）；最初英译本为 John Hanna 所翻译的 *The Elements of Sir Isaac Newton's Philosophy*，同年出版。如今流传的英译本即为此本的复制本，出版者及年份为 London：Frank Cass，1967。全书共25章：1—14章讨论光学，包括视觉作用、光学仪器、彩虹成因等等；15—25章讨论万有引力及天体运行。书中有不少图解和数据，但是没有数学公式，它基本上是解释牛顿主要发现的科普著作。

第二辑　土耳其、俄国与西欧

# 毁灭与新生 I：奥托曼帝国的改革

> 在土耳其主义兴起之前，我们的国家有两种对立的文化——（代表伊斯兰的）宗教文化和（代表革新的）西化文化，两者之间的斗争分裂了土耳其知识分子的灵魂。
>
> 齐雅·格卡尔普①

1826 年 6 月 14 日傍晚，伊斯坦布尔的"近卫军团"（Janissary Corps）又开始骚动了。像以往数百年惯常的那样，他们先推翻了营房里的大汤锅，然后浩浩荡荡地带领乱民抢掠大市集，捣毁"政务院"，闯进托普卡比皇宫（Topkapi Palace）外院，对国君苏丹（sultan）提出傲慢的要求。然而这趟回答他们的，不是温言好语，而是宫墙上猛烈的炮火。早有准备的马哈默德二世（Mahmut Ⅱ，1808—1839）②召集了王公大臣和忠心的卫队，亲手展开先知穆罕默德的大纛，宣布对叛徒发动圣战。叛军被逼步步后退，返回营房固守，然而马哈默德毫不

---

① Ziya Gökalp, *Turkish Nationalism and Western Civilization*: *Selected Essays by Ziya Gökalp*, trans. and ed. Niyazi Berkes（Connecticut: Greenwood Press, 1981），p. 285. 在原文中，"文化"一词都用方括号标出，此处略去；引语括号中的词语为作者所加。

② 人名后括号中年份指苏丹或首相在位年份，下同。

容情，径直指挥大炮发动轰击，短短一小时后就令四千余叛乱分子灰飞烟灭。他跟着以迅雷不及掩耳的行动宣布取消军团组织，清除各地军团分部，解散它的精神支柱贝克塔什民间教派（Bektaşi dervishes）。这样，在一个月内，曾经威慑欧洲凡四个半世纪之久的近卫军团，竟被奥托曼人自己收拾得干干净净了。

这场著名的"吉祥事变"（Auspicious Event）是奥托曼历史的转捩点：随着凝聚帝国传统精神的一个核心体制的消灭，延绵五个半世纪之久的旧时代宣告结束，已经酝酿了一个世纪的大改革终于得以展开。然而，满怀希望和雄心勃勃的马哈默德不可能想到，他种种努力的意义并不在于振兴帝国，却在于启动帝国的毁灭和蜕变——这不但是由外力造成的领土分崩，政权瓦解，更是从内部发生，自行选择的帝国精神、文化、制度之消解。这和一百年前马哈默德的叔祖，帝国第一位改革苏丹马哈默德一世（Mahmut Ⅰ，1730—1754）起用法国军官训练新式炮兵的时候，不可能预见他所推行的改革最后竟导致近卫军团的消灭，是一样的。

奥托曼帝国、俄国和中国这三个西方所猛烈撼动的庞大帝国在20世纪初同时发生巨变：奥托曼帝国蜕变为接受西方思想和制度的共和国，然后逐步和"现代"取得协调；至于俄国和中国，则有不同的选择，它们接受了对西方采取激烈批判态度的社会主义，在意识形态和民族主义两者的刺激下，急速发展成军事强国，和西方形成长期对峙。然而抗衡局面如今已经破裂。在西方经济和思想的强大压力下，苏联解体，再一次走向不可逆转的蜕变。中国虽然似乎未为所动，但显然也面临重大转折关头，正寻找在可控状况下自动变革之途。然则这两个仍然举足轻重的大国，终将不免步土耳其后尘吗？抑或它们会再一次出现独特的、出人意表的变化呢？

显然，土耳其的命运是当今风云激荡的大问题中不可忽略的一环。因此，何以长达三百年的奥托曼现代化历程迥异于俄国和中国，何以它的真正改革必须从消灭近卫军团开始，何以它必须通过毁灭才能获得新生，这些历史性问题至今还是值得思索和反省。本文所要尝试的，便是为这一段帝国改革过程勾勒出一个轮廓，对上述问题提出一些看法来。

## 一、军事神权国的精神

奥托曼、俄罗斯和大明帝国都是蒙古帝国衰落后乘时崛起的产物，它们的出现，大致上可以以 1380 年为参照点。这一年莫斯科大公德米特里（Grand Prince Dmitrii）首次打败金帐部（The Golden Horde）蒙古军，开俄罗斯建国先声；开国已十二年的明太祖刚刚杀掉胡惟庸并且废相，进一步加强大一统皇朝的中央集权；奥托曼第三代苏丹穆拉特一世（Murat Ⅰ，1360—1389）则攻克巴尔干半岛西南端重镇莫纳斯提尔（Monastir），打开了进军阿尔巴尼亚的大门。这时上距穆拉特的祖父奥斯曼（Osman Ⅰ，"奥托曼" Ottoman 便是奥斯曼族人之意）领导塞尔柱土耳其（Seljuk Turk）部族联盟崛起才八十年，然而它已占地二十万平方公里，行将扩展成为跨越欧、亚、非三大洲的庞大伊斯兰帝国了。

奥托曼人之所以能够威胁欧洲文明凡四个世纪之久，是靠强大军事力量，这力量的核心是"近卫军团"，军团所反映的，则是帝国的立国精神。这精神共有三种不同成分：

最原始的，是源自强悍草原游牧民族血统、气质、习性的征服欲望和冲动。在开头，这种冲动表现于对拜占庭乡镇的不定期侵扰掳掠；到后来，则发展成长期维持大规模征伐和有计划地向四邻扩张的立国方针。

第二种成分是宗教。奥斯曼这一族大约从他本人开始信奉伊斯兰教，这有两个重要后果：第一，前述扩张冲动获得宗教依据，成为伊斯兰与基督教历史性抗争的一部分，勇悍的掳掠者变成带有使命感的"信仰的圣战者"（ghazi），扩张本身也蒙上圣战（ghaza）色彩。第二，奥斯曼部族得以顺利吸收伊斯兰高级文化和种种社会、教育、司法制度，在短短两三代之内成长为一个有坚强信仰和复杂社会组织的战士—农民社会。同时，伊斯兰的虔敬和朴素平等思想自然地渗透了这个社会，使它在观念和实际上获得相当程度的自主性，甚至可以说构成一个有类于近代意义的民间社会。这一点的重要性在于，反抗"不义"政权（例如在它偏离群众所认同的伊斯兰理想的时候）被认为合理，而且实际上往往成功。①

--------

① 较确切的说法是：苏丹的君主—军事体制和由教士层（ulema）建立的公共体制（包括教育、司法、社会福利、宗教等各种功能）在帝国内结成联盟，这联盟以伊斯兰圣法（şeriat）为共同基础，但它又尊重"先例"（'urf），从而为苏丹的君权和他颁布的帝国法令（kanun）留下余地。因此，此处所谓"民间社会"是指上述由教士领导，而且包括不少现代国家功能的"公共体制"。见 Marshall Hodgson, *The Venture of Islam*（University of Chicago Press, 1974）, Vol. 3, pp. 105 – 111; Stanford J. Shaw and Ezel K. Shaw, *History of the Ottoman Empire and Modern Turkey*（Cambridge University Press, 1976）, Vol. 1, pp. 134 – 139, 164 – 165; 有关民间反抗精神见 Şerif Mardin, *The Genesis of Young Ottoman Thought*（Princeton University Press, 1962）, pp. 205 – 206。

立国精神的第三种成分是忠诚、能干，它表现于极特殊的"奴官制"（ghulam）。苏丹是部落联盟领袖，他要在平等的伊斯兰社会之上建立帝国，必须先建立由他直接指挥的国家机器。他采用的是源自 9 世纪阿巴斯皇朝（Abassid Caliphate）的办法，即大量使用属于他个人的"奴隶"。所谓奴隶是通过"人贡制"（devsirme）从欧洲征服地的优秀少年中挑选出来进贡给苏丹的战利品，他们经过长期系统培养、训练后，各就才能、气质分配职位。随着部落集团扩大为帝国，这些出生于外乡，被切断亲缘、社会关系，而成长于苏丹宫学的"奴隶"，蜕变为苏丹的侍卫、总管、各级中央和地方政府官员，包括位置相当于首相的"大总管"（grand vezir），和各级军队将士。事实上，整个苏丹政权基本上就是由择优选拔的"奴隶"所组成和控制。

"近卫军团"就是由穆拉特一世的奴隶亲军扩充而成的劲旅。在精神上，他们是掳掠者——圣战士；在宗教上，他们和轻视仪礼、着重启发个人热诚的贝克塔什教派紧密结合；在身份上，他们是苏丹精心培训，优渥豢养的忠诚爪牙兵。这三者的特殊组合使军团成为有强大凝聚力和战斗力的军事—宗教结合体，在平时担任苏丹亲军和京师卫戍部队，在战时则变成由奥托曼部族组成的大军的核心和精锐先锋队。这组合的性质使得它同时受社会、宗教和国家三者影响，因此又不再仅仅是国家机器的一部分了。

伊斯兰文化构筑了民间社会，奴官制提供了国家机器，至于征服和圣战的欲望、雄心则把这似乎矛盾的两者巧妙地结合起来，使它成为一个有共同目标的有机体，这就是金罗斯（Lord Kinross）称之为"军事神权国"（military theocracy）的奥托曼帝国①；集合了奥托曼人族长、宗教领袖和帝国君主三重角色于一身的苏丹—哈里发（sultan‐caliph）则是它的最高首领。但这却没有形成一统和稳固的皇权，经常性的大规模军事活动和社会的全面宗教化使得苏丹必须通过"军团—教士"结合体的认同才能获得合法性。这可以说是由于长期高度军事动员所造成的广泛民众政治参与。②

相比之下，中俄两个大一统帝国的结构反而相对简单。在中国，皇帝通过择优产生的庞大官僚系统统治"天下"，至高目标在于维持长治久安，因此，由文官节制的军队只需有简单的防御、弹压功能；在官僚、军队、民众或维持文化伦理的儒生之间，都不可能产生足以抗衡或牵制君主的有组织力量。形成于 17 世纪的俄罗斯帝国也相类似，经过伊凡四世（Ivan Ⅳ，the Terrible）和彼得大帝的镇压，贵族屈服成为"服役贵族"，充当将领和行政官僚；东正教会放弃了自主地位，成为附从沙皇的宗教、文化、民事、仪礼运作者。在俄罗斯广大土地上饱经分裂、战乱、外族入侵之苦的各阶层人民，接受了一个高度专制、完全不受制衡的沙皇的必要。这可以说是霍布斯式（Hobbesian）的选择。

在 17 世纪中叶，奥托曼、俄国和中国的人口和版图虽然不同，但数量级一样，都是 1500 万—7000 万人，400 万—900

---

① 见 Lord Kinross, *The Ottoman Centuries* (New York: Morrow, 1977), p. 139。

② 有关奥托曼帝国的渊源、历史、体制与立国精神，以下专著有最简要和清楚的说明：Norman Itzkowitz, *Ottoman Empire and Islamic Tradition* (University of Chicago Press, 1972)。

万平方公里的庞大帝国①，人民都在专制世袭君主的统治之下。表面上三者十分相似，实际上奥托曼帝国却完全不一样，不但它的苏丹受到社会的有力制衡，并不同于中俄的皇帝，而且：第一，它是一个由征服者与许多不同"被征服者"组成的极其复杂的帝国；第二，它与欧洲长期对抗，与之在宗教、文化上形成很深的鸿沟。这些本质上的分别根源于它特异的历史和立国精神，而后果则是它迥然不同的改革道路。

## 二、中衰与复古

在 14 世纪穆拉奠定的基础上，15 世纪的"征服者"穆罕默德二世（Mehmet Ⅱ, the Conqueror, 1451—1481）攻陷君士坦丁堡，建立了名副其实的帝国②，16 世纪的苏莱曼大帝（Süleyman Ⅱ, the Magnificent, 1520—1566）征服匈牙利、黑海北部、中东、北非和地中海东部，帝国的版图和声威达到高峰，精锐勇悍的"近卫军团"所至，当时已跨越大西洋的西班

---

① 各帝国面积可大致从有关地图估计，但俄国仅以欧洲已开发部分为限，不包括西伯利亚。中国人口约 7000 万，见 Kang Chao, *Man and Land in Chinese History*（Stanford: Stanford University Press, 1986）, p. 41；奥托曼人口约 3000 万—4000 万，见前引 Itzkowitz, p. 38；俄罗斯人口约 1500 万，见 Nicholas Riasanovsky, *A History of Russia*（New York: Oxford University Press, 1977）, p. 307；并见 Fernand Braudel, *The Structure of Everyday Life*（New York: Harper & Row, 1981）, vol. 1, pp. 48, 54。

② 穆罕默德二世是奥托曼帝国崛起的转捩点，他的事迹在以下专著有详细叙述：Franz Babinger, *Mehmed the Conqueror and His Time*, Ralph Manheim, transl.（Princeton University Press, 1978）。

牙——哈布斯堡帝国也感到震撼。然而，在这三个辉煌的世纪结束时，欧洲西北隅发生了一件似乎无足轻重的事，它在下一世纪扭转了奥托曼帝国和欧洲之间的军事力量对比，遏止了帝国的历史性扩张。

## 欧洲军事革命

那事件就是信奉新教的小国荷兰联邦为了保持独立和宗教自由，委任十八岁的毛里斯亲王（Prince Maurice of Nassau）为联军统帅（1685），抵抗西班牙入侵。面对数目庞大的腓力二世大军，好学深思的毛里斯发动了一场军事革命。这革命的核心不是新武器，而是新思想，是严格和全面地把理性原则运用到战争每一个层面，特别是以火器为主的步兵操练、组织和战术，由是创造出具有前所未有的高度服从性、准确性和应变性的新式军队。用麦克尼尔（William H. McNeill）的话来说，它已变成"服从神经中枢控制的有机体……不再依赖个别步兵的勇气和技巧了"①。

这一套军事思想在三十年战争（1618—1648）期间首先传到瑞典，然后逐渐传遍整个欧洲，包括遥远的俄国。到 17 世纪中叶，它已根本改变了欧洲的军事实力。然而，近卫军团虽然乐意采用从欧洲传入的火器，但要他们放弃以信仰和勇气为动力的冲锋陷阵，转而学习西方那种极端理性和非人化（impersonal）的作战方式，却是不可能的。这"不可能"其始表

①　有关这场欧洲军事革命以下专著有深入剖析：William H. McNeill, *The Pursuit of Power* (University of Chicago Press, 1982)。引语见该书 p. 130。

现于他们要经历七十年挫败才能明白问题症结所在，这是所谓"复古期"；其后则演变为对改革整整一个世纪的抵制、反抗和叛乱，这是所谓"革新尝试期"。这前后加起来一百七十年的岁月蹉跎，多少就是俄罗斯能够在 18—19 世纪轻易超过本来先进的奥托曼帝国，并且几乎把它瓜分的基本理由。①

### 挫折与复古

帝国扩张受阻在 16—17 世纪末出现征兆，但它反映的，也许还只是苏丹继承问题所造成的纷争、腐化。军事挫折成为长期明确趋势，是在 17 世纪中叶之后。对这种趋势，帝国的本能反应是"复古"，即以恢复传统纪律、道德、统治方法为振兴途径。这反应是教士和军队结合成的保守势力所认同的，因此可以产生短期振奋作用，但长期来说，则药不对症。所以，它造成的模式是一条反复下降的折线：挫折—复古—初步成功—更大挫折。从 1648—1718 的七十年间，帝国一共经历了两个这样的循环。

第一个循环以威尼斯海军封锁鞑靼尼尔海峡的地中海出口为起点。当时已届八十高龄的老臣柯普律吕（Mehmet Köprülü）受命为全权首相（1656—1661），放手推行严惩贪污、厉行节约、保障农民等等传统政策。这样，果然立竿见影，几乎立即

---

① 下面所叙述的这一百七十年的改革尝试，基本上是根据前引 Shaw & Shaw，Vol. 1；并参见前引 Lord Kinross 与下列诸书：Roderic H. Davison, *Turkey* (New Jersey：Prentice-Hall, 1968)；Bernard Lewis, *The Emergence of Modern Turkey* (London：Oxford University Press, 1968)，其中译本为范中廉译《现代土耳其的兴起》（北京：商务印书馆，1982）。

就扭转了颓势。他继位的儿子艾哈迈德（Fazil Ahmet，1661—1676）更攻下克里特岛，结束威尼斯的海上霸权，并东征西讨，为帝国开拓了新疆土。柯普律吕思想保守，厌恶创新。他的梦想，是把帝国带回一百年前苏里曼大帝的光辉时代；他的思想和帝国著名的大历史学家卡提卜·切莱比（Katib Celebi）所著《革弊指要》（*The Guide to Practice for the Rectification of Defects*，1653）一致，即弊病完全来自帝国内部失调和腐败，和外敌没有基本关系。

然而到了 17 世纪最后四十年，帝国大军却四度遭受沉重打击。其中 1683 年首相卡拉·穆斯塔法（Kara Mustafa）率领二十万大军进攻维也纳，结果被欧洲联军以少胜多，一举击溃，这历史上公认是奥托曼力量已达极限的标志。至于 1697 年苏丹穆斯塔法（Mustafa II）亲征，在森塔（Zenta）之役被奥国的尤金亲王（Prince Eugen）屠杀了三万军队，则是凭借勇武和人数的奥托曼军队不复能抵挡以纪律、火力和准确性取胜的欧洲军的确证。其后的《卡尔洛维茨和约》（Karlowitz Treaty，1699）和近一个半世纪之后的《南京条约》有相同意义，都是欧洲以军力打开外交关系的里程碑。

这连串灾难没有令奥托曼人清醒，反而启动了第二个循环。太史官奈马（Mustafa Naima）继承 14 世纪史家、哲学家伊本·卡尔敦（Ibn Kaldun）的史观写了一篇著名的《帝国史序》，基本上重复了卡提卜的改革方案①；首相佐鲁鲁·阿里（Çorlulu Ali）则推行休养生息的政策，令帝国军队得以在著名的普鲁特河（Pruth River）之役（1711）打败（并几乎俘虏）

---

① 见前引 Itzkowitz，pp. 99 – 102.

刚刚兴起的彼得大帝，暂时阻挡了北方巨人的南下。吊诡地，奈马和阿里的成功消减了危机意识，推迟了真正的改革，反而令帝国问题更趋严重。1716 年，尤金亲王再次在卡尔洛维茨彻底击溃帝国大军，随后签订的《帕萨罗维茨和约》（Passarowitz Treaty，1718），完全确立了欧洲的军事和外交优势。这样，才结束了第二个循环，令帝国有识之士从睡梦中惊醒过来。

帝国虽然已经遭遇了五次可怕的军事灾难，但在 18 世纪 20 年代"革新"还只不过是挣扎着要从牢固难以变更的奥托曼意识中浮现出来的微弱声音而已。相对来说，俄国从 16 世纪中叶"可怖伊凡"的时代开始，就已经有计划地输入西方专家和打通西方通商航道；文化上和西方源流迥异的中国，从鸦片战争到洋务运动也不过三十年时间。对西方态度的这种差异，若非从奥托曼帝国 14—16 这三个世纪中建立起来的牢固自信和优越感，是难以解释的。

## 三、革新和反动

卡尔洛维茨之役后，帝国少数首脑人物终于意识到输入西方事物和技术的必要。然而，革新却是违背伊斯兰传统的。据说先知穆罕默德有这样的格言："最坏的事物莫过于新奇事物。每件新奇事物都是一种革新，每种革新都是个错误，每个错误都可以导向地狱之火。"① 革新也侵犯了教士、将领、士兵的习俗和既得利益：例如传统的头巾和宽松长袍是伊斯兰教徒的

---

① 转引自范译《现代土耳其的兴起》，第 115 页，此处文字略有修饰。

服装标志，要改易为便于操练的紧身军服往往被视同向基督徒投降；又例如近卫军团的士兵懒散惯了，往往兼营副业，并且将他们的粮票转售，若加紧操练、裁汰冗员，那就等于断绝他们的财源。所以，革新引起消极抵制，言论对抗，乃至公开叛乱等各种形式的反动，可说是必然的事。

反动力量几乎每一次都获得胜利。这一方面是由于作为京师卫戍部队的近卫军团本来就有长远的叛乱和弑逆传统①，而且他们近在腋肘，难以防范。另一方面则是由于思想保守的教士对政府官员、军团和民众有广泛和巨大的影响力。苏丹虽然好像握有至高无上的权力，其实，他可以说是由一个具有自我意识、组织（虽然是极松散的组织）和反抗力量的社会有机体拥戴的君主。在他或他的代理人触犯到这个有机体的深层意识或基本权利时，就会被无情地推翻。洛克可能认为推翻的方式稍嫌野蛮，但对其原则应该是赞同的。所以，对帝国有深切认识的英国海军顾问斯莱德（Aldophus Slade）说："君士坦丁堡的近卫兵团好比（英国的）下议院。"② 这话虽似荒诞不经，其实包含了真知灼见。

革新有实际必要，反动力量却又必然获胜，由是形成的模式便是"危机—革新—反动—革新/危机"那么一条在新旧之间反复摆荡的折线。在 18—19 世纪间，帝国经历了大约五次这样的循环。

---

① 近卫军团远在 15 世纪已开始有政治性的叛乱，到 17 世纪初则首次为了反抗改革而推翻政府和弑君（1622）。笔者承安卡拉中东科技大学历史系 Akgün 教授告知：这传统极可能渊源于自幼被割离于家庭和原有社区的军团士兵深层意识中的报复冲动，但确切证明很困难。

② 见前引范译《现代土耳其的兴起》，第 133 页。

### 前期尝试 (1718—1749)

第一个循环以卡劳维兹造成的危机为开端，以首相易卜拉欣（Damat Ibrahim，1718—1730）为革新首脑，最后以教士挑动近卫军团叛乱，胁迫苏丹将他赐绞结束。易卜拉欣是一个极谨慎而有远见的人，他一方面寝息干戈，维持十余年的和平局面，另一方面遣使欧洲，鼓励他们开拓见闻，报导新知。他又支持匈牙利裔的穆特费力卡（Ibrahim Müterferrika）开设印刷厂，编译西方著作，出版地图，同时开始推动军事改革。然而，他的开放作风终究不容于保守势力，他的谨慎也无助于他的命运。

第二个循环以苏丹马哈默德一世恢复印刷厂并起用原籍法国的博内瓦尔伯爵（Claude-Alexandre Comte de Bonneval）训练新式炮兵和建立工程学院开始。这些尝试虽然缺乏系统和长远的计划，但也暂时改进了庞大帝国的力量，使它在1736—1739年对奥、俄的激烈战争中最后一次尝到甜头，获得近三十年（1749—1768）的和平与喘息。结束这一个循环的，不是叛乱，而是由麻木、惰性、消极抵制造成的巨大无形阻力。穆特费力卡和博内瓦尔的事业在他们生前即不断遭遇阻挠，他们死后（1745—1747）更是烟消云散。此后，帝国就进入了二十年（1749—1768）昏沉无为的时代。

讽刺的是，1750—1780年正是欧洲（基本上在法国）发生第二次军事革命，即炮术革命的时代。1750年，小马里兹（Jean Maritz）改善了以车床削磨炮管的方法，从而可以制造更轻便、准确和猛烈的大炮，十年后这种新式大炮传到俄国；从1763年起，格里博瓦尔（Jean Gribeauval）改良了炮架、炮弹、瞄准镜等附件，并且重新设计炮兵的组织和训练，使大炮从笨重、简单的防守和攻城武器变成有高度活动能力的野战武器。自此以后，战争进一步依赖军事工业以及不同兵种间的配合，变成了冶炼、制造、管理、组织、指挥的高度综合科学。① 奥托曼改革的最后成功机会也许就是在这个时候失去的。

### 后期革新尝试（1768—1807）

到 18 世纪下半期，帝国形势更形严峻。第一，它的主要敌人从奥国变为接壤的巨人俄国；第二，它虽不再寻求开启战端，却被逼应战；第三，战争发生之后往往须第三者（特别是英、法）从中斡旋，帝国才能免于被肢解的命运。这形势可以说主要是由彼得大帝的德裔外孙媳妇，有满腔才略和无限野心的凯瑟琳大帝（Catherine the Great，1762—1796）所造成。使帝国失去大量领土的 1768—1774 年和 1787—1792 年两次激烈的土俄战争是促成这一时期内三次革新尝试的基本动力，但由于反动力量强大，这些尝试仍然依循以往模式，一一归于失败。

促成第一次革新危机的是 1768—1774 年的土俄战争。革新工作以法国军官托特男爵（Baron François de Tott）协助帝国改良炮兵为主，在近卫军团抵制下，这工作只进行数年（约1774—1777）就停顿了。第二次革新由当时看来已不可避免的第二次土俄之战促成：果敢的首相哈利尔·哈米特（Halil Hamit，1782—1785）不但恢复托特的炮兵团和学校，而且毅然大量裁减近卫军团冗员，并且以新式武器和战术训练军队。

---

① 见前引 McNeill，pp. 166–175。

然而，如往常一样，反动力量再次巧妙地运用宫廷斗争使哈利尔·哈米特被免职和被处决，从而结束了这次野心勃勃的改革。

第三次革新则以悲剧性的苏丹塞里姆三世（Selim Ⅲ，1789—1807）为主角。他青年时代已经对改革和欧洲大势有相当认识，三十八岁登基时又正值第二次对俄战争，必须立即收拾严重的失败局面。因此，和平来临之后，立即全力推行整体军事改革，发展军事工业；并且，由于传统军团积重难返，又招募朴实乡村子弟，在京师远郊另外创设新军（Nizam-i Cedit），施以严格的西式训练。这一次大规模革新持续了足足十五年之久，但仍然不能跳出以前的循环模式：教士和军团乘虚联合发动叛变，苏丹被废黜，其后更在他亲信的士兵发动"反政变"（1808）时于混乱中被绞死。①

塞里姆功败垂成，是由于对保守势力的戒心松懈，并且，在紧急关头没有召集苦心经营了十余年的两万多新军入京平乱的决心。这惨痛的经验，成为曾经和他一同被幽禁（1807—1808）的马哈默德亲王永志不忘的教训。所以马哈默德二世登基之后，表面不动声色，暗中则借故放逐异己，提拔亲信分踞要津。这样处心积虑地策划了整整十八年之后，他才蓄意挑起军团叛乱，然后以雷霆一击消灭整个军团制度，解除了悬在帝国之上的魔咒。

---

① 有关塞里姆三世和他改革的详细历史，见下列专著：Stanford J. Shaw, *Between Old and New：The Ottoman Empire under Sultan Selim Ⅲ 1789—1807*（Cambridge, Mass.：Harvard University Press，1971）。

## 革新尝试的意义

18—19 世纪五次革新尝试都被反动力量"否决"了,但它们并不是没有留下痕迹。其实,每次尝试的真正意义是在于为下次作垫脚石。例如马哈默德一世思想颇受穆特费力卡影响,即位后首先就恢复了他的印刷厂;博内瓦尔、托特、舍林这三代的炮兵团和军事学院在人员、器械、图书和部分建筑上,是相承的;马哈默德二世消灭近卫军团、铲除旧势力乃至建立新制的整套计划,也可以说是从前五次(特别是塞里姆的)失败中总结出来的经验。所以"革新—反动—革新/危机"这个循环模式,其实应该以一条平均上升的摆动折线来代表,当它上升到足够水平的时候,就产生了结构性突变。

这五次革新尝试表面上都是以输入新炮术为目的的军事改革,实际上从易卜拉欣所营造的所谓"郁金香时期"(The Tulip Era,1718—1730)开始,革新就带来文化影响。学技术必须先学语文,学语文又不可避免会接触到文学、思想、习俗。这些是终 18 世纪之世教士和民众深恶痛绝的所谓"法兰克风"(Frankish ways)。但对革新来说,这逐渐渗透帝国上层的新风气,其重要性恐怕并不下于技术的传授,它也同样是使那摆动的折线上升的力量。

1718—1826 年这整一世纪,是革新思想缓慢成长和以苏丹为首的极少数领导者反复尝试以温和渐进的方式克服整个社会对革新的巨大阻力的痛苦时期。他们经过多次失败后得到的结论是:近卫军团所代表的是整个奥托曼社会,摧毁这个社会的反抗力量,铲除它的旧有体制,是革新的先决条件。马哈默德是把这结论付诸实施的人,而"吉祥事变"还只不过是实施的

第一步而已。回过头来看自始就是大一统皇朝的俄罗斯和中国，它们幸运太多了：在它们的历史中，并没有皇权与社会因为改革而长期对峙、反复激烈斗争的时期。至于守旧大臣的拖延、反对力量，其实是很微弱的。

## 四、突破之后

"吉祥事变"之后，帝国的漫漫长夜似乎终于露出曙光。①然而，改革的明显障碍虽然消除，它的成功却并非像苏丹想像的那样，可以凭少数人的指令完成。改革牵涉整个社会的改变，因此有赖于新意识、新思想的萌芽、生长，但新思想形成后却又免不了会回过头来，冲击整个原有的政治体制。这便是19世纪奥托曼改革家所要逐渐从另一种痛苦经验中发现的道理。

### 奥托曼的彼得大帝

借事变建立绝对个人权威之后，马哈默德雷厉风行地在制度上破旧立新：已没落的常备骑兵团（sipahi）、旧地方军以及"地俸"（timar）供养制都被废除；往往成为保守和反对势力领袖的"教长"（şeyhulislam）被剥夺大权后收编为苏丹属下官员；教士分别编入新设立的教育、司法等部门；作为各种社会、宗教事业独立资源的"慈善基金"（vakif）则收归财政部

———————

① 以下所讨论的马哈默德改革与新秩序运动见前引 Shaw & Shaw，Vol. 2，Ch. 1 – 3，参见前引 Mardin，Ch. 5 与前引 Davison，Lewis，Lord Kinross 诸书有关部分。

管理。这样，通过新设立的中央官僚部门和咨议机构，一切大权都集中到马哈默德本人手里。换而言之，传统军事体制和以伊斯兰教士为骨干的旧社会体制一概摧毁，由国家官僚机构取代，"军事神权国"被改造成类似俄国和中国的大一统皇朝。

马哈默德是一位果断和极有雄心的君主，常常以早一个世纪的彼得大帝自况。他借新的国家机构，推行了和洋务运动极相似的一系列新政：设翻译局、派留学生、建新式陆海军、办报、办邮政、开设新式学校，等等。它甚至还包括有高度象征意义的改易服饰，以"费兹帽"（fez）代替头巾，以西服代替阿拉伯长袍，等等。

然而，新政没有收到预期效果。其原因和洋务运动的失败颇为相似：领导圈子太狭窄，而且本身缺乏对西方文物、制度、精神的深切了解，所以无从发挥强大的推动作用；新的国家机器仍然受传统政治格局的限制，不能符合理性的行政要求。但更重要而与中国不同的是，社会制度虽然在表面上改变了，社会传统思想形成的阻力实际上仍然极其强大："马哈默德虽然毁灭了近卫军团，但并没有消灭它的精神，这精神时时在帝国中煽动起民众反对政府的激烈情绪，甚至酿成暴乱。这种情绪渊源，于反抗不追求伊斯兰—奥托曼理想的政权被认为合理，而它是深入人心的。"①事实上，在"吉祥事变"之后短短三十三年间，同情近卫军团的暴乱就有四次之多。

对马哈默德更不利的，是严峻的国际形势。18世纪末期，在列强冲击、挑拨下，帝国属土已开始脱离中央控制。1815年后，法国大革命的自由、民主思潮开始影响帝国内的弱小民

———————

① 见前引 Mardin，p. 205.

族，同时欧洲大局已定，如何在均势下瓜分奥托曼，成为列强注目的课题。所以马哈默德治内最后二十年，几乎全在惊涛骇浪中度过：1820 年希腊叛变；1827 年英、法、俄联合舰队消灭帝国海军；1829 年俄军从东西两路长驱直入，迫订城下之盟；跟着法占阿尔及尔，希腊独立，埃及总督阿里（Muhammad Ali）叛变，一再战胜帝国军队，甚至从小亚细亚挥军直趋京师。最后，马哈默德由于无法制服阿里，在愤恨中病逝。

塞里姆的悲剧是受制于国内社会，马哈默德的悲剧则是受制于列强和属土，但最少他们还能够朝帝国本身的目标努力前进。在他们之后，则帝国的意志和目标也一并受到强大外力影响，不复完全能够自主了。

### 新秩序运动

继承马哈默德的，是仁惠、和平、缺乏个性的新君阿卜杜勒迈吉德（Abdülmecit Ⅰ，1839—1861），在他治下，帝国的政治和改革进入了一个似乎充满希望的新时代。这时代的来临是在 1839 年 11 月 3 日，一个星期天。当天帝国政要、各界代表和外交使节团被召到托卡比皇宫正门外的居尔哈内（Gülhane）公园一间大厅里，恭听外交部长雷什德（Mustafa Reşit，1800—1858）宣读他为新君所拟定的御诏（hatt-i hümayun）。这份当时认为可以比拟《大宪章》和法国《人权宣言》的文件，目的是要把改革从军事推向政治、法律、人权等更基本的层面。它宣布了一系列重大原则：人民在法律面前不问种族、信仰、地位，一律平等；人民的生命、财产、自由受法律保障；政府必须依照法定程序和公平原则行使征税、征兵和其他权力；法律由"最高法制会议"以多数议决制定，苏丹不加干涉；等等。并且敕令成立贯彻这些原则和推行其他具体改革的各种机构。

这样，在深受英国自由主义影响的政治家雷什德引导和推动下，改革进入了"新秩序运动"（Tanzimat）时代。"新秩序"在改革的观念和层次上比马哈默德新政显得较为进步，就推行的力量和环境而言，也有基本分别：第一，革新动力由苏丹下移到"国务院"（The Sublime Porte）的主要官员。他们基本上是出身于中等家庭，在传统宗教学院（medrese）成长，经过"翻译局"洗礼，并且由于外交工作或其他接触而对西方语言、文化获得直接、深切认识的一批青年人。他们大都通过雷什德进入政治领导圈，其中雷什德、阿里（Mehmet Ali）和富阿特（Keçecizade Fuat）三人掌握首相和外相职位凡三十年；杰夫代特（Ahmet Cevdet）精研法律，长期主持司法、教育和宗教改革工作，后来更完成《新法典》（*Mecelle*）的编纂（1876）；至于辛纳西（Ibrahim Şinasi）和齐雅（Ziya Paşa）两人，则因为政坛失意，成为新一代知识分子的前导。假如说，18世纪多次革新的成果是马哈默德，那么马哈默德新政的成果就是这批在19世纪50年代刚二三十岁，充满活力和才华的改革家了。

第二，经过1829、1833年俄国两次出兵小亚细亚，列强对阴鸷的尼古拉二世的戒心大大增加。这时英相巴麦尊（Lord Palmerston）的政策便是协助帝国改革自强，希望借助它阻挡北方巨人从黑海突入地中海，而富有魄力和手腕的英国驻土大使坎宁（Stratford Canning）则得到阿卜杜勒迈吉德充分信赖，成为执行英国政策的有力工具。另一方面，致力于维持欧洲均势的奥相梅特涅也通过土耳其驻奥大使里法特（Sadik Rifat）

发挥影响力。因此，"居尔哈内御诏"所表现的惊人的自由主义与法治精神，是必须考虑到欧洲政治家对革新首脑的影响与他们之间的融洽关系，才能够充分解释的。[①]

"新秩序运动"具备了一个稳健改革家所能希望的几乎所有条件——长期安定和友善的国际环境、累积了一个世纪以上的改革经验和基础、开明仁惠的君主、年轻有为的领导圈子。然而，它却仍然不能够为帝国带来决定性和突破性的进步。这其中最根本的原因是社会上的旧观念仍然牢不可破，而改革家本身仍然有很大的局限。

例如运动推行之初，雷什德在"最高法制委员会"上提出依循普遍平等的原则订定"商务法典"，结果法典被教士代表指为违反"圣法"（şeriat）而遭搁置，他本人也因此失去外长职位。[②] 而且法制委员会本身也屡屡改组，功能和组织始终不确定，直到 19 世纪 60 年代末期才由改革和保守派妥协分权。再一个例子是教育改革。1846 年商务部成立，它提出建立全面的新式教育系统，但由于教士阶层一致坚决反对，关键的初级国民教育拖延了二三十年才展开；至于马哈默德时代已经创办的 ruşdiye 新式中学，则发展十年之后也只不过有三千学生而已。

而且，所谓旧观念也并不限于顽固、保守的教士。它所反映的，毋宁是民间意见，包括相当开明、进步的民间学者的意

① 关于坎宁对帝国政策的深刻影响，特别是他在克里米亚战争中所扮演的重要角色，见前引 Kinross, pp. 476，480－482，487－493；至于巴麦尊和梅特涅的影响则见前引 Mardin, Ch. Ⅵ。

② 见前引范译《现代土耳其的兴起》，第 117 页。

见。例如在 19 世纪 60 年代出现的新知识分子就认为"居尔哈内御诏"和"商务法典"都不符合帝国的实情和真正需要，只是为取悦外国言论而对少数民族和外国商人所作的让步而已。这些意见，当时不少欧洲观察家也都是赞同的。①

另一个根本原因则是改革仍然维系于苏丹个人意念，所以缺乏真正稳固政治基础。像十九年间六度拜相的雷什德，当时公认是最有魄力的维新元老，然而他每次执政却只有一年乃至几个月光景，这样自然不可能认真推行长远政策。他门下的亚里和富阿特在随后的阿卜杜勒阿齐兹（Abdülaziz，1861—1876）朝最初十年间牢牢掌握了大权，局面算是比较稳定。然而相权扩张不但使被排斥在政权以外的知识分子生出反感，而且，这两位首相一旦相继辞世（1869—1871），阿卜杜勒阿齐兹就纵欲挥霍，滥施暴政，把许多改革成果一笔勾销了。

为了帝国的生存，马哈默德把"军事神权国"的军事体制摧毁，把宗教—社会体制镇压下去，然而，他以苏丹专权推行改革的企图却是失败的。因此，继任苏丹被逼进一步改变体制，把权力下放给大臣，并调整人民与政府之间的关系。这就是"居尔哈内御诏"和1856 年相类"御诏"的意义。这种改革虽然有必要，但仍然缺乏文化和社会基础，也未曾考虑到社会后果，所以再一次失败。更何况，诏令始终只反映君主意志和政纲，并不具有宪法效力。所以 19 世纪 70 年代中期君主立宪呼声日高，政治制度的根本改革成为国人注意的焦点。然而，宫廷政治运作并不能改变权力基础，阿卜杜勒阿齐兹虽然

---

① 　见前引 Mardin，pp. 163 – 168.

被废立，但几经转折之后，继起的苏丹阿卜杜勒哈米德二世（Abdülhamit Ⅱ，1876—1909）终于在短暂的立宪尝试之后又放逐大臣，解散国会，回到专制的老路上去。这样，经过五十年（1826—1876）内三次失败尝试，大一统皇朝下的宪政改革似乎也走到尽头了。

当然，将近四十年的"新秩序运动"（1839—1876）并非完全白费，它散播了人权和法治观念，改进了中央政府结构，在教育和司法领域建立了宗教与俗世体制并行的混合制，在军事上通过德国协助而大大加速现代化——甚至令帝国军队在克里米亚战争中有令人惊喜的表现。不过，同样甚至更重要的，可能是改革的"副产品"：报纸、印刷厂、新式中学、新语法等新生事物，以及它们为帝国孕育的新一代知识分子。土耳其民族的觉醒，是从这一批知识分子开始的。

1865 年夏天，在伊斯坦布尔以北约二十来公里，一个称为贝尔格莱德林子（Belgrade Forest）的山谷里，有六个青年人聚会野餐，商议成立"爱国联盟"来挽救瓦解中的帝国。他们其中一位同年患病去世，两位随后牵涉政变阴谋，其余三位则写文章、办报、办杂志，成为活跃知识分子。① 这其中一位就是深受辛纳西影响的纳米克·凯末尔（Namik Kemal），第一位奥托曼民间政治思想家、评论家，20 世纪初"土耳其青年"（Young Turk）革命的前驱。从毁灭旧秩序的"吉祥事变"到这标志新文化诞生的第一次"奥托曼青年"（Young Ottoman）聚会，前后只不过四十年，然而帝国改革的主动权已经静悄悄地从宫中移到城郊，从君主移到大臣，又再移到知识青年身

---

① 见前引 Mardin，pp. 10 – 14.

上；改革重心也从军事、政治转移到思想、文化领域了。这从个体到群体，从制度到文化的转变，就是革命行将来临的朕兆。

原刊《二十一世纪》（香港）第 7 期（1991 年 10 月），第 102—118 页，嗣收入《站在美妙新世纪的门槛上》（沈阳：辽宁教育出版社，2002），第 117—143 页。

# 毁灭与新生 II：土耳其的浴火重生

> 我们不了解世界，所以吃足苦头。你们看看，这土耳
> 其和伊斯兰国度的灾难和创伤是多么的深重巨大吧！这就
> 是拒绝遵循文明的训示去提高和改变思想的结果。……文
> 明像一场熊熊烈火，它将焚毁所有不顺从的人。
>
> 凯末尔①

1918 年 11 月 13 日下午，一位心情沉重的中年将军风尘仆
仆地赶到伊斯坦布尔。他在亚洲岸边海达尔帕夏（Haydarpaşa）
火车站下车时，正好看见长达十英里的英、法、意联合舰队鱼
贯驶过马尔马拉海，进入博斯普鲁斯海峡。不多时，金角河
（The Golden Horn）口已碇泊了黑压压的一大片船舰，那森林
般的桅杆一时似连城上的托卡比皇宫也都要遮蔽了。几日后，
法国将军德斯佩雷（Franchet d' Esperey）骑在无辔辔的高头白
马上，率领大军入城作凯旋巡游。就这样，欧洲基督教国家以
与"征服者"穆罕默德二世同样的姿态，重临君士坦丁堡，为

---

① 凯末尔 1925 年 8 月 26 日在 Kastamonu 市政府的讲话，此为
M. S. Imece 的记载，见 Vamik D. Volkan & Norman Itzkowitz, *The Immortal
Ataturk：A Psychobiography*（University of Chicago Press，1984），p. 254。

奥托曼人四个半世纪的霸业打上句号。① 甚至，也要为这些从中亚细亚草原闯到欧洲边上来的土耳其人的命运作一最后解决——最少，当时以英相劳合·乔治（Lloyd George）为代表的大部分西方政治家都这样想。②

这样一种结果将会是顺理成章的事。在当时，帝国海外属土已丧失殆尽，它的老根据地安纳托利亚（Anatolia）则在列强为之撑腰的邻近民族虎视眈眈下，等待瓜分。至于帝国本身，也是满目疮痍：原来执政的革命党已经完全丧失民心，它的三巨头畏罪潜逃；在位的苏丹庸懦无能，一味以讨好列强自保为能事；至于颇有名望的凯末尔将军，虽然兼程赶回京城，奔走于首相、国会议员和苏丹之间，游说他们采取振作和强硬态度，但人人置若罔闻。这时，整个国家的意志好像已经完全涣散，只是等待命运主宰而已。前此二百年的现代化努力似乎是完全白费了，这属于中世纪的"军事神权国"无论如何改造，终将不能逃过灭亡与沉沦的命运。

然而，劳合·乔治和整个西方世界都错了，帝国虽然灭亡，它的民族却没有沉沦，也没有任凭列强宰割处置。大战结束后短短四年间，土耳其共和国就像火凤凰一样在奥托曼帝国的灰烬中冉冉升起来了。赤手空拳的凯末尔非但组织国民军打败入侵的希腊大军，争得了土耳其主权与领土的完整，而且毅

---

① 见 Lord Kinross, *Ataturk: The Rebirth of a Nation* (Nicosia: Rustem & Bros. , 1964), pp. 134 – 136 及前引 Volkan & Itzkowitz, p. 110。

② 第一次世界大战后同盟国的心态在下列著作有深入细致的分析：David Fromkin, *A Peace to End All Peace: The Fall of the Ottoman Empire and the Creation of the Modern Middle East* (New York: Avon Books, 1989), Pt. VIII。

然扫除帝国旧制，建立起一个世俗化、西方化的共和国。两百年来可望而不可即的"现代化"好像应验了"众里寻他千百度，蓦然回首，那人却在，灯火阑珊处"那几句话，在帝国最黑暗，最低沉的时刻，蓦地来临。这突如其来的新生到底是怎么样一回事？与其他追求现代化的帝国对照，土耳其民族的经历显示了些什么？这些问题不是本文所能完全回答的，但我们会提出一些初步看法来。

# 一、奥托曼主义的兴衰

从 18 世纪初开始，奥托曼帝国为了保持"军事神权国"的结构，挣扎了足足一个世纪（1716—1826）。"吉祥事变"后，它在大一统帝国的格局下，推行类似自强运动的"新政"和"新秩序"运动。然而经过四十年努力，这显然也失败了。因此，帝国被逼再一次走上探索之路，寻求新的体制和立足点。这探索持续了半个世纪（1866—1918），经历了三个不同阶段，但始终未曾脱离"作必要变革，以求维持帝国生存"这可以通称为"奥托曼主义"的思想模式。

## 文化新潮与立宪思想

探索的第一个阶段，是前后持续了十年（1866—1876）的"奥托曼青年"（Young Ottoman）运动①。它的主角是前此四十年改革培养出来的新型知识分子。他们出身世家，受过良好传

---

① 这个运动的阐述和深入剖析见Şerif Mardin，*The Genesis of Young Ottoman Thought*（Princeton：Princeton University Press，1962）。

统教育，通过在翻译局、外交部之类机构工作而获得对西方（特别是法国）语言、文化、思想的深入认识；然后，由于不得志于当时狭隘的政治体制，所以转向报章、杂志、书籍等新兴大众传媒发展，成为传播思想的文学家、评论家、舆论主宰。像这运动的前驱，有巨大影响的《思潮》半周刊创办人辛纳西（Ibrahim Şinasi，1826—1871），以及它的中坚，办过《思潮》、《自由》、《伊北列》等多种刊物的纳米克·凯末尔（Namik Kemal，1840—1888），便是这样的人物。

"奥托曼青年"是一个有类于"五四"的文化运动，它通过大量翻译以及新文学创作，掀起了一个白话文运动和一股强烈的新思潮。所谓"白话文"，就是多个世纪以来深受波斯和阿拉伯语影响，充满陈腐套语的奥托曼官式语文的简明化、土耳其化，以求使它成为大众能够了解和自由运用的传播工具①；所谓新思潮，就是大量西方观念，诸如"祖国"、"自由"、"权利"、"公民"等等的输入和应用，以及一种务实、开放、求新知、求进步的心态之形成。而这运动最重要的一个意义就是：将文化与政治议论从宗教与政府的独占中解放出来，成为民间所关心、所参与的事。

同时，"奥托曼青年"也是一个政治运动。它的中心思想由纳米克·凯末尔发挥得最为透彻，而大致上可以用"从伊斯兰经典找寻西方政治思想的根据，以宪法与国会节制中央政

---

① 奥托曼语基本上是深受波斯语与阿拉伯语影响，并且以阿拉伯字母拼写的土耳其语。由于受到外来语和外来文化的全面和长期影响，它在脱离大众这一问题上的严重性比中国的文言文有过之而无不及。帝国内最早的白话文运动其实在 19 世纪 40 年代已开始，当时是由于要使大量士兵受正规教育而发现有此需要的。

权，特别是相权"这两点来概括。这思想背后的一个假定（或更应说希望）是：只要帝国政治架构公正、合理，那么它就能赢得治下各个不同民族的忠诚与拥护。因此，要维护帝国，最根本的途径是立宪——这就是"奥托曼主义"的中心思想。在实际行动上，"奥托曼青年"的策略是以政变方式废黜贪墨纵恣的在位苏丹，另行扶植能够实现他们理想的贤君。这理想在1876年阿卜杜勒阿齐兹被废，阿卜杜勒哈米德二世（Abdülhamit II，1876—1909）登基，并且宣布立宪和召开国会时似乎实现了。然而，经过不足两年的试验，阿卜杜勒哈米德就决定放逐大臣，解散国会，废止宪法，走回全面独裁的旧路上去。

倘若将"奥托曼青年"运动和中国1894—1911的维新与革命运动相比，前者显然温驯保守得多了。它令人失望的结局，也许可以大大减少我们对"百日维新"以及1905年宪政运动失败的扼腕与慨叹吧。

### 独裁下的改革

阿卜杜勒哈米德在警卫森严的伊尔迪兹皇宫（Yildiz Palace）以独裁独断的方式统治帝国凡三十年（1878—1908），这是探索的第二个阶段。[①] 在这阶段不仅新思潮和宪制被全面否定，甚至早期由大臣推动的"新秩序运动"乃至最早期由马哈默德二世亲自推行的新政，也都间接受到质疑，因为阿卜杜勒哈米德不信任大臣，而且着意培植宗教势力，用它来对抗新思潮。尽管如此，阿卜杜勒哈米德却并非单纯的暴君，而仍然是

---

① 有关这段历史见 M. Şükrü Hanioğlu, *A Brief History of the Late Ottoman Empire*（Princeton University Press, 2008）, Ch. 5。

一位改革家。他清楚了解帝国非改革无以求进步，非进步无以求生存的道理。只是他认为，在国势危殆时，任由大臣擅权或国会议论纷纷，那徒然造成混乱，于事无补，因此当务之急是集中权力，稳定大局，以求长期有系统地推行实务建设。① 由此生出了他的"政治上厉行镇压，文化上利用传统，实务上仿效西方"这三点指导思想。这是自相矛盾的文化、经济、政治分别对待主义，它在理念上虽似可笑，实际上却亦有相当成功的一面。

阿卜杜勒哈米德的镇压手法和早半世纪的俄皇尼古拉一世如出一辙：把权力集中到皇帝亲自掌管的官僚机构；以特务系统和检查制度威吓人民、钳制言论；以监禁、流放、收买、分化等手段对付国内外异己分子；等等。而利用传统，办法亦相类似：以宗教仪式坚定人心；以经费扶植教士和教会学校；以阿拉伯语和伊斯兰文化对抗西方观念；甚至大量起用中东和阿拉伯人，抵消巴尔干人势力。这一套以维护传统和巩固皇权为前提的严密部署自然激起知识分子的强烈反感，但却赢得下层

--------

① 阿卜杜勒哈米德转向独裁有多重重要诱因，例如他以前的两位苏丹在一年内相继被废黜，大臣密赫的强硬政策引致灾难性的土俄战争，以及密赫和国会都不肯合作通过他整顿财政的方案，等等。但他亲自掌握大权后性格亦逐渐变得极端疑忌、孤独。见 Stanford J. Shaw & Ezel K. Shaw, *History of the Ottoman Empire and Modern Turkey* (Cambridge University Press, 1976), Vol. 2, Ch. 3; Reşat Kasaba, ed., *The Cambridge History of Turkey*, Vol. 4, *Turkey in the Modern World* (Cambridge University Press, 2008), Ch. 3; Carter Vaughn Findley, *Turkey, Islam, Nationalism, and Modernity: A History, 1789–2007* (New Haven: Yale University Press, 2010), Ch. 3。

民众拥护，造成稳定局面，为种种务实工作创造了条件。这些工作包括：全面整顿财政系统；重建军队和军事装备；兴建公路、铁道、电报等交通和通信网；以种种措施促进农业和工商业；大力发展教育，特别是中等和专科教育；等等。无可否认，这一切为帝国带来了进步最迅速、最稳定的三十年。然而，进步本身就包藏着令独裁政权崩溃的种子，只不过它的发芽、滋长比较缓慢而已。

## "土耳其青年"革命

1908年6月初，帝国西端马其顿山区的第三军士兵发生了那几年间常有的骚乱。伊斯坦布尔照例派出调查官和密探处理，但骚动并不止息，反而扩大。7月7日钦差大臣瑟姆希（Şemsi Paşa）在光天化日之下遇刺身亡，跟着军中不断有人呼吁恢复行宪。这时阿卜杜勒哈米德慌了手脚，急忙派遣亲信部队前往平乱，但一切都太晚了，部队运抵萨洛尼卡（Salonika）之后反而投向乱军，马其顿各城镇纷纷起义。到7月24日苏丹认清大势已去，自动宣布恢复1876年宪法，并即召开国会。这便是毫无朕兆的所谓"土耳其青年"（Young Turk）革命，它不但对自以为稳如泰山的苏丹以及耳目灵便的欧洲各国使节是个晴天霹雳，而且对革命党人本身也完全出乎意料。

"土耳其青年"究竟是谁？他们不再是帝国精英分化的产物，也再没有任何家世凭借，而是教育普及之后，从下层群众中涌现的爱国志士。他们全是新式中学和专科学院教育的产物，并且有相当一部分是土俄战争后帝国被迫割让大幅领土而产生的流民，所以危机感特别深切。这些青年人在1889年所组织的最早秘密爱国团体称为"联进会"（Committee of Union and Progress,

简称 CUP），这便是 1908 年同名革命党的前身。①

这一股新兴力量的蓬勃发展有三个因素：第一，随着教育和经济发展，帝国内出现大量书籍、报刊。它们以文学创作、科学论述、百科全书等非政治形式把新思想、新事物介绍给大众；同时政治上的保守与开明之争投射到文化层面，形成以国粹、宗教、阿拉伯文化为一方，物质主义、自然主义、俗世主义、自由主义、西方文化等为另一方的斗争。保守派在文化论争中的彻底失败为革命思想的散播提供了最好机会。② 第二，他们从欧洲秘密会社特别是"共济会"（Free Masons）革命党人学会建立严密组织。它以隐秘的"中央委员会"为核心，联系着许多独立小组，群众运动因而获得了灵活的指挥和扩展方式。第三，革命党在 19 世纪 90 年代数次起事失败后，一部分党员流亡到巴黎，在那里办报（其中以里扎［Ahmet Riza］的《咨议》最悠久和重要)、开会、发表宣言；另一部分则分散到安纳托利亚各地，继续宣扬革命，革命种子由是到处散播生长。待得它在远离首都的第三军中下级士兵间生根之后，很快就成为不可抑止的力量。③

---

① 1908 年"联进会"在巴尔干山区莫纳斯提尔（Monastir）的起事是由一个会中的下级军官无意中被识破而引起的，当时第三军之中的联进会成立仅两年。因此事变成功后它完全没有执政准备。

② 对此下列著作有极详细的论述：Niyazi Berkes, *The Development of Secularism in Turkey* (Montreal：McGill University Press, 1964)。

③ "联进会"早年发展的详情见 M. Şükrü Hanioğlu, *The Young Turks in Opposition* (Oxford：Oxford University Press, 1995) 以及 Ernest E. Ramsaur Jr., *The Young Turks：Prelude to the Revolution of 1908* (Princeton：Princeton University Press, 1957)；此外并见昝涛《现代国家与民族建构：20 世纪前期土耳其民族主义研究》（北京：三联书店，2011）。

联进会虽然是独裁和高压下产生的秘密革命团体，但它的目标却极之温和保守，和同时代的俄国社会党或中国革命党恰成强烈对比。他们所要求的，始终不过是恢复1876年宪法与召开国会而已！而苏丹阿卜杜勒哈米德被逼照办之后，他们就积极竞选去了。甚至翌年（1909）发生保守势力政变，第三军被逼入京平乱之后，联进会的反应也仅仅止于废黜阿卜杜勒哈米德，另立新君，以及修宪限制君权而已。这样，通过有点与光荣革命相类似的方式，联进会把帝国带进了宪政时期。

## 宪政与灾难

令人慨叹的是，两代爱国志士历四十年努力争取到的宪政，不但没有带来富强，反而将帝国引向灾难深渊。这意外结果其实不难理解：第一，发挥宪政优点的妥协与制衡机制不可能在短期建立；第二，在当时极度危急的国际情势下，帝国需要的是决断，而非犹疑与争论；第三，联进会揭橥的"奥托曼主义"（Ottomanism）太脱离巴尔干民族主义高涨的现实，可说只是一厢情愿的幻想。

在宪政前半段，即1909—1913年四年间，联进会占了国会中的绝大多数，但他们的政策则是以谦让的态度，寻求与军政元老以及其他党派合作，组织联合政府。可惜这政策并不成功，它徒然造成不断的人事倾轧和政策摇摆，引致巴尔干民族主义分子乘时崛起，发动两次猛烈的战争（1912—1913），使帝国丧失了巴尔干半岛和马其顿地区，由是彻底埋葬了以帝国为本的"奥托曼主义"；以民族为中心的"土耳其主义"（Turkism）转而成为革命党人的指导思想。在内忧外患交迫下，以恩维尔（Enver Paşa, 1881—1922）为首的少壮派终于再次发动政变，用非常手段逼迫苏丹让多数党组织政府，由是证实了宪政和联合政府政策的失败。此后五年（1913—1918）联进会毅然负起领导政府的全责，由是演变成革命党专政的局面。① 但收揽大权之后，联进会立刻犯了一个致命错误，即决定投向德、奥阵营，参加第一次世界大战。这部分固然是英、法拒绝与帝国修好结盟所致，但急躁与好大喜功的恩维尔将军念念不忘重振军威，沉醉于恢复旧日版图的迷梦，也未始没有相当关系。鼓动土耳其民族凡四百年的尚武精神，直到此时仍然在发生作用，而且是灾难性作用。

另一方面，在这五年间，联进会的内政却是踏实和成功的。这主要是深受涂尔干（Émile Durkheim）影响的思想家和社会学家格卡尔普（Ziya Gökalp，1876—1924）的功劳。格卡尔普曾因参加革命入狱，其后归家闭门潜心钻研西方社会学与心理学凡九年，革命成功后始进入联进会核心。② 在党内巨头塔拉特（Mehmet Talat，1874—1921）支持下，他大力推动结束上一世纪俗世和宗教司法、教育系统并存的混乱局面，将教士掌握的社会功能收编入政府系统内，推动民法的世俗化，提高女权。同时，他又致力于土耳其民俗、历史、美术、故事的

① 这段历史见 Feroz Ahmad, *The Young Turks：The Committee of Union and Progress in Turkish Politics 1908 – 1914* （Oxford：Clarendon Press，1969）。

② 格卡尔普的事迹与著作见 Uriel Heyd, *Foundations of Turkish Nationalism：The Life and Teachings of Ziya Gökalp* （London：Luzac & Harvill，1905）以及 Ziya Gökalp, *Turkish Nationalism and Western Civilization：Selected Essays of Ziya Gökalp*. Niyazi Berkes, transl. & ed. （Westport，Conn：Greenwood Press，1959），特别是该书第一章所载自传。

研究与传播，建立宣扬民族主义的全国性通俗教育组织"土耳其之家"（Türk Ocâgr），以求唤起大众的文化与民族自觉。这样，在大战炮火连天之中，革命党中的实干家不声不响地落实了阿卜杜勒哈米德王朝时期酝酿的世俗化思想，为"土耳其主义"铺平了道路。①

但无论如何，作为帝国探索出路的最终阶段，宪制和联进会也终归失败了。然而，结束帝国六百年历史的，却并非盟军，也不是在盟国鼓励下入侵的希腊大军，而是土耳其人自己。这和一百年前毁灭近卫军团的不是基督教国家军队而是它名义上的效忠对象苏丹如出一辙。

## 二、凯末尔的新威权体制

1919 年 5 月 16 日晚上，在回到伊京之后刚好半年，也是希腊军队在盟军怂恿下入侵土耳其翌日，凯末尔避过海关检查，搭上一艘名为 Bandirma 的货轮。三日后，他带着几个随员，借着巧妙游说得来的"安纳托利亚军队巡查使"名号，到达了安纳托利亚东北岸的萨姆松（Samsun）港。② 这就是土耳其三年民族独立战争和十年国家、文化重建运动的起点。它所引发的，不复是维新改革，而是土耳其民族对整部帝国历史、整个奥托曼文化的重估与清汰，是一场有如俄国 1917 年或中国 1949 年革命那样翻天覆地的大变动。

---

① 见前引 Shaw & Shaw，Vol. 2，pp. 306 – 308。

② 前引 Volkan & Itzkowitz，Ch. 11 对这段极关键而又充满戏剧性的经过有详细记载与分析。

## 命运的枢纽

穆斯塔法·凯末尔（Mustafa Kemal，1881—1938）像联进会许多中坚分子一样，都是同一圈子里的杰出少壮军官——其实，他还算是联进会创始人之一。然而他个性耿介，不肯唯诺附众，所以前半生饱受压抑、排挤。第一次世界大战期间，他奉命负责防守鞑靼尼尔海峡，经过一年浴血奋战，击退数十万英法联军，令英国海军大臣丘吉尔（Winston Churchill）挂冠，但这样的功勋也未能改变联进会对他的敌视。① 倘非1918年全国陷于瘫痪无主状态，绰号"灰狼"的凯末尔恐怕是绝难有机会在保守、朋党结连的奥托曼社会脱颖而出，畅行其志的。

到达安纳托利亚东部之后，凯末尔和四位同谋密友劳夫（Hüseyin Rauf）、富阿特（Ali Fuat）、雷费特（Refet Bele）和卡拉贝克将军（Kazim Karabekir）所采取的策略，第一步就是以本地土耳其人成立的"权利保障协会"为基础，连续在埃尔祖鲁姆（Erzurum）和锡瓦斯（Sivas）召开代表大会（congress），成立协会的常务组织，发表保卫国土完整和主权独立的宣言。这表面上只不过是扩张地方势力的举动，它真正的意义则是，在伊斯坦布尔的帝国政统之外，另外建立一个扎根于安纳托利亚，并且以当地民众为基础的政治实体。

第二步，则是利用伊京国会争取政治合法性。在东部"代表会"宣传、游说下，国会推翻了已经秘密应允接受英国托管

① 然而土耳其历史学者颇有认为他在1919以前的种种事迹（例如1909年4月他"负责"带领第三军入京平乱的事）被过分夸大渲染，多不足为凭者。此点承博斯普鲁斯大学历史系教授Zafer Toprak告知。

148

的政府。同时，在国会改选后，被国民分子控制的新国会在1920 年 2 月突然正式通过以《锡瓦斯宣言》为蓝本的《国民公约》（*National Pact*），确定民族自决和领土完整两大原则。这戏剧性发展迫使愤怒而尴尬的英军全面占领伊京，强行解散国会，并逮捕与流放议员，由是完全摧毁了苏丹傀儡政府的合法性。同年 4 月，东部名正言顺地召开了由一百零六位脱逃的原议员以及二百三十二位新选议员组成的"国民大会"（The Grand National Assembly），选出大会主席、国务会议总统（president，凯末尔仅以一票之微险胜对手当选）以及各部部长，组成代表全民行使主权的"国民政府"。①

同盟国这时一面胁迫苏丹签订丧权辱国的《锡瓦斯（Sévres）条约》，一面鼓励入侵的希腊军东进，对抗焦点因而从政治转向军事。我们在这里自不必详细叙述其后两年间（1920—1922）凯末尔和他的得力副手伊兹梅（Izmet，后改名伊诺努［Inönü］）指挥国民军奋勇遏止希腊大军挺进，然后在杜姆鲁平纳（Dumlupinar）一役将之彻底击溃的经过。值得注意的是，在这期间，由于军事和外交上的迫切需要，凯末尔权

---

① 凯末尔和他的同谋者在 1919—1923 年间建立国民政府的经过，以下列博士论文描述最详尽：Elaine D. Smith, *Turkey*: *Origin of the Kemalist Movement and the Government of the Grand National Assembly* (*1919—1923*)（Washington, D. C.：Judd & Detweiler, 1959）。但有关策略的分析则以前引 Volkan & Itzkowitz 较有深度。至于凯末尔的建国方略则见 Donald E. Webster, *The Turkey of Ataturk*：*Social Process in the Turkish Reformation* (Philadelphia：The American Academy of Political and Social Science, 1939)；Eleanor Bisbee, *The New Turks*：*Pioneers of the Republic* 1920—1950 (Philadelphia：Pennsylvania University Press, 1951)。

力日增，他不但是总统和相当于执政党的"权利保障协会"主席，而且更凭巧妙的政治手腕，获国会委任为"全权总司令"，可说是集党、政、军大权于一身。亦正由此，他得以压制国会内各种不同主张，坚持自己的军事判断和小心部署，在适当时机倾力一击，获得对希腊战争的决定性胜利。

### 共和国的出现

胜利来临后，凯末尔成为全国崇拜的英雄，权力更加巩固不可动摇。他的亲密战友这时劝他高蹈引退，成为超乎实际政治的领袖，让民主自由发展。他却决志避免重蹈联进会的覆辙，要利用这难得的威望与权力来完成自己的使命。在具有无比信心的凯末尔看来，奥托曼的历史就是土耳其民族坠落与迷失于阿拉伯和波斯中古习俗、心态的历史，他自己的使命就是净化这民族，改造这国家，使它成为现代文明的一部分。①

改造的第一步，是废除已经有六百年历史的苏丹。今日看来似乎顺理成章的这一步，当日在国会中却引起了轩然大波，不但辩论争持不决，甚至国民运动中坚分子也不表支持。最后凯末尔只有诉之于恫吓，宣称：主权和大位不是由学理或论辩决定，而是由武力决定的；奥斯曼子孙既用武力盗窃主权，人民现在亦正好以武力夺回，倘若国会不能看见这一点，那么真

① 凯末尔的个性与心理，特别是他的自恋倾向、俄狄浦斯情结以及与众多女性的关系，是和他的英雄主义与救世心态有密切关系的。前引 Volkan & Itzkowitz 是一部心理传记，对此有详细分析，其中第 19 章 "The Sultan, the Mother, and the Oedipal Son"尤其值得注意。

理自会彰显，但恐不免要人头落地；等等。在这样的胁迫下，国会终于顺从了，而日暮途穷的穆罕默德六世亦只好仓皇出走，这是 1922 年 11 月间的事。

1923 年是建国运动的关键时刻。凯末尔一方面支持战友伊兹梅与同盟国谈判，争取实现《国民公约》的要求；另一方面则组织自任党魁的"人民党"（后来改称"共和人民党"），积极参加国会改选。到秋间这两项目标都达到了：7 月的《洛桑条约》承认了土耳其当时实际控制，包括东色雷斯（Thrace）在内的疆界，治外法权撤销了，10 月初外国军队撤离伊斯坦布尔；在 9 月的选举中，人民党占据了绝大部分议席。

改造的第二步，是确立国体。然而，到这个时刻国会议员仍然议论纷纷，有认为凯末尔应自立为苏丹的，有主张伊斯兰教主"哈里发"（caliph）应当是法定大总统的，总之都还脱离不了了"国不可无君"的思想。凯末尔对说服党内这些顽固的议员并无把握，况且，议员中已经以自由主义和君宪主义者亦即他昔日盟友劳夫和富阿特为中心，开始形成反对圈子。因此，他只好制造内阁危机，然后突如其来地，把确定共和政体以及大总统制的新宪法先后交付人民党和国会以闪电方式通过，并且，在没有对手的情况下立即当选大总统。就这样，在 1923 年 10 月底，共和体制终于勉强建立起来。

然而，战斗并未结束。废除苏丹的时候，凯末尔仍须另立阿卜杜勒阿齐兹二世为哈里发；制定共和的时候，他又被逼接受在宪法中申明土耳其是伊斯兰国家。因此国内外的宗教势力仍然环绕阿卜杜勒阿齐兹的地位、特权以及哈里发制度的本质等问题议论纷纷，希望重新建立一种神权体制。再一次，凯末尔抓住了国外过火宣传引起的反应，以迅雷不及掩耳的行动，将废除哈里发和一连串相关的法案提交人民党内部会议以及国会，在一片激动和混乱之中强行令其通过。这是改造的第三步，也是对传统体制致命的一击：哈里发、教长（sheikulislam）、圣法（şeriat）、宗教事务部、宗教法庭、宗教基金（vakif）、宗教学院（medresses）等等，全被废除或没收，整个伊斯兰体制都被摧毁。这是1924年3月初的事，上距"吉祥事变"，差两年刚好是整一个世纪。

马哈默德二世为了"军事神权国"的革新而被迫摧毁它的近卫军团；百年后凯末尔为了民族的新生，被迫再次摧毁帝国剩下的两根支柱：苏丹和伊斯兰体制。他们从前人多次失败所取得的教训是相同的——必须通过毁灭才能获得新生。

### 威权政治与新文化

在上述缔造俗世化（secular）共和国的过程中，凯末尔被迫逐步和从前的亲密战友分裂，转而倚靠另一批更崇信他，见解也更一致的政治盟友：伊兹梅、费特希（Ali Fethi）、赛义德（Seyyit，司法部长）、格卡尔普。由于他的激进主张即使在人民党内也居于少数，所以逐渐就发展出一种独特的威权政治来。这威权并非建立在强暴手段或者有系统的意识形态之上，而是一种结合魅力领袖与政党力量的杠杆式控制，即以凯末尔个人的威望、决断、理想来领导核心分子，然后通过他与核心的合作控制执政党，再以党控制国会和国家。这与开放政治或自由、民主精神相去甚远，然而它的实施却始终遵循西方议会程序以及司法制度，所以它和独裁或极权政治其实又不一样。

在这威权政治的基础上，凯末尔用了大约十年（1924—

1934）来贯彻他深切的社会与文化革命。① 这包括提倡西式服饰、饮食、习俗等等，但最重要的，则是废除伊斯兰教的国教地位（1928），明令一年内以拉丁字母完全取代阿拉伯字母（1928—1929），将《古兰经》翻译成土耳其文（1931），提高妇女的社会和政治地位（1926—1934），以及强迫使用姓氏，废除旧式尊称（1934）这几项重大措施。同时，在文化上，则大力推动土耳其主义，这包括：去除阿拉伯和波斯词汇、语法，重建纯净的土耳其语；以新观点研究民族历史；发掘土耳其歌谣、故事，并且通过各种学术组织以及各地的成人教育和文娱中心加以宣扬、推广。这"土耳其化"运动大体上相当成功，是能够配合共和人民党推行政纲和发展基层组织之需要的。

以少数革命先锋的意志与力量来全盘改造一个保守、落后、交通困难的国家，自然会遭到各种反抗。同时，早期革命元老也曾在国会内组织反对党，希望以友好姿态监督执政党。在威权体制下，这些对抗力量虽然好像微弱，然而凯末尔深知杠杆式控制的脆弱，所以不敢掉以轻心，因此都雷厉风行地（虽然并不残酷，更谈不上血腥）把它们镇压下去。他的敏感不无道理。为了试验民主，他在 1930 年鼓励成立一个被认可的反对党——"自由党"。结果，它意料之外的成功，使所有人都大为震惊，三个月后这个党终于因为引起群众暴动不得不自行解散。此后十六年间，共和人民党始终牢牢掌握政权，再也不敢放松。1938 年 11 月 10 日，在奋斗了整整二十年之后，凯末尔与他一手创建的土耳其共和国长辞。他生前即被尊为

---

① 据博斯普鲁斯大学历史系教授 Zafer Toprak 的意见，他这些政策的思想基础毫无疑问都是来自联进会和格卡尔普。

"土耳其之父"（Atatürk），这自然是表示对他的崇敬和仰慕之意，但它也可以有更深切的意义，因为用存在主义的话来说，他正就是把那个"哭着、喊着、挣扎着、老大不愿意"的土耳其民族"强行拖进现代世界"的人。

## 三、从威权走向民主

土耳其建国甫告底成，世界便又陷入风暴，大萧条、法西斯主义、国际共产主义以及第二次世界大战接踵而来。这回，凯末尔和继承他的伊诺努深深记取了马哈默德与恩维尔的前车之鉴，坚决抵挡所有收复帝国失地（irredentism）、接受极权意识形态，或者加入任何军事同盟的诱惑，从而在武装中立的政策下，带领他们辛苦建立的共和国安然渡过 1939—1945 年这充满危险和艰苦的六年。

但大战结束后，如何从"保国"走向发展，从一党专政走向多党竞争，就立即成为主要课题了。这一转变有三个诱因：第一，由于战时须大量动员以维持防卫性中立（这政策一直维持到大战结束前半年），经济非常艰苦，由是产生了对国营经济政策的疑问，造成执政党内反对力量的出现。第二，由于苏联不断就东部领土和海峡问题向土耳其施加压力，所以战争末期它被迫投向西方阵营，战后更因为参加马歇尔计划，接受军事和经济援助，而受到美国的政治压力。① 第三，在伊诺努的

---

① 见 Richard Robinson，*The First Turkish Republic：A Case Study in National Development*（Cambridge，Mass：Harvard University Press，1963），pp. 137 – 141。

领导下，共和人民党的确有意贯彻凯末尔原来追求民主的理想。所以，执政党在1946年开放选举，允许新出现的民主党公开活动，并且在1950年第二次大选大败之后，毅然自动交出政权，让民主党代而执政。这难得的转变固然受外在形势的影响，但自阿卜杜勒阿齐兹朝的雷什德（Mustafa Reşit）以来，一个多世纪间自由主义以及宪制思想对土耳其知识分子，包括凯末尔的深厚影响，当是主要因素。

可是单凭这种思想背景和主观愿望，甚至加上联进会时代的短暂实践经验，并不足以将土耳其从精英统治顺利引导到民主和开放政治。因此，在过去四十年间（1950—1990），土耳其又走过了相当曲折和崎岖的路程，才达到当时的小康状况：即人均产值每年约1600美元（据1989及1990年资料推算，这是中等国家水平）；政治上虽然仍有许多限制，但基本上处于自由、民主和稳定的状况。在这四十年间，土耳其所面对的政治问题主要来自三个方面：第一，政治上，在1922—1950年间被人民党强力压制的各种社会力量，特别是社会主义和伊斯兰教这一左一右两种极端势力，乘时崛起，不断酿成暴乱，威胁颠覆国体。第二，经济上，高速经济增长和通胀压力二者的矛盾，以及城市与农村之间的利益冲突，始终难以解决。第三，体制上，国家控制力量与自由、人权保障的平衡点，以及政治权力的适当分配与制衡方式，都不易决定。总的来说，由于政治制度和社会的不成熟，一直到20世纪80年代初，土耳其都还无法在宪政体制以内解决这三类问题，因此一再出现社会秩序崩溃，招致军人以"护国者"姿态出面干预，并进行从头建立新政体的尝试。我们可以说，在20世纪绝大部分时间，土耳其政治始终是在一个开明、宽仁但必要时会采取严厉矫正措施的军权监督下摸索进步的。①

在凯末尔时代,开放政治只有人民党内部分裂出来的进步党(1924—1925)和他自己炮制的自由党(1930)这两次昙花一现的尝试。它真正的起点是1950年民主党(也是由人民党内部分裂出来)在选举中以大比数获胜,从开明的人民党党魁伊诺努手中接收政权。民主党以自由经济政策以及开放、宽容的宗教政策获得民众热烈拥护,同时也促成了大幅度的经济增长。但执政大约五年之后,它就出现了问题:它无法应付由高速增长造成的恶性通货膨胀;更严重的是,它开始压制言论,非法逮捕反对党议员,大批更换公务员、法官、军队将领,企图长期垄断政权。这同时引起了知识分子的激烈反抗。结果,这第一阶段的民主尝试以1960年少壮军人政变而结束。

除了清除和惩罚民主党的罪魁以外,军人政府最重要的成果是召集有广泛代表性的制宪大会,制订了一部由全民表决通过的新宪法。它纠正了1924年宪法(这可说是凯末尔为适应革命形势而制定的)将立法、行政等一切大权集中于完全不受约束的"国民大会"的弊病,规定设立上议院、宪法法庭等制衡机构,并且增加了保障自由、人权、社会权利以及高等教育自主的条款,以求促进和保障社会自由与多元竞争。

然而,多元竞争并不一定能保证进步。在1961—1981年这二十年间,土耳其的基本问题就是多元竞争造成政治意志瘫

① 对土耳其近四十年间三次政变,以下两部著作有详细分析:C. H. Dodd, *The Crisis of Turkish Democracy* (Hull: Eothen Press, 1990); M. Heper & A. Evin, ed., *State, Democracy and the Military: Turkey in the 1980's* (Berlin: Gruyter, 1988)。

痪以及社会秩序解体。政治瘫痪的具体表现是，中间偏左的共和人民党与较保守的正义党（Justice Party，其实是民主党的后身）这两个主要党派长期无法取得多数党地位，必须通过与其他持极端主张的小党（例如左翼的"革命工会联盟"［DISK］、反西方的伊斯兰组织"救国党"、反共的"国家行动党"等）联合才能执政。政府因此陷于政治角逐之中，不但不能推行有力的经济、社会政策，甚至连严重的社会问题也不能解决。这样，就助长了左右两方极端分子诉诸暴力、暗杀、恐怖手段以推行主张的倾向。

军人因此在 1971—1973 年再度干政，强迫各党接受非党派的联合政府执政。但这并不能解决政治体制中的根本问题，那就是在经济急促发展和社会结构产生重大变革时，一个没有威权的政府无从维持秩序。这样，日益恶化的大规模暗杀和暴力事件至终再迫使军队在 1980 年第三度干政。它通过由军事领袖组织的"国家安全委员会"实施强硬军事统治，压制暴乱，前后凡三年之久，一直到颁布了再度制定的新宪法才将政权交回民选政府，但首任总统仍规定由军人领袖埃夫伦（Ahmet Kenan Evren）担任。新宪法的特色是再一次增强总统和政府的权力，并且对政党的组织和活动加以周密控制。换言之，它是对 1961 年自由宪法的一个修正：小心平衡多元竞争与国家稳定这两个不同要求，可以说是这第三部宪法的特色。显然，它比 1924 年和 1961 年两部宪法更成熟了。

但土耳其的宪制和社会问题是否就已经永久解决了？今天，它是相当繁荣（但通货膨胀率达到每年 70%）、开放、稳定的，也没有再次发生政变或宪制危机的迹象。但它毕竟仍然是一个社会（这其中依然潜伏着强烈的伊斯兰情绪）与国家意识形态（即由宪法规定的世俗主义）之间存有巨大鸿沟的国家。从长远说，危机是否会再现，委实难以逆料。

## 四、现代化的两面：改良与激进

回顾长达三个世纪的奥托曼和土耳其变革史，我们可以清楚见到这么一个突出现象：虔奉伊斯兰教的奥托曼人虽然一再受到西方猛烈冲击，但总企图以最保守的态度来作最低限度的必要改良。然而，点滴改良始终赶不上时代和形势的需要，因此终于逼出威权领袖，以果敢、独断的态度实行激进变革，以求摆脱困境，令国家进入新阶段。毁灭近卫军团，将"军事神权国"改造为大一统帝国的马哈默德如是；毁灭帝国，创造土耳其共和国的凯末尔亦如是。他们都自视为能够代表整个民族，作出这种扭转乾坤的历史性抉择的人。

换而言之，在急速现代化的要求的驱策下，保守改良措施不能代替激进的整体变革，而只能成为后者的准备阶段；反过来说，激进变革亦不可能解决所有问题，在它创造的新形势之下，自然产生另一系列改良运动。在这个模式中，"改良"与"激进"不复是现代化过程中两种可以自由选择的策略，而成为变革中互相关联，有密切启承关系的两个阶段。借用库恩（Thomas Kuhn）的语言（它描述社会现象比科学现象恰当得多）来说，改良是在既定典范下运作的常态，激进变革则是创造新政治典范的非常态，两者的交替出现由其内在条件与动力决定，并非当事人所得自由选择。

上面这个模式在奥托曼历史中表现得十分明显：18 世纪的五次改良失败促成马哈默德的激变，这激变启动 19 世纪的多次维新运动；后者的一再失败促成凯末尔的整体革命，革命转而引出了20世纪下半叶的民主化历程。这整个过程在本文已经详细论证了。但这个模式对其他国家又怎样，它仍有意义吗？这问题并非本文所能究及，但我们可以在此作一些简略的观察，以显示奥托曼例子更广泛的意义所在。

第一，大部分现代国家似乎都曾经历过激进、剧变的阶段，这是应当正视的。例如被认为温和改良典范的英国，在和平的光荣革命背后，就有长达二十年极端激进的清教徒革命以及将皇帝经过正式审判而斩首的史实。这是一段英国人后来长期认为"不光荣"的历史，但正是由于它树立的先例，才会有"1660年之事，是国会所代表各阶层的复辟，更甚于是皇上的复辟"的现象；亦正因此，斯图亚特（Stuart）王朝复辟后，代表绅权的下议院才能够继续掌握军权和财权，为光荣革命奠定基础。①

另一个被视为改良典范的例子是日本，这可能因为明治维新是以天皇名义颁布和实施的。然而，明治维新其实是以长州藩发动下级武士政变，控制藩主（1865），以及倒幕诸藩的武士在京师发动政变，控制御前会议为关键②；倒幕成功后，新政府在短短五六年间完全摧毁了整个原有政治和社会体制，建立高度集权以及寻求全面引进西方体制与文化的中央政府。因此，明治维新和凯末尔革命一样，是彻头彻尾的激进变革。由

--------

① 见 Christopher Hill, *The Century of Revolution*, *1603 – 1714*（Edinburgh：Nelson & Sons，1961），p. 222 以及 Ch. 14。

② 长州藩的政变和由政变而成立的中央集权政府模式可视为整个明治维新的模式，见 W. G. Beastly, *The Meiji Restoration*（Stanford：Stanford University Press，1972），pp. 232 – 235。

于它保存了天皇这符号，并且变革成功，没有引起长期动乱，因此往往被视为是与法、俄、中诸国的革命迥不相同的"改良"。但这看法是忽视激进、革命、改良这些词语原有涵义的。

第二，法国、俄国和中国的激进思想与变革往往被视为后来出现威权政治的根由。这看法可以从日本和土耳其的例子得到印证。但这两个例子也正好说明，在现代化过程中，激进和威权政治往往是必要的，而且它们并不一定导致恶劣后果。单单由于激进变革在前三个国家的明显失败，就直接或间接全盘否定它，并不合理。① 其实，真正的问题并不在于"激进"，而是在它的实质内容和施行方式。说得更具体一点，也许它之成功与否，端视乎它是从切实的目标出发，并且不断根据实施结果修正，或是单纯根据理论、理想推行，不顾及实际后果。例如凯末尔在 1925 年也曾建立一个具有掌握人民生杀大权的"独立裁判庭"（Independence Tribunal），以作为镇压库尔德族暴动（包括大量显赫政治领袖的）和反对势力的工具，弄得国内风声鹤唳，一时颇有法国"大恐怖"时期的味道。然而两年之后，局面一旦稳定下来，他就撤销这机构，回到正常的法治途径上去了。

第三，我们必须承认，理想与实际的界线难以确定，"改良"有明确准则可依循，"激进"则不可避免是带有未知成分，也需要创造能力的一个"跳跃"。这"跳跃"是成功抑或失

---

① 下列文章和这点有间接关系：余英时《中国近代思想史中的激进与保守》，载《香港中文大学廿五周年演讲专辑》（香港，1988），第43—57 页；甘阳《扬弃"民主与科学"，奠定"自由与秩序"》，载《二十一世纪》（香港）第 3 期（1991 年 2 月），第7—10 页。

败，事后大体可以判断，但到底是否"正确"，则难以断言。这一点可以用下列对凯末尔革命的反思说明。

凯末尔整体改造土耳其社会、政治与文化的做法，在1922—1924 年那几年无疑被大多数土耳其人包括多数国会议员视为过分激进，甚至接近疯狂。然而到 20 世纪 30 年代，它的成功已大体明显。倘若以同时代的德、日、意诸国与土耳其比较，那么它们的威权政治形态都很相近。在当时看来，土耳其应该能够迅速发展，变得强大，但政治上则可能始终停滞在一党或军人专政的局面。然而，最近四十年的发展却证明，土耳其的确能够逐步从威权政治迈向民主政治，走完这个德国和日本都未能自行完成的艰苦过程。倘若单单看 20 世纪 30 年代的凯末尔政府，恐怕绝难相信他的"跳跃"之中包含了民主种子。另一方面，由于社会中伊斯兰传统与国家俗世主义之间的深刻矛盾，近六十年来土耳其始终是一个神经紧张，甚至有点精神分裂的民族，这可以说是凯末尔所缔造的这个共和国的存在条件。这"神经紧张"在政治上表现于宪法处处掣肘政体与社会，党派力量长期僵持对立，无从反映国民的共同愿望（这甚至或者并不存在）；文化上，它的效果较难捉摸，但社会缺乏活力与进取、竞争精神，经济发展迂缓，远远落后于远东，这些似乎都与政治意志的分裂不无关系。换而言之，凯末尔创造了一个能跻身于"正常"现代国家之列的土耳其，但在灵魂深处它是抑郁、不欢畅的；在将来，也看不出它回复昔日光辉的前景。

这就引到一个不可能有答案的核心问题了：凯末尔全盘否定从纳米克·凯末尔到格卡尔普一系列思想家调和伊斯兰传统与现代文明的努力，断然以最大限度的俗世化与最低度的宗教空间作为建构新共和国的基础。他这一"跳跃"虽然大体成功，但它是正确的吗？他摆脱了历史、传统、宗教对土耳其的困扰，但同时似乎也窒息了土耳其人在文化与心灵上的生机。他有可能走另一条路，即对伊斯兰采取比较肯定和积极的态度，而建立一个更欢畅、更具有信心和动力的现代国家吗？答案虽不可知，但还是惹人浮想的。

中国的历史与现代化历程和奥托曼帝国完全不一样；中国未来的潜力与面临的问题和土耳其差别更大。我们也许要庆幸，中国传统中并没有像伊斯兰那么刚烈、不能妥协、难以与现代世界调和的成分。然而，谁能知道，我们悠久、丰富而无形的传统，是否会成为我们这个民族更严厉的制约——抑或我们可以利用它产生新的动力和创造力呢？土耳其的经历，是值得深思的。

原刊《二十一世纪》（香港）第9期（1992年2月），第77—92页，嗣收入《站在美妙新世纪的门槛上》（沈阳：辽宁教育出版社，2002），第144—173页。

# 从胡适和格卡尔普看中国
# 和土耳其的新文化运动

在 19—20 世纪之交，奥托曼帝国与大清帝国分别被称为"近东病夫"和"东亚病夫"，在西方列强侵逼下，两个帝国都显得摇摇欲坠，大有土崩瓦解之势。它们同在 1910 年前后发生革命，由是脱胎换骨，逐步蜕变成民族国家，至终安定下来，立足于现代世界。它们的革命虽然都以军队起义为开端，其实也是以广泛和持续的文化更新运动为背景——具有现代意识的军人本身，正就是文化更新运动的产物。国人对于土耳其的新文化运动一般并不熟悉，对那运动的中坚人物格卡尔普恐怕更感陌生，而且土耳其的幅员和历史迥异于中国。那么，本文将两个新文化运动特别是它们的领袖人物胡适和格卡尔普作比较，其意义何在呢？

这可以从四方面来回答：首先，土耳其也曾经是个极其庞大的帝国，它在 17 世纪末全盛时期的版图和今日中国相差不远。①

---

① 在 19 世纪前期，奥托曼帝国的整体人口大约为四千万，仅及中国百分之十，到了 20 世纪初，由于丧失大量土地，其人口更锐减一半。见下引 Findley, pp. 115 – 116。在 17 世纪末，奥托曼帝国的版图大约为七百万平方公里，与今日中国大致相侔，这是从下引 Shaw & Shaw, Vol. 1 卷首的地图粗略估计的。

其次，奥托曼帝国的历史虽然很短，只能够追溯到 14 世纪即明代初年，但它的文化渊源却相当深远，和整个伊斯兰传统是分不开的。再次，在 19 世纪与 20 世纪之交前后数十年间，中、土两国的处境和所面临的问题非常相似，而且土耳其比中国更早脱出困境，因此在 20 世纪 20 年代孙中山、胡汉民、蒋介石等领袖都曾经对凯末尔和他所建立的共和国表露钦佩、羡慕之情。最后，以今日的后见之明看来，土耳其当日之所以能够"脱困"，主要是避开了根本问题，即伊斯兰教的极端保守性，却未能够谋求它的全面解决。同样，中国今日虽然好像已经"脱困"，却仍必须面对历史遗留的一个根本问题，即如此庞大的国家的稳定管理有赖于高度中央集权，但那又和现代社会的蓬勃发展有潜存矛盾。从这几方面看来，中、土两国的新文化运动之比较，应当是很有意义、很重要的，而胡适和格卡尔普，正就各为其代表人物。

以下我们先对奥托曼帝国蜕变为现代土耳其的历史作一简述，同时介绍它的两个新文化运动，即纳米克·凯末尔所领导的"奥托曼青年运动"以及其后的"土耳其青年运动"（同时也是个革命运动）及其思想领袖格卡尔普；跟着我们转入本题，从四个方面比较胡适和格卡尔普，即白话文运动、新学术运动、他们对传统文化的态度，以及各自对国家前途的影响；最后，则以中、土两国今后的长远文化问题作结。

## 一、从奥托曼帝国到现代土耳其

胡适认为，中国固有文化的优长之处不多，其中一项是"宗教迷信的比较薄弱，也可算是世界稀有的"，"是可以在世界上占数一数二的地位的"。① 将这话反转过来应用于奥托曼帝国，却是再恰当没有了！这帝国是以伊斯兰教和突厥游牧民族争战精神为根基的，它在 14 世纪之初起源于安纳托利亚中西部，此后四百年间，不断向东西两方面扩张，于 15 世纪中叶攻陷君士坦丁堡，覆灭东罗马帝国，然后在巴尔干半岛和希腊、匈牙利、黑海北岸，以及中东、北非等各处攻城掠地，造成一个庞大的多民族帝国。到了 17 世纪末，欧洲在军事和其他许多方面获得革命性突破，形势由是逆转，至卡尔洛维茨之役（Battle of Carlowitz，1716），欧洲更完全确立军事与外交优势——那场战役和鸦片战争是具有相同意义的。这样，帝国的苏丹、大臣和有识之士方才从梦中惊醒。在此后百年间，他们一共发动了五次不同形式的体制改革，然而每次都功败垂成，主事者甚至以身殉难。究其失败的根本原因，则是改革触动了守旧伊斯兰势力与近卫兵团（Janissary Corps）的根本利益，这两者紧密结合，从中作梗，令新政无从布展。②

　　最后获得突破的，是苏丹马哈默德二世（Mahmud Ⅱ）。他秘密操练新军，蓄谋多年之后，蓄意挑动近卫兵团叛乱，然后以雷霆手段将他们一举歼灭，并且顺势摧毁旧军事与宗教体

---

　　① 《三论信心与反省》，收入下引《胡适文存》第四集，第 476 页。

　　② 有关奥托曼帝国与土耳其的历史，见 Stanford J. Shaw & Ezel K. Shaw，*History of the Ottoman Empire and Modern Turkey*，2 vols.（Cambridge University Press，1976—1977），其中 Vol. 1 是关于帝国早期历史以及历次失败改革的。此外，Norman Itzkowitz，*Ottoman Empire and Islamic Tradition*（The University of Chicago Press，1972）是一部极精到的奥托曼早期历史和体制简介。有关其现代化的努力，并见本辑前两篇论文。

制，代之以中央政府的官僚机构，由是建立类似于中国和俄罗斯的高度集权皇朝①，这就是历史上有名的"吉祥事变"（Auspicious Event，1826）。但摧毁旧体制只是开端而已，此下八十年间，改革的道路仍曲折漫长，它一共经历了三个阶段：第一阶段为时仅十数年（1826—1839），它基本上可以视为在马哈默德独裁体制下推行的"洋务运动"，包括设立翻译局、派遣留学生、组建新军、办报、办邮政、开设新式学堂等等，然而成效不彰。这主要是因为根基薄弱，人才缺乏，更兼守旧教士消极抵制，列强不断进逼，属土纷纷乘势叛变、独立，帝国风雨飘摇，大有迟早被瓜分的危险。第二阶段是长达四十年（1839—1878）的"新秩序运动"（Tanzimat）。它的开端是开明仁惠的继任苏丹颁下所谓"居尔哈内御诏"（Gülhane Rescript），宣布自由平等原则，以及尊重人权、产权和法治的方针，由是将改革从军事推向政治与社会体制，借以赢得西方各国好感与支持。同时，施政大权也从苏丹下移到"国务院"（The Sublime Porte），交付给经过"翻译局"洗礼，具有外交经验的大臣、官员，其中雷什德（Mustafa Reşit）、阿里（Mehmet Ali）和富阿特（Keçecizade Fuat）三人是中坚。他们大权在握，轮流执掌首相与外相职位凡三十年。这一转变赢得了英、法两国的好感，同时它们也亟须防范俄国穿过博斯普鲁斯

① 奥托曼帝国的苏丹虽然予人以极权君主的印象，其实权力颇受制于两个根深蒂固的体制，即以大教长（sheikulislam）为首的教士，以及本为苏丹精锐卫队的近卫军团。后者在17世纪初大事扩充之后日渐废弛堕落，往往为了不满待遇或者体制变革而叛乱，甚至多次废立苏丹；此后这两个团体互通声气甚至深相勾结，由是成为掣肘皇权的重要力量。

与鞑靼尼尔海峡南下地中海，所以对帝国由敌视转为友好与支持。在这段相对宽松自由的时期，帝国出现了所谓"奥托曼青年"（Ottoman Youth）运动，其主要人物背景与上述官员相差不远，只是较为年轻，因为种种原因未能进入权力核心，从而走上完全不同的道路。他们的主要活动是办报，办杂志，探讨帝国出路，鼓吹宪政。最后，因缘际会，在苏丹阿卜杜勒哈米德二世（Abdülhamit Ⅱ，1876—1909）被拥戴登基之后，宪政终于得以实现——但它仅仅是昙花一现而已，在一年多（1876年底至1878年初）之后就宣告结束。自此改革进入第三阶段，帝国回复到苏丹阿卜杜勒哈米德大权独揽的局面。他努力不懈，继续推行多方面的实务改革，前后有足足三十年之久（1878—1908），而且颇见成效。但这仍然无法挽回帝国颓势和阻止革命的爆发。①

革命的种子是在"奥托曼青年"运动失败时就已经播下的，正如戊戌变法的失败导致辛亥革命一样，而相当于"同盟会"的秘密革命团体则是"联进会"（Committee of Union and

---

① 奥托曼帝国的改革历史见前引 Shaw & Shaw，Vol. 2；并见 Reşat Kasaba，ed.，*The Cambridge History of Turkey*，Vol. 4，*Turkey in the Modern World*（Cambridge University Press，2008）。有关土耳其现代化的历史见下列著作：Bernard Lewis，*The Emergence of Modern Turkey*（Oxford University Press，1968，中译本：刘易斯著，范中廉译《现代土耳其的兴起》（北京：商务印书馆，1982）；M. Şükrü Hanioğlu，*A Brief History of the Late Ottoman Empire*（Princeton University Press，2008）；Carter V. Findley，*Turkey*，*Islam*，*Nationalism*，*and Modernity*：*A History*，*1789–2007*（New Haven：Yale University Press，2010）；昝涛《现代国家与民族建构：20世纪前期土耳其民族主义研究》（北京：三联书店，2011）。

Progress，简称 CUP）。这两者稍为不同之处在于，前者的最高领导层仍然以传统士人亦即精英分子为主，后者的主导力量则已经转移到从中下层涌现的爱国志士，特别是中下级军官，即所谓"土耳其青年"（Young Turks）。他们在 1908 年起义，但目标很保守，仅限于温和的君主立宪而已。联进会掌权只有短短十年（1908—1918）：在前半期他们与军政元老组织联合政府，但由于在军事劣势下众议纷纭，举棋不定，至终帝国丧失了整个巴尔干和马其顿广大地区；在后半期他们下决心以革命党专政，在内政方面建树良多，在外交上却犯了致命错误，即在第一次世界大战中投向德、奥等失败一方，由是导致大战结束后伊斯坦布尔为同盟国军队进驻，帝国面临瓜分命运。在此千钧一发之际，联进会一个被同袍排挤的军官凯末尔（Mustafa Kemal）脱逃到安纳托利亚东部，发起召开"国民会议"，领导国民军击溃入侵的希腊大军，由是当选总统。他极有决断力，大权在握之后进一步废除苏丹与"哈里发"（caliph）制度，以高压手段改变各种社会体制、习俗乃至文字，缔造一个高度世俗化的国家，由是成为土耳其共和国之父。这样，现代土耳其方才如浴火凤凰般，从奥托曼帝国的废墟中诞生。

## 二、土耳其的两个新文化运动

在上述蜕变过程中，与中国"新文化运动"大致相当的有两个阶段，即"奥托曼青年"运动与联进会时期的"土耳其主义"运动。前者的代表人物是纳米克·凯末尔，后者的领袖是格卡尔普，他们是土耳其现代化过程中主要的思想领袖，可以分别与梁启超和胡适相提并论。

## "奥托曼青年"运动

在谈到纳米克·凯末尔之前，我们首先要提到他的前驱诗人辛纳西（Ibrahim Şinasi，1826—1871），他们两位不折不扣都是前述"新秩序运动"的产物。① 辛纳西出身军官家庭，本来在皇家炮兵局当书记，因为学会法文，得以结识前述当政大臣雷什德，从而获派留学巴黎，在法四年期间（1849—1853）广事交结文人和自由主义分子。后来雷什德去世，辛纳西仕途受阻，遂在公职之余，致力发表诗歌，翻译流行的法文诗，并在1862 年出版《思潮前驱报》（*Tasvir-i Efkâr*）半周刊，那是最早的土耳其私人报章之一。它开始输入各种西方观念，诸如理性、权利、公众、人民、无代表不纳税等等。此时，为了增加一般民众的阅读能力，"新秩序运动"已经着手于文字的简化，《思潮前驱报》则顺着这趋势，进一步摒弃奥托曼古文（那是波斯、阿拉伯和土耳其语混合体）那种典雅、华丽、公式化的文风，提倡更直接、具体、切合实际的语文，以作为土耳其文学的基础。② 此报可谓土耳其新文化运动的先声，它在思想和

---

① 有关"奥托曼青年"运动最重要和详细的著作是 Şerif Mardin，*The Genesis of Young Ottoman Thought: A Study in the Modernization of Turkish Political Ideas*（Princeton University Press，1962），它对整个运动的来龙去脉以及思想与政治事件的互动有深入分析。此书 1—7 章是综述，其余各章为重要人物的专章分述。至于此运动的政治、文化与社会背景，则见前引 Shaw & Shaw，Ch. 2；*Cambridge History*，Pt. 1，Ch. 2；Findley，Ch. 2。

② 有关土耳其语文问题，见 David Kushner，*The Rise of Turkish Nationalism 1876 – 1908*（London: Frank Cass，1977），Ch. 6 & 8。

语文两方面所发生的作用，和梁启超的《清议报》以及陈独秀的《新青年》都颇为相近。但辛纳西活跃于文坛，其实只有短短两三年时间：1863 年他由于言论大胆被政府解雇，1865 年初他似乎参加了某种推倒首相阿里的阴谋，事败后出亡巴黎，自此性情大变，一意潜心学问，不再论政。①

至于纳米克·凯末尔（Namik Kemal, 1840—1888）则出身于显赫的奥托曼世家。② 他先祖对征服波斯有功，祖父是苏丹近侍，父亲在宫中担任类似"钦天监"的职务，外祖父曾经带领他周游帝国各地。他所就读的是建立未久的西式八年制中学（rüşdiye），十七岁毕业后进入海关和中央翻译局工作。通过外祖父的关系，他结识了代表伊斯兰正统思想的古典诗人噶立（Leskofçali Galib），加入诗社（The Council），在那里又结识辛纳西，受他深刻影响。纳米克·凯末尔在 1864 年左右开始主持《思潮前驱报》，此后迅速卷入通过出版、言论和各种政治活动来与当局对抗的漩涡。在 1865 年，他与其他五位具有在"翻译局"工作和留学法国等经历的朋友（即所谓"奥托曼青年"）在伊斯坦布尔东郊的"贝尔格莱德丛林"（Belgrade Forests）聚会，成立"爱国同盟"（Patriotic Alliance）秘密团体。它以反对首相阿里，争取君主立宪为目标，在思想上和组织上都颇受当时活跃于意大利的"烧炭党"（Carbonari）的影响。到 1867 年 5 月，由于《思潮前驱报》在克里特岛问题上的激烈立场，纳米克·凯末尔和其他两位盟友被迫接受贵

---

① 有关辛纳西，见上引 Mardin, Ch. 8。

② 有关纳米克·凯末尔，见上引 Mardin, Ch. 10；Findley, pp. 123 – 132

族法兹尔（Mustafa Fazil）① 的邀请出亡巴黎，在那里出版《自由报》（*Hürriyet*），其后又转到伦敦继续此项工作。此后他短暂回国（1870），出版《教育报》（*Ibret*），鼓吹泛伊斯兰主义，但三年后由于干犯忌讳，不但报纸被查封，人也被流放到塞浦路斯且遭软禁，直至1876年方才被召还。其时由于帝国遭受财政和军事上的巨大压力，在短短三个月内两位苏丹先后被废黜，最后计谋深远的阿卜杜勒哈米德二世得以登基。他虚与委蛇，同意立宪以挽救帝国，纳米克·凯末尔甚至被委任为宪法起草委员会成员。然而，这只不过是分别击破对手的伎俩而已。几个月后，宪法虽然颁布了，阿卜杜勒哈米德却得以先后废黜有影响力的两位大臣，一年多之后更断然废除宪法，恢复君主大权独揽的局面。至于纳米克·凯末尔，则在1877年被流放到小亚细亚西岸，先后在莱斯博斯（Lesbos）、罗德（Rhodes）、基阿（Chios）等小岛担任行政长官，至1888年郁郁而终，享年和辛纳西相若，仅四十四岁。

### 纳米克·凯末尔的思想

纳米克·凯末尔是"奥托曼青年"的最杰出的代表，他对西方的了解，理论分析的深度，以及著作的丰富，国内无人能及。例如，他对启蒙运动的主要人物伏尔泰、孟德斯鸠、卢梭，甚至英国清教徒革命中的关键人物柯克（Edward Coke）

---

① 法兹尔是埃及世袭总督伊斯梅尔（Khedive Ismail）的堂弟，他虽然在伊斯坦布尔出任财政部委员会主席的高职，却一直有意继承世袭总督的职位，故此十分关心奥托曼政局，与"爱国联盟"有秘密往来，将他们称为"青年土耳其党"（Young Turkey）。详见上引 Mardin, Ch. 9。

等都很熟悉；除了在《自由报》和《教育报》上的大量论著之外，他还著有三部小说、六部戏剧、多篇人物传记、一卷奥托曼历史和多种译作。但当然，他最重要的贡献，还是政治和文化论述。

他的思想基本上是要回答帝国在 19 世纪所面临的两个根本问题，即如何看待显然更先进的欧洲文化，以及如何解决属下基督教地区（主要是巴尔干半岛、克里特岛、塞浦路斯等地）如火如荼的独立运动。他对这两大问题的反应很复杂，但都离不开下面这个基本观念，那就是奥托曼帝国虽然以征服和扩张立国，但它和蒙古帝国截然不同，它是以长达千年，内涵极其牢固和丰富的伊斯兰文明为文化基础的——其实，从家庭渊源和教育来说，纳米克本人就深深浸淫于这大传统之中。因此，他对第一个问题的反应是：欧洲文明虽然有许多可钦羡、可学习之处，例如其科学、进步观、宪法制度等等，但政治体制和法律仍然应当以"圣法"（şeriat）为依归，而绝不应该如"新秩序运动"之推行俗世法（secular law）——虽然某些在教义中可以找到依据的西方制度，例如代议政治，也是可以接受的。因此，他的文化观相当芜杂，而政治观则非常保守而矛盾，其改革限度就是君主立宪。至于对第二个大问题，即属国的独立运动，他其始只是提倡不切实际的"奥托曼一统主义"（Ottomanism），后来形势日趋严重，则改为"泛伊斯兰主义"（Pan-Islamism），也就是各伊斯兰民族的融合，但具体内容也未及发挥。总体而言，纳米克在思想上的贡献主要在于西方观念和学说的输入，但对帝国所面临的困境，则未能突破传统，提出新见解来。

### 土耳其青年运动与联进会

土耳其革新运动最重要的思想领袖无疑是格卡尔普，由于他和上文提到过的联进会密不可分，我们必须先略述后者的来龙去脉。① 联进会基本上和俄国的布尔什维克、中国的共产党一样，都是从秘密革命组织转变而来的集权精英执政党。在上述三者之中它成功虽然最早，为时却也最短促。它起源于四个皇家医学院学生所组织的秘密会社，他们深受无神论、进化论、唯物主义、彻底西化等思想感染，目标在于抗拒列强，挽救帝国于灭亡。与他们相互呼应的，还有原农学院学生里扎（Ahmed Riza，1859—1930）在巴黎所办的刊物《咨议》（*Meşveret*）。此后将近二十年间（1889—1908），联进会曾经试图发动政变，但由于被告密而失败（1896）；曾经蓬勃发展，在帝国各地遍设分支，然后在巴黎举行联盟大会（1902），却被许多目标与之相反的混杂派系（例如主张招引列强干涉者或者少数民族独立者）占上风；最后它吸取教训，回归到精英秘密组织形态，一意在巴尔干山区的第二和第三军中间发展，这才成为具有明确目标的一股力量。

联进会在 1908 年发动叛变，以军事力量迫使苏丹阿卜杜

---

① 联进会的早期（直至其 1902 年的联盟大会为止）详细历史见 M. Şükrü Hanioğlu, *The Young Turks in Opposition*（Oxford University Press, 1995）；至于它成为秘密革命党和执政以后的历史，则见 Feroz Ahmad, *The Young Turks: The Committee of Union and Progress in Turkish Politics 1908 - 1914*（Oxford: Clarendon Press 1969），此书后面附有七八十位联进会重要人物生平简述；以及前引 *Cambridge History of Turkey*, Vol. 4, Pt Ⅰ, Ch. 4，此篇作者亦为 M. Şükrü Hanioğlu。

勒哈米德恢复行宪，召开国会，由是进入长达五年的"幕后执政"阶段（1908—1913）。在此时期他们的"中央委员会"仍然设在萨洛尼卡（Salonica，今马其顿一带）。它只有十多位隐秘的成员，却要间接遥控伊斯坦布尔的宫廷、国务院、国会等多个权力机构，所以遇到多次挑战，包括政变、选举失利、首相拒绝听命等。因此它最后被迫进入"直接执政"阶段（1913—1918），此时其三位军事领袖塔拉特（Talât Paşa）、恩维尔（Enver Paşa）和杰马尔（Ahmet Cemal Paşa）赴伊斯坦布尔，公开担当重要职务。他们的噩运在于，不但经历了两次损失惨重的巴尔干战争（1912—1913），而且其后无法在西方国家中求得任何同盟，因此被迫投向德国。这样，在随后爆发的第一次世界大战中，奥托曼帝国终于沦为战败国而解体，联进会也随而烟消云散。

## 格卡尔普的生平

格卡尔普（Ziya Gökalp，1876—1924）是在联进会火红年代冒出头来的思想家。① 他生于土耳其东部偏僻的库尔德族人（Kurds）城市迪亚巴克尔（Diyarbakir）一个中等公务员家庭，自幼聪颖，酷好数学，又沉迷文学、诗歌，博览群书。他从哲

① 关于格卡尔普的生平和思想见以下两部专书：Niyazi Berkes, transl. & ed., *Turkish Nationalism and Western Civilization：Selected Essays of Ziya Gökalp*（Westcourt, Conn：Greenwood Press, 1959），特别是书前所附他的自传；Uriel Heyd, *Foundations of Turkish Nationalism：The Life and Teachings of Ziya Gökalp*（London：Luzac and Harvill, 1950）；以及下列章节：前引昝涛，第四章；Findley, pp. 236 - 239；Shaw & Shaw, Vol. 2, pp. 301 - 310。

学家叔父那里学会阿拉伯语和波斯语，在学校精研法语，至于土耳其语和库尔德语则是母语，所以无论对于传统文化、乡土文化或者西方文化都无入而不自得。他父亲是笃实的读书人，在纳米克·凯末尔逝世之际为他讲述这位伟人的事迹，又曾勉励他兼习传统与西方学术，以寻求救国之道。这两件事都深深影响他终身。此外，他曾被一位军医哲学家约尔吉（Dr. Yorgi）所看重，从而受到自由与爱国思想感染。他1896年赴伊斯坦布尔入读兽医学院，参加尚在草创时期的联进会，其后重会约尔吉，却被质问既然有志为土耳其树立宪章，那么对他这些同胞的社会和心理是否有深入研究，否则如何能够为他们订定合适的法规呢。此问令他如五雷轰顶，终生不忘。一年后他被捕，坐牢十月，在狱中遇到老革命家纳依姆（Naim Bey）。后者预言，自由终将来临，但不会持久，要获得真正和长久的自由，唯有发现治国的根本之道并且公之于世，使国人知所遵循，那样才是正道。①

出狱后他回到迪亚巴克尔结婚生子，由于妻室家道丰厚，故此得以半隐居状态潜心读书，精研涂尔干（Émile Durkheim）的社会学，积十年之功成就大学问。至1909年他开始演讲和发表文章，声名鹊起。当年联进会在萨洛尼卡召开大会，他以本城代表资格参加，被推举进入"中央委员会"，自此与闻政务，在教育、民政、民族事务等方面多有建树，后来又成为新

---

① 以上诸多训诲是取于他的自传，即前引 Berkes, pp. 35－42。由于它们颇有"夫子自道"意味，所以极可能是他将日后抱负和作为投射于过去经历的结果。又此处所说他到达和离开伊斯坦布尔的年份是根据前引 Shaw & Shaw, p. 301 与 Ahmad, p. 181，那与他的自传以及 Berkes, p. 314, Note 5 所述并不一致。

成立的伊斯坦布尔大学第一任社会学教授。第一次世界大战结束后联进会解散，他和会中要员一同被流放到马耳他岛，两年后（1921）方才获释。那时土耳其对希腊的独立战争仍在进行，所以他回到本城致力著作，以迄 1924 年去世，刚好见及共和国的成立。

### 格卡尔普的思想与学说

比起纳米克·凯末尔来，格卡尔普的知识底蕴和时代背景已经大不相同。他在本城韬光养晦，积累近十年精研沉思之功，所以见解更为成熟、确定和切合实际。就纳米克·凯末尔所面对的那两个大问题而言，由于奥托曼帝国实际上已经丧失了安纳托利亚以外的绝大部分土地，所以属国要求独立就不再成为主要问题；"奥托曼主义"与"泛伊斯兰主义"则顺理成章地转变为更实际的"土耳其主义"——因为它不必再面对多种不同民族与宗教了。因此，格卡尔普的真正贡献是在另外两方面：解决传统与现代之间的矛盾，以及为"土耳其主义"的内涵提出新看法。

他的理论贡献与涂尔干的学说有密切关系。涂尔干看重社会整体，特别是集体意识，认为这是产生凝聚力亦即团结力量，使整体得以运行的基础，所以往往被称为"团结主义"（solidarism），那和着重个体自由、权利的"自由主义"（liberalism）恰好对立。从此出发，格卡尔普的学说有两个特征：首先，它着重分析社会体制的内在联结和历史渊源，亦即其复杂和具体的一面，而不是它理性、正规，表现为法规、法律的一面，换而言之，它看重不成文的制度内涵远过于成文规律；其次，它着重体制的演变，因为在不断变化的大环境中，具体体制的地位和适用性必须随之改变，否则就会僵化和失效。

将这些原则应用到现实问题，"土耳其主义"有三个向度：第一，追寻突厥民族从中亚进入波斯、中东，然后进入安纳托利亚，扩张成为帝国的悠久复杂的历史，以及它与伊斯兰文明之间的互动关系。第二，发掘它的语言、习俗、故事、传说、音乐、工艺等等。第三，将这些具体的"民族记忆"通过社区中心和会堂传播给大众，唤起他们的自豪感和认同感，塑造民族团结的力量。在这个将民族记忆大众化的运动中，极为重要的一环是提倡和发展土耳其语，这包括编纂土耳其字典、词典，创造与科学、政治、哲学新观念对应的词汇，以及逐步减省，乃至清理、消除混杂在奥托曼语中的波斯和阿拉伯词汇。

至于在解决传统（即伊斯兰宗教）与现代（即以科学和民主为中心的西方文明）的冲突这个大问题上，他采用了一个层次分类的方法来消融冲突。他提出：文明是普世、抽象、不牵扯具体内涵的一套观念和准则；至于文化则是各民族所独有的整套具体生活方式，包括语言、习俗、饮食、礼仪等等。具有不同文化的民族，可以服膺于一个共同的文明。在过去，对于土耳其民族而言，他们从中亚和波斯、中东带来了自己的文化，但服膺于普世性的伊斯兰文明，那包括宗教、政治观念和（中古伊斯兰的）科学。但到了 20 世纪，世界形势大变，因此土耳其虽然仍然要保存自己的传统文化，却必须改为服膺于西方（主要是欧洲）所建立的现代文明。至于伊斯兰教的地位，则需要从普世文明转变为土耳其传统文化的一部分，而其重要性，则转移到道德规范方面——但这不至于引起冲突，因为现代文明的观念（例如科学或者代议政制），仍然是可以在原始伊斯兰教义中找到根据的。以上是格卡尔普思想的核心，但他不仅仅是思想家，也是文人和社会活动家：为了语文改良他写过新体诗《红苹果》，此外又当过青年部长，做过伊斯坦布尔大学社会学教授，晚年还为国家复兴而独立办过一份《小杂志》。①

## 联进会时代的新文化运动

在1910—1920那十年间，土耳其的新文化运动可谓风起云涌。领导这运动的，除了格卡尔普以外，还有不少和他同时代但思想各异的学者，例如历史学家阿克丘拉（Yusuf Akçura，1876—1935）、诗人菲克莱特（Tevfik Fikret，1867—1915）、联进会最早的创始人也是最坚定的物质主义者杰夫代特（Abdullah Cevdet，1869—1932），等等。此外还有许多受他深刻影响的追随者，例如历史学家柯普律吕（Fuat Köprülü，1890—1966）、小说家埃迪布（Halide Edib，1882—1964）、新闻记者雷夫奇（Talih Rifki，1894—1971）等等。埃迪布以异国爱情小说《小丑与女儿》和爱国战争小说《浴火战衣》知名，是土耳其少有的女性作家，也是热烈的女权运动家、教育家、爱国志士和传奇人物，曾经积极参与对抗伊斯坦布尔的英法占领军以及后来对希腊的护国战争。阿克丘拉则是俄国鞑靼族移民，年轻时在军事学院受教育，曾经被流放，从1899年开始，在巴黎宣扬民族主义，在1904年以主张放弃奥托曼帝国的多民族主义而知名，后来更趋向激进，认为需要放弃伊斯兰教，建立世俗国家，由是成为凯末尔的先声。

---

① 有关格卡尔普的思想，详见前引 Berkes 所收他各篇文章以及翻译者在卷首的导言，即 pp. 13 – 31；并见前引昝涛，第170—194页；Shaw & Shaw，pp. 302 – 304；Findley，pp. 237 – 239。

联进会在 1908 年成立"土耳其学社"（Turkish Homeland Society），它的目的主要在于研究土耳其学术与文化；四年后它被改为俱乐部式的"土耳其家园"（Turkish Hearth），在全国各地遍设分支。这些宣扬土耳其主义的组织和它们出版的刊物，无论在思想、文宣工作或者精神上，就都是凭借格卡尔普和上述知识分子的力量。在建立土耳其共和国之后，凯末尔将建国思想分为六项（即所谓"六支箭"）写入宪法第二条，那就是共和主义、民族主义、大众主义、革命主义、俗世主义和国家主义。它们比此前关键的十年间如火如荼地推行以土耳其主义为核心的新文化运动更为清晰和激进，却正是在其所奠定的基础上发展出来的。①

## 三、胡适和格卡尔普的比较

如上所述，格卡尔普在他的《自传》中曾借着一位医生哲学家和一位老革命家之口，讲述他以深入了解本国社会和寻觅新的治国之道来挽救土耳其命运的大志。同样，在留美七年期间，胡适也念念不忘"为中国造不亡的远因"，要为"作国人导师"作准备。② 所以，他们都以拯救国家于危急存亡之秋自任，他们所要解决的大问题，即如何看待传统文化，如何应付列强的咄咄进逼，如何将西方所建立的现代文化移植于本国传

---

① 见 Shaw & Shaw，pp. 305 – 310 以及昝涛，第 137—165 页；在前引 Findley，pp. 239 –246 有关于可谓"英雌"的传奇人物埃迪布的详细介绍。

② 见下面所引罗志田，第五章的详细讨论。

统文化土壤中，等等，也基本相同。然而，他们对这些问题的见解和反应，却由于个人处境、文化背景以及政治环境的差异而完全不一样。简而言之，胡适学成归国之后有长达三十三年（1916—1949）的活跃时期，其中除了四年担任驻美大使的公职以外，都是以在野学者身份发挥影响力；至于格卡尔普，则在自学成名"出山"之后，只有短短九年（1909—1918）活跃时期，在此期间，他曾经担任伊斯坦布尔大学教职，但同样重要的，则是作为执政党联进会核心人物，负责相当于青年部和文化部的工作。其最终结果是，胡适对于中国的影响虽然大，却都是在文化层面，以"立言"为主；格卡尔普则成为直接参与缔造现代土耳其的几位灵魂人物之一，"立功"与"立言"兼而有之。以下我们以胡适最主要的三方面贡献为线索①，将他与格卡尔普作

---

① 对胡适的研究无论资料或者论著都可谓浩如烟海，本文直接参考和引用的包括以下数种：《胡适文存》四集（第一——三集上海亚东图书馆 1921—1930 印行，第四集上海商务印书馆 1935 年印行。全四集台北远东图书公司 1953 重印）；曹伯言整理，十册本《胡适日记全集》（台北：联经出版公司，2004）；Jerome B. Grieder, *Hu Shih and the Chinese Renaissance*：*Liberalism in the Chinese Revolution 1917 – 1937*（Cambridge：Harvard University Press，1970）；唐德刚《胡适杂忆》（台北：传记文学出版社，1980）；余英时《中国近代思想史上的胡适》（台北：联经出版公司，1984）；胡颂平编著《胡适之先生晚年谈话录》（台北：联经出版公司，1984）；章清《胡适评传》（南昌：百花洲文艺出版社，1992）；胡明著《胡适传论》上下卷（北京：人民文学出版社，1996）；欧阳哲生选编《解析胡适》（北京：社会科学文献出版社，2000）；欧阳哲生《自由主义之累：胡适思想之现代阐释》（南昌：江西教育出版社，2003）；罗志田《再造文明的尝试：胡适传（1891—1929）》（北京：中华书局，2006）。

一个初步比较。

## 新语文运动的比较

对于中国新文化运动，胡适最显著也最为人称道的大贡献，当是他在 1915—1917 年归国前后数年间发动的文学革命，最初在留学生之间掀起激烈争议，继而在《新青年》发表《文学改良刍议》，大力提倡白话文，使它蔚为一时风尚，在很短时间内为大众甚至政府所接受，自此彻底改变了中国的文风。这不能不承认，是了不得的大事。当然，我们在此是仅就语文而言，也就是着眼于他提倡以浅近明了的白话文作为通信、说理、议论乃至文学创作的工具这一点。至于他在《文学改良刍议》中所提出的文学观和他文以载道的观念是否得当，他的白话诗是否成功，亦即他的文学观、文学创作的成就，则不在论列。① 诚然，如所周知，在他之前十几二十年，白话文运动已经展开，而那是和革命运动的需要，即"唤起民众之觉醒"有关，故此在安徽早就有大量《白话报》、《俗话报》的出现。② 所以，他的成就并非纯粹个人洞见，而是代表一个酝酿已久的运动之高潮。他的大贡献在于深切感觉到，看到了这个趋势，并且有足够的信心和勇气，把握时机，以石破天惊的方式，向上层知识分子（而不再仅仅是平民大众）郑重宣示，亦即倡议

---

① 有关那场文学革命的论述甚多，争议亦大，此不具论。见例如上引唐德刚，第 56—61、83—100 页；罗志田，第六章。

② 见李孝悌《清末的下层社会启蒙运动 1901—1911》（台北："中央研究院"近代史研究所，1992），特别是第二章"白话报刊与宣传品"；以及陈万雄《五四新文化的源流》（香港：三联书店，1992），特别是第六章"清末民初的文学革新运动"。

以白话文为一种新文化的载体、新文学的正宗。观乎他之前的严复、林纾等传播新思想、新文学的大家仍然以古文为理所当然的工具，则他这个贡献是绝对不容低估的。①

相比之下，格卡尔普在这方面的贡献则并不突出，比之他的前驱，即主办《思潮前驱报》的纳米克·凯末尔，恐怕犹有不及。他的新诗集《红苹果》是个应用新格律的尝试，在土耳其语文改革长河中，只是个插曲而已。其所以如此，主要是因为奥托曼帝国所面临的语文困境，比中国严重得多，而格卡尔普在土耳其文化体系中，是个毫无凭借，平地崛起的苍头异军，他所面临的，更是奥托曼帝国分崩离析的生死存亡关头，因此无暇顾及语文问题是十分自然的。

其实，在20世纪之初，土耳其的语文现代化问题比之中国是严重和复杂得多了。他们的"文言文"亦即奥托曼土耳其语（Ottoman Turkish）是个极其繁杂的复合体：它是从原来的朴素突厥语经过多个世纪逐渐发展出来的，其间吸收、糅杂了大量波斯语和阿拉伯语成分（这包括它的文法以及将近90%的词汇），并且是借用波斯—阿拉伯字母（Perso-Arabic alphabet）书写；在文化上则它与高等伊斯兰文明（所谓的 high Islam）的观念、风格、感情、传统又密不可分。因此，帝国一般民众对它完全无法了解或者应用，他们所用仍然是所谓"纯朴土耳其语"（rough Turkish），亦即其"白话文"。

奥托曼帝国远在19世纪之初，亦即马哈默德二世以至

---

① 对胡适发动文学革命的经过，前引诸书都有讨论，前引余英时第29—35页对此关键有扼要指陈，罗志田第六章对胡适的心态与当时的文学论战则有详细与深入的分析。

"新秩序运动"的年代，就已经出现某种意义的"白话文"运动了。当时为了推行军事现代化，一般下级军官和士兵都要接受严格训练，因此必须掌握起码的读写能力；此外，在医学、法律、行政等方面，也同样有在下层民众间扩展教育的需要。所以，从那时就开始了简化语文和为此编纂字典、词典的工作。当然，那完全以实用为主，纯粹是为实际技能训练而作的改革。到19世纪中叶以后，语文改革进入第二阶段：由于辛纳西和纳米克·凯末尔的努力，民间报刊（例如上文提到的《思潮前驱报》）出现，因此新型知识分子感到了向大众说理、论政的需要，文风从而趋向切实简明，那大致和梁启超的浅白文言相似吧。到了联进会亦即格卡尔普时代，这种文风更进一步发展，在"土耳其主义"思潮的影响下，政府开始大力提倡土耳其语文，尽量减少应用波斯和阿拉伯词语。但语文改革的高潮则出现于第四阶段，即凯末尔建立共和国以后。他延续联进会的语文政策，不但设立"土耳其语文协会"（1926），在所有学校中废止阿拉伯和波斯语文教育，大力扫除土耳其语文中的外来语成分，更力排众议，明令从1929年开始，在一切官方文书中废止应用波斯—阿拉伯字母，一律改用西欧通行的拉丁字母书写。至此土耳其的语文方才算是真正得到"清洗"，以回归古代民族传统，改革方才大功告成。

平心而论，"奥托曼土耳其语"根深蒂固，是和奥托曼帝国的历史、文化、政治血肉相连，无从分割的。要将它连根铲除，代之以纯粹的、用拉丁字母书写的土耳其语，那真是翻天覆地的文化与政治大革命，必须一个土耳其共和国（而非奥托曼帝国）的政府，以无比决心和雷霆万钧之力方才能够完成，而绝非民间文化运动所能为功。相比之下，中国的文言文和白话文则在字体和根源上都完全相同：它们长期相互渗透，彼此影响，由是形成了宽广的语文"光谱"，在其中两者可以因应不同需要而并行不悖。所以比起土耳其的相类运动来说，我们的"白话文运动"实在是轻松简单得得多了。

## 新学术运动的比较

胡适不但改变了中国的文风，也改变了中国的学风，这是他对中国新文化的第二个大贡献。他提倡新学风的标志，自然就是任教北大之初所出版的《中国哲学史大纲》上卷。此书对当时仍然为旧学风所笼罩，正在四处寻觅出路的中国学术界，不啻投下一枚炸弹，随即引起巨大争论，至终则奠定了他以后四十年的学术地位。他这部书之所以能够石破天惊，具有划时代意义，当代学者已经论证綦详。① 统而言之，即是应用西方哲学史的方法与观点，为整理国故亦即清代考证学提出一个库恩意义上的所谓"典范转移"（paradigm shift）；具体地讲，就是蔡元培在该书序言中所提出来的四点，即证明的方法、扼要的手段、平等眼光、系统研究等。②

――――――――――

① 余英时在前引著作第 35—48 页指出，胡适之所以能够以一个二十七岁的青年人，一举而获取全国思想界的领导地位，便正因为是能够为传统的核心学术问题，即乾嘉训诂考证之学，提出一个崭新的方法来，那就是从赫胥黎的"存疑论"和杜威的"实验哲学"那里得来的所谓"科学方法"，这方法最初便是在《中国哲学史大纲》上卷提出来和实际运用于古代思想史的重新审视；前引罗志田第 159—170 页对此也有详细讨论。

② 见胡适著《中国哲学史大纲》上卷（上海：商务印书馆，第四版，1947），第 2—3 页。

倘若从更为根本的层面看，则我们可以说，胡适所带来的转变，是不再以敬畏、崇奉、诠释的心态和眼光对待古代经典，而是以好奇、分析、排比的方式来审视它们，将它们的性质从大经大法、圣贤之言，改变为可以放在天平上衡量，放在显微镜下观察的事物；甚至，在衡量、观察之余，顺便对圣人开点小玩笑，说点俏皮话，例如"他老人家气得胡子发抖的神气"① 之类，也显得无伤大雅。一言以蔽之，他是以现代观念颠覆中国古代经典的主体性和神圣性，将它们通过"解魅"（disenchantment）而"还原"为学术研究的"对象"（object），然后放置于新的架构之中来审视。当然，这一方面是因为中国学术界对于传统经典的信念已经根本动摇，而且正在寻觅出路，另一方面则因为胡适在西方文明中浸淫七年之久，师从了当时（最少在美国）名声无两的哲学大师杜威，并且是国内第一位得到哲学博士学位的年轻人，所以才能够挟着无比自信与气概来挑战整个传统学术架构。他的"暴得大名"不但有赖于本身的禀赋和努力，更是因缘际会，在全国学术中心碰上了千载难逢的时机。

相比之下，格卡尔普在学术方面的贡献似乎就寒酸得多，无法与胡适相提并论，因为他根本没有机会出洋留学，甚至也无缘跟随名师，只是在偏远的山城长年闭门自学。更关键的是，他在苦学有成，并锥处囊中，为人赏识以后，仍然不能够找到一个发挥才华的学术舞台——毕竟，他在伊斯坦布尔大学出任社会学教授是属于筚路蓝缕性质，而且为时短暂。因此他的影响力主要是在联进会内部和社会大众之间，而并不是在学

① 见上引胡适著作，第100页。

术界。其所以如此，原因颇为微妙：奥托曼帝国的诗歌、历史、地理、政治等学问只可谓学术的"外围"，它的"核心"即思想和哲学则在于伊斯兰教义，因此无可避免是受保守教士特别是"教长"所掌握和宰制的。①

伊斯兰教的特别之处，在于它的极端保守，也就是具有极为强大的抗拒变异能力。据说，先知穆罕默德曾经说过："最坏莫过于新奇事物。每桩新奇事物都是一种革新，每种革新都是个错误，每个错误都可以导向地狱之火。"② 这种根深蒂固的观念多少说明，为何马哈默德革新要采取那么强暴、不由分说的方式；它也同样说明，为何奥托曼的新文化运动也一直是在传统学术之外，以另起炉灶的方式进行，而从来没有冒不必要的危险和阻力，去碰触传统学术。这不但在纳米克·凯末尔的时代如此，在联进会时代如此，即使到了国父凯末尔的时代，也仍然如此。他虽然获得了无比的威望和权力，却只能够以政治和行政的手段，去强硬推行他的"俗世化"政策，包括

_____

① 伊斯兰文明本来还有强大、蓬勃和独立的科学、数学和医学传统，这些在中世纪（约9—15世纪）曾经有非常辉煌的日子。但因为至今不明的原因，这传统在13—15世纪间缓慢衰落，从16世纪开始，就几乎完全丧失创造力。更不幸的是，就奥托曼帝国而言，它从来未曾承接这个科学传统，它在这方面的唯一短暂努力（即建造一个天文观测台）只在16世纪末持续了三年左右就为保守教长所摧毁了。此外，伊斯兰哲学也的确曾经由于9—10世纪的阿拉伯翻译运动，而受希腊哲学的深刻影响，从而发展出独立于神学以外的观念，但这不久也为保守的思想家和哲学家所压制下去。见陈方正《传统与叛逆》（北京：三联书店，2009），第八章。

② 转引自前引范译《现代土耳其的兴起》，第115页，此处文字略加修饰。

废黜一切伊斯兰政治、法律和社会体制，乃至"哈里发"（caliph）制度；然而，他却从来没有触碰过伊斯兰教义本身，也就是从来没有去攻击旧思想，提出任何应当改变它的理据。

因此，国父凯末尔的俗世化大革命只是将一个"新现实"（fait accompli）强加于土耳其这个新兴国度，它是没有一个类似于法国启蒙运动或者中国五四运动那样的根本思想革命作为基础的。这样，一个很自然的结果就是学术的分裂。传统伊斯兰信仰、教义那旧一套和从西方传入然后发展起来的政治社会思想那新一套，变为截然分割，渺不相涉的两个部分。前者不能够与后者衔接，后者也无从对前者施加影响力或者发挥改造之功。这多少就是格卡尔普的社会学以及他有关国家、民族、文明、文化那一大套论述的命运：它缺乏与传统思想的交锋，所以在社会上未能深根固柢。（但这是简单化的说法，详见下文。）说到底，无论格卡尔普或者凯末尔，都没有足够的能力和魄力将伊斯兰教"解魅"——当然，我们知道得很清楚，一直到今天，也仍然没有人敢于尝试（更不用说能够）这样做。

不过，话说回来，也不全然如此。胡适是为国故"解魅"，亦即把它放到一个新平台上，一个新架构中，以新的眼光和态度来看待它。格卡尔普则是通过"文明"与"文化"的整体论述，将未曾经过解剖、改造的"国故"原封不动地从"普世文明"挪移到"民族文化"的位置上，以冀土耳其人可以心安理得地接受新文化与旧宗教并存，从而消解传统与现代之间的紧张关系。他虽然并没有深入触动伊斯兰教，可是这样借着涂尔干的新学术、新观念来为它重新定位，也可以视为一种间接的、无形的"解魅"。因为，仅仅作为一个独特民族的"文化"，伊斯兰显然已经丧失了它的普世性——而所谓神圣也者，自然应当是普世的。在此，我们不妨套用一句老话：倘若说胡适的《中国哲学史大纲》上卷是"商量旧学"，那么格卡尔普的民族主义与现代化论述也可谓"涵养新知"吧。

### 对传统文化以及国家前途态度的比较

在语文和学术以外，中土两国的新文化运动还有另一个重要部分，那就是对于传统文化整体所采取的态度。在这方面，我们不妨从格卡尔普开始，因为上文其实已经触及这个问题了。首先，必须承认，以上两段的说法是有点简单化，格卡尔普在他的论述中，其实并没有完全回避伊斯兰观念与现代国家体制，包括法律、教育、哈里发等等之间的关系，否则他的伊斯兰教"移位"说就会变得空洞，缺乏意义，难以取信于人。事实上，就伊斯兰传统在社会、政治、法律等方面的思想、教训，他作了相当多的讨论。这些我们无法在此详述，只能够笼统地说，他采取了一个高度调和、兼容的态度，也就是论证"伊斯兰诸多原始教义与现代观念是可以相通而并非矛盾"的这么一个基本策略。当然，要这样做，他也就被迫忽略原始教义在随后上千年间的具体发展，以及由此产生的复杂与精微之处。换而言之，他必须回到并且重新诠释原典。[1]

相比之下，他的前驱纳米克·凯末尔则保守得多，几乎仍然处处以传统为依归；而和他同时代的杰夫代特（见上文）则激进得多，是个彻头彻尾的反宗教唯物主义者（materialist）。格卡尔普不愧为认真严谨的学者，他的学说不但有西方学术的深厚底蕴，而且戛戛独造，是从精研沉思中得来的。它能够独

---

① 大体见前引 Berkes, Ch. 7，这里不详细讨论。

领风骚，被当时大部分知识分子接受绝非偶然。当然，他也不可能料到，更没有机会见到，挟着救国英雄无比声势的凯末尔，在对待旧传统也就是伊斯兰教的政策上，实际上会比他的主张走得更远，改革更彻底得多。但这到底是否明智，是否就可以成为"最后解决方案"，抑或格卡尔普原来的渐进、包容方案更能够持久呢？在整个20世纪大部分时间，答案似乎都倾向于凯末尔的明快决断，但到了21世纪，在以伊斯兰为号召的政党无可抑制地重新在土耳其崛起的今天，则我们不能够不承认，天平似乎又再度倾向格卡尔普的折中调和那一方了。无论如何，可以肯定的是，格卡尔普对于传统与现代文化这两者，都是采取正面与调和的态度，在促使两者的融合上，他不但作出许多努力，而且有实际和巨大的贡献。

对于胡适，我们却无法如此评价。正如他自己所说，中国传统文化的特征是宗教心薄弱；因此，一旦辛亥革命成功，皇权被推翻，作为传统文化核心的儒学就再没有任何力量支撑，从而可以无所忌惮地肆意批判了。而在新文化运动以及随之而来的五四运动之中，在"打倒孔家店"的口号下，它也的确被批判得体无完肤。在这些批判（例如在新思潮的讨论和玄科论战）中，胡适的态度是很坚决，很清晰的。他指出，"要拥护德先生和赛先生便不能不反对国粹和旧文学"，"孔教的讨论只是要重新估定孔教的价值"，而重新估定价值的结果，就是他后来所说："我们所有的，人家也都有；我们所没有的，人家所独有，人家都比我们强。至于我们所独有的宝贝，骈文、律诗、八股、小脚……又都是使我们抬不起头来的文明制度。"这就是他希望中国人听到的，感觉到的自责，以"认清了我们的祖宗和我们自己的罪孽深重……然后肯死心塌地的去学人家的长处"。① 当然，如许多学者仔细指出，这只是他当日故意的鞭策，因此要把话说重，但在这背后，还有种种的个人情结和苦心在起作用，而且日后他虽然始终不愿意直接否定当日这些言论，态度却也变得更圆熟、调和、通达了。② 平心而论，这些话诚然偏激，是宣传家、煽动家（pamphleteer）之言，而非学贯中西的哲学家深思熟虑之言，不过，揆诸当日情势，他认为矫枉必须过正，温良恭俭让无济于事，非"一捆一掌血，一鞭一条痕"无以救国，无以唤醒国人，那自然也是可以理解的。

至于对现代学术文化的态度，则他的看法是颇为单纯的，即不应好高骛远，应当切实虚心学习。至于应当学习何种学术，则他很少提到具体内容，他所注重的是基础性的方法论，亦即他从杜威和赫胥黎所得来，归纳为"大胆假设，小心求证"的"科学方法"。作为示范，他也仅仅将此方法应用于向来熟悉的考据问题，例如《红楼梦》和《水经注》，而未曾应用于和国家前途关系更密切的政治体制、社会结构、实际科学诸问题，或者结构性的历史问题。所以，余英时很敏锐地指出，他在1930年的《我们走那条路》那篇著名文章中所讲的，无非都是没有具体内容的主观愿望，对解决当时政治路向的大争论，其实毫无帮助，也难以服人，而问题之症结，即在于他所提倡的"科学方法"其实并不适用于解决紧迫的社会政治问

---

① 见《新思潮的意义》和《再论信心与反省》，分别收入前引《胡适文存》第一集，第728—729页，第四集，第465页。

② 前引唐德刚著作论及此问题者散见全书，但第71页颇有画龙点睛之妙；前引罗志田第129—144页是专门讨论此问题的一节。

题①，甚至，与自然科学本身也没有多大关系——它所真正适用的，只不过是他所熟习的考证工作而已。他终身宣扬科学的重要性，提倡"科学方法"，但对科学本身到底是怎么样一回事，坦白地说，其实亦不甚了了，而且从来未尝用功深究。②

其所以如此，大概有两个原因：第一，他留学七年，真正所学所受感染的，是杜威哲学理论与美国政治文化气息，这两者可借以冲击、转变中国的学术文化氛围、气息，却不可能用以解决中国的政治社会问题，因为中美两国的历史、社会背景相去太远，可以说是渺不相涉。第二，胡适虽然志气高昂，聪明绝顶，但自二十六岁归国之后，就再也没有能够在学术更上层楼，获得新进境。为什么呢？最可能的原因，自然是他不到而立之年就"暴得大名"，此后诸事猬集，公私繁忙，再也没有工夫静下来潜心探讨一门在归国之前尚未曾充分掌握的学问——即使他认为无比重要，应当大力提倡、宣扬的科学也不例外。他写成《章实斋年谱》之后自叹：那"是我的一种玩意儿"，为它"费了半年的闲功夫"，"作史学真不容易"！可谓道尽此中消息。因此，他对自己的期望就是"开山辟地，大刀阔斧的砍去"③，而所谓"开山辟地"也者，则很自然地选择了自己最熟悉又最有把握的考证学，至于它是否果为中国所迫切需要，对中国走出困境究竟有无帮助，则没有多作考虑，这可以说是"最小抗阻之道"（path of least resistance）的选择。

---

① 见前引余英时，第63—71页。

② 有关胡适对自然科学的了解与态度，见本辑《论胡适对科学的认识与态度》一文。

③ 见前引《胡适日记全集》1922年2月26日，即第三册，第448页；并见前引罗志田，第181页。

在这一点上，他和平稳踏实的格卡尔普完全不一样，那既来自禀赋和性格上的差异，更是因为两人的际遇、环境完全不同。胡适在学术舞台上引领风骚二十余年之久，到了国难当头之际则领清望职位远赴海外；而格卡尔普从崭露头角开始，国家便已经濒临崩溃边缘，他自己也被卷到政权核心，所以毫无选择地必须面对最迫切的社会政治问题，绝不可能从容论学，讲究如考证那样的不急之务。

### 两位新文化运动领袖的整体比较

　　胡适与格卡尔普各自生长于本国的危急存亡之秋，都有过人天赋，年轻时既能承受本国的文化传统，亦有机缘（虽然是以完全不同方式）亲炙西方文明的部分精髓，更同样立志通过文化更新（也就是文明再造）来挽救濒临解体的祖国，同样成为本国新文化运动的领袖人物。可是他们的相类之处就仅止于此了。中国的新文化运动诚然在知识分子和民众之间都发生了巨大影响，可是，这个影响主要是在文化和学术上，它对于中国后来的政治发展并无多大直接关系，甚至可谓背道而驰。胡适所服膺、所羡慕的自由主义体制和北伐之后的国民政府已经格格不入（虽然胡适与此政府仍然是若即若离，经常维持客卿关系），和新中国最终所选择的道路更是南辕北辙。更吊诡的是，我们不得不承认，中国最后免于被日本征服、分割，或者实际上为外国势力如英、美所操纵，反而得以独立自强，那很难说是和胡适所倡导的新文化运动有必然或者深刻关系。胡适对抗战的直接贡献，主要在于做了几年驻美大使，除此之外，他的救国宏愿是落空的——即使并非完全落空，其结果也是难以衡量的。格卡尔普就大不一样了，在 20 世纪第二个十年，他不但成为土耳其无可争辩的思想领袖，更进入联进会的核心即其中央委员会，他的土耳其主义和建国理论在实际上深刻影响联进会的内政方针；更重要的是，它们后来成为凯末尔建国思想的基础，最少也是踏脚石。

胡适与格卡尔普在这方面何以有如此巨大的分野，是很值得深思的。这与胡适始终坚持论政而不从政，可能有点关系，但从梁任公从政而并无建树的例子看来，那么即使他毅然从"论政"走向"从政"，也不见得就能够对中国日后的发展产生更大、更深远的影响。这样看来，格卡尔普能够影响政治乃至国家前途，似乎不仅仅是由于进入了联进会核心（虽然那也很重要），而更可能是因为他的学说与主张平稳、扎实、切合时势，的确能够为当时陷入困境的土耳其提供出路，即放下大奥托曼和泛伊斯兰主义的包袱，回归民族根源。

## 四、总结与反思

最后，我们还需要反思的是：凯末尔越过了格卡尔普的新旧融合构想，代之以大刀阔斧的全盘俗世化改革，亦即名副其实的"文明再造"，那到底是否明智？他以雷霆万钧之势推行如此激进的政策，当时好像非常成功，但伊斯兰信仰在土耳其民众间是源远流长、根深蒂固的。它貌似被压制，其实并未消失，而只是潜伏待时，到了21世纪又乘着西方（包括美国和欧洲）大力推行"民主化"政治的机会，以不可遏制之势全面冒出头来。在它旗帜下的"正义发展党"遂顺势逐步废除凯末尔当年为保障社会俗世化而制定的各种法律与体制；甚至，它如今又寝寝然有恢复国教地位和权力的趋势了。那么，是否格卡尔普当日像是迂回渐进的策略，会更为合乎民意和经得起时间考验呢？这是今日土耳其不能不反思的了。当然，中国没有这个问题，因为儒家（或曰儒教）并没有像普世性宗教那样深入与广泛的民众基础。在传统皇朝消失之后，它的政治基础随之瓦解，恢复儒家传统政治地位的心愿和呼声虽然存在，但无可否认，力量非常微弱，和其他主要宗教远远不能够相比。

中国经过长期摸索和调整之后，现在终于找到了解决方案，并且由是带来令人兴奋的蓬勃发展机遇。有不少中外学者认为，现在中国已经发现了足以与西方政治体制抗衡、竞争的另一种有效模式。然而，倘若不计中土两国在规模上的巨大差异，则今日中国与1930—1980年间威权体制下的土耳其，情况也不无相似。因此，我们不能不想到，土耳其在今日所面对的宗教传统复活问题，将来是否可能会以另外一种面貌出现于中国。换而言之，中国今日的体制和发展模式真是不需要继续寻求改革的吗？

原刊《中国文化》（北京）2017年春季号，第1—25页。

# 圣洁与邪暴：俄罗斯灵魂的两面

今古河山无定数。画角声中，牧马频来去。满目苍凉
谁可语。西风吹老丹枫树。幽怨从前何处诉。铁马金戈，
青冢黄昏路。一往情深深几许。深山夕照深秋雨。

——纳兰性德《蝶恋花》

20世纪最震撼，最令人惊骇莫名的事件莫过于苏联的崩溃
了。1985年3月戈尔巴乔夫就任总书记，一年后推行经济"重
构"（perestroika），三年后推行"开放"（glasnost）政策，试
图彻底改变国家的社会和政治生态，但这举世称道的大胆改革
结果和一百二十年前亚历山大二世解放农奴却颇为相似，只是
更具戏剧性，更令人目瞪口呆。在他执政后短短六年，这个看
来那么强大，那么牢固，能够与美国抗衡，一同雄霸全球的大
国，居然在没有外敌攻击，没有内乱，也毫无败亡征兆的状况
下，就突然间四分五裂，冰消瓦解了！无数时事评论员、历史学
家、政治学家、战略专家都在追问、议论、分析、研究：那到底
怎么可能，到底是如何发生的？我们在此无意参加他们的行列，
而只是要在"满目苍凉谁可语"，"铁马金戈，青冢黄昏路"的
感喟中，回顾一下俄罗斯从一个维京蛮族小邦发展成为雄踞欧亚

大陆的巨无霸，然后又不断挣扎求变革的过程，当然，也希望能够在这段漫长历史中发掘出一些今日巨变的种子和征兆。

对中国人来说，俄罗斯并不陌生。但在俄罗斯和中国相似的表面之下，其实隐藏着巨大的差异。这差异可以用俄罗斯灵魂的两面性——圣洁与邪暴，虔诚与放纵，理想主义与阴鸷凶狠来概括和凸显。这两面对中国人来说都是陌生的，因为"往而不返"的出世宗教精神和"盲聋爽狂"般的恣肆意欲，都是讲究忧乐圆融的中国文化所缺乏，也是一般中国人畏惧却步的。

所谓邪暴，在政治上表现为俄罗斯淋漓尽致、不受节制的专制政治传统。这自然要以16世纪的"可怖伊凡"、19世纪的尼古拉一世为标志，但其实可以上溯到近代俄罗斯的开国之君、15世纪的伊凡三世。而且，像彼得大帝和凯瑟琳大帝那些著名的18世纪开明改革家，亦一样受其感染。它可说是在他们那片广阔无垠的大地上，为了建立秩序和抗拒从四方八面汹涌而来的外敌，所被迫建立的霍布斯式体制——也就是说，为了秩序和稳定，只有全面专制。就个人而言，邪暴则表现于放纵，特别是痛饮、狂赌、暴戾。像《战争与和平》主人公彼得在书本开场时的烂醉，小说家陀斯妥耶夫斯基在现实生活中之沉迷赌博不能自拔，那都是大家熟悉的例子。这可能是在单调、沉闷的漫漫长夜（现实的也是政治的）的压迫之下，经年累月形成的文化吧。

至于圣洁、虔诚，则是由东正教的神秘主义与优雅仪文所营造的境界。它包含了在长期苦难中锻炼出来的温柔、忍耐，其后又渗透了在西欧影响和冲击下所产生的奋发、进取，与滋生的疑惑、困扰。像18世纪终生周游讲学的哲人斯科沃罗达，19世纪十二月党人事变后在晨曦中发誓要为俄国自由奋斗一生的少年赫尔岑，以及晚年散尽家财，奉行原始基督教义的小说家托尔斯泰，还有像贝洛夫斯卡娅那样从容就义的女革命家，都可以说是这种高尚情操的化身。俄国小说中也充满了这种人物的典型——《卡拉马佐夫兄弟们》里面的"老三"阿列克塞、《白痴》的主角梅诗金亲王、《前夜》的志士英沙罗夫……这样的例子可以说是数之不尽。

圣洁与邪暴，构成了俄国人抑郁、深沉，充满理想而又悲怆的性格。一部俄罗斯近代史，亦正是由现实政治中令人不寒而栗的高压、凶残、屠杀，与诗人、思想家、革命家的无限心愿、努力、深情交织而成。那是一部在改革、停滞、革命之间来回摆荡的历史。我们在这里不可能缕述它的细节，而只能够回顾它那些令人低徊叹息的转折点。

## 一、命运的抉择

历史上，游牧民族从欧亚腹地涌出来，颠覆大陆两侧的高级文明是常态。俄罗斯的形成恰恰相反，它起源于大陆边缘的蛮族挟着所沾染的欧洲文明的优势，向大陆腹地推进。这一变异，决定了俄罗斯历史发展的独特形态，即从城市走向草原，从贸易转向农耕，从民主开放变为独裁专制。①

---

① 俄罗斯和苏联通史见 Nicholas V. Riasanovsky，*A History of Russia* (Oxford University Press，1977)；俄国社会组织的演化见 Jerome Blum，*Lord and Peasant in Russia from the Ninth to the Nineteenth Century* (Princeton University Press，1961)；俄国历史进程研究见 James H. Billington，*The Icon and the Axe：An Interpretive History of Russian Culture* (New York：Random House，1970)。以上各卷均有基辅时期的专门部分或分章。有关此时期历史尚有以下专著：George Vernadsky，*Kievan Russia* (New Haven：Yale University Press，1948)。

## 维京人的一支

这发展来得很晚，是在公元第 9 世纪亦即欧洲中古早期。其时罗马帝国覆灭已久，入侵蛮族已经被同化，法兰克人刚开始建立"加洛林帝国"，欧洲文明已经越过罗马帝国传统势力界线，即多瑙河和莱茵河而到达中欧，但北欧则仍然是未开化的维京蛮族（Vikings）的世界。为了至今还不完全清楚的原因，这些北方蛮族在 8 世纪末突然大规模向外武装移民，骚扰蹂躏西欧特别是英国和法国百多年，那是西方中古史上的大事。这大规模移民其中的一支在 9 世纪中叶渡过波罗的海进占诺夫哥罗德（Novgarod，即"新城"），随后向南扩散，占领芬兰湾以南、黑海以北上千公里，即今日白俄罗斯和乌克兰一带，那就是俄罗斯的起源。

这民族大迁徙的一个里程碑是瓦兰吉亚人（Varangians）之中称为"罗斯人"（The Rus）的一支，以奥列格（Oleg，882—913）为首，在公元 882 年①自诺夫哥罗德南下占领基辅（Kiev）。在随后近百年间，继承者伊戈尔（Igor，913—945）、其身后遗下的王后奥尔嘉（Olga，945—962）和王子斯维亚托斯拉夫（Prince Sviatoslav，962—972）等三人四出征战，逐步巩固了这个政权。俄罗斯的这个起源多少决定了所谓"基辅公国"（Kievan Realm）的立国形态。那主要有三方面：向当地被征服的斯拉夫农民和其他从中亚流动过来的游牧民族征收税贡；发展黑海与波罗的海之间的长程贸易；不时南下，假道巴

_____

① 这年份另一说是 878 年，见前引 Vernadsky，p. 22。

尔干半岛侵扰以君士坦丁堡为首都的东罗马帝国。①

### 命运天平倾向欧洲

一个世纪后，基辅的弗拉德米尔亲王（Prince Vladimir，980—1015）作出命运抉择：他拒绝了伊斯兰教而信奉东正教，迎娶东罗马帝国最尊贵的"紫袍公主"，并且与帝国缔结军事同盟（988）。这是松散基辅蛮邦的转捩点。它自此注入了欧洲文化血液，获得了文字、高等宗教、石头建筑、文学、艺术和深刻思想，开始蜕变为文明国家。

对欧洲来说这也是一个转捩点。它代表自8世纪以来，在伊斯兰教和基督教日益加剧的长期斗争之中，基督教凭借文化光辉的感召而获得的重大胜利。弗拉德米尔据说曾经仔细比较几种不同宗教的教义和仪式，而最后征服他的心灵的，是东正教的辉煌建筑、典雅仪文和优吟经诵。这样，承袭希腊文化的东正教在精神、宗教乃至政治野心上找到了强大的传人，它不但要与承袭罗马文化的西正教颉颃、争战，而且将会成为征服君士坦丁堡的奥托曼帝国的克星——当然，这些都还是在遥远的未来。

### 在三种政治力量间摸索

在弗拉德米尔奉教之后两个半世纪间，代表欧洲前线的基

---

① 以上的说法是18世纪兴起的所谓"诺曼人起源说"，它的根据是《俄罗斯原始纪事》（*Russian Primary Chronicle*），那来自11世纪教士内斯特（Nestor）的记载，但现存最早文献则是14世纪的所谓 *Laurentian Codex*。不过此说争议很大，主要在于瓦兰吉亚人是否的确来自北欧，基辅公国的出现到底是由于本土斯拉夫民族的发展还是由于外来民族的动力，等等。对此我们不讨论，详见上引 Riasanovsky，pp. 26 – 30。

辅公国由于文化和组织比其他游牧民族优胜，所以能够在西起波罗的海，东至乌拉尔山，南临黑海，北抵北冰洋这辽阔无涯的俄罗斯大平原上缓慢但持续地四面扩张，到 13 世纪已占地五六十万平方公里，可以比拟欧洲大国了。

这样一个没有受到什么压力，在广漠之野自然成长的大国，会发展出怎么样的政治制度呢？文化上它仰慕、学习拜占庭，政治上却没有可能抄袭复杂严密的东罗马帝国体制，而只能够在本土产生的三股力量之间摸索，那分别是掌握在罗斯族长即长亲王（grand prince）手中的王权，从亲王扈从（druzhina）蜕变出来的贵族（boyars）和他们的议会（duma），以及市镇中的民众大会（veche），它在重大决定上不但可以制衡亲王与贵族，而且往往能够推举市长、千夫长、百夫长，甚至左右亲王的继承。在不同区域，这三种力量的对比有极大差异。很自然地，在基辅，王权最重要，在北方的诺夫哥罗德则民主传统强大，统治它的亲王必须得到民众认可，而且要根据与民众大会订定的条约行事。

但基辅有罗斯人的管治传统，却谈不上有政治意识或者制度。这表现于它在立国过程中始终无法解决的两个主要问题：第一，是长亲王继承不稳定，"传子"和"兄终弟及"两种方式纠缠不清，加以国土广袤，交通不便，领土扩张只有以分封子侄形式推行，因此内战和分裂连绵不断。到 12 世纪初，公国实际上已经蜕变成由许多小邦（principality）组成的联盟，它们的共同民族意识也很模糊了。第二，联盟本来是为了共同对付外敌，但由于利益冲突，它内部不但经常发生战争，而且往往引来邻国干涉。像匈牙利、波兰、立陶宛、德国就都曾经出兵深入俄罗斯，甚至占领基辅。所以，当时的俄罗斯其实还未曾具备发展更高级政治组织的意识和需要。一直要到 13 世纪中叶，蒙古人的铁蹄才完全改变这个形势。

## 二、悲怆的大地

"近代"为什么从 15 世纪开始？这看似无理的问题却有一个合理答案——混一欧亚的大蒙古帝国兴起于 13 世纪，瓦解覆灭于 14 世纪，由它所产生的深远影响则要到 14、15 世纪之间才逐渐显露出来。这些影响包括：把黑死病从云南带到中原，然后经过欧亚大草原传播到欧洲；把中国的先进技术——火药、指南针、印刷术等传入欧洲（虽然这不可能有确证，但已经逐渐为欧美史家承认），引起军事、航海、文化、宗教上的大革命；更直接的，则是促成几个高度集权的后续政权在大致同一时间兴起，这包括中国的大明帝国，在小亚细亚的奥托曼帝国，以及俄罗斯的莫斯科公国。所以，好些近代国家的历史以 14—15 世纪为起点，是有一个"同步机制"在起作用的。

1237 年拔都的十万西征大军以迅雷不及掩耳之势，在严冬越过冰冻河面，自北方长驱直入，先后攻破列也赞（Riazan）、莫斯科、弗拉德米尔等城镇，然后转而向南，在 1240 年经过酷烈战斗焚毁基辅，屠掠全城人口，随即挥军西进，在短短几个月内克服波兰和匈牙利。窝阔台的去世挽救了欧洲，已经到达威尼斯附近的拔都放弃征欧计划东归。后来他选中伏尔加河和顿河下游间水草肥美之地萨莱（Sarai）为首都，在那里安顿下来统治钦察汗国（The Kipchak Khanate）也就是所谓"金帐部"（The Golden Hoard）。这时距离较远的波兰、匈牙利恢复自由了，但整个俄罗斯则沦为属国，不但要经常负担沉重的赋税，不时选出壮丁充军，而且各邦亲王必须由钦察大汗册立，还得随时应召到萨莱接受诘责，甚至远赴大蒙古帝国的和林上都朝贡。在压迫和屈辱之下，俄罗斯陷入长达两百年的黑暗时期：商业停顿了，农产余裕被搜括干净，文化也开始倒退——亲王、大公，甚至教士之间都开始出现文盲。可是，残破的大地上，却留下了一个清静自由的角落。

在13世纪中叶，基辅已化为灰烬，莫斯科还只不过是微不足道的小城。这时整个俄罗斯只有西北部的诺夫哥罗德还能显出光彩来。诺夫哥罗德是维京人入主俄罗斯的早期据点，也是南北贸易干线的北方枢纽。它不但繁盛、富足、进步，而且很早就发展出强烈的公民意识和相当民主的政治体制。事实上，从12世纪中叶以来，它的君主就已变成一位"受邀"登位，并且必须遵照详细订定的合约治事的领袖，真正的主权则掌握在由全城民众组成的民众大会（veche）手中，——召集大会的"市钟"（vech bell）成为民权和自由的象征。在这颇类似于五百年后英国因光荣革命而出现的体制之下，诺夫哥罗德建立了民选的各区区长、行政官、军队统领、法官以及详尽的司法制度，包括陪审制度。同时，在本城以外，诺夫哥罗德不但开辟邻近的农田作为粮食基地，而且在严寒荒漠的大西北广事殖民，发展贸易畜牧，建立自己的腹地。它之敢于号称"大公之城"（Lord Novgorod the Great）是不无道理的。

和其他繁荣的商业城邦，例如差不多同时期的威尼斯一样，诺夫哥罗德在军事上也曾经有过一段辉煌的历史。在12—15世纪之间，它和西边的强邻瑞典、德国、立陶宛、挪威等国家大小恶战五六十次，由是遏止了信奉罗马天主教的日耳曼和其他北欧民族向东方扩展的历史性趋势。事实上，正在拔都大军焚毁莫斯科和基辅的危急存亡之秋，诺夫哥罗德就曾先后击溃从西边入侵的瑞典大军（"尼夫河之役"，Battle of Neva，1240）和条顿武士团（"冰上屠戮之役"，Massacre on the Ice，1242），从而使俄罗斯逃脱被瓜分的厄运。而且，这两役的俄方统帅亚历山大亲王（Prince Alexander，1219—1263）并没有被胜利冲昏头脑。他是一位有远见而现实的政治家，清楚认识到与蒙古铁骑对抗是没有希望的。因此，他以民族英雄的地位，不惜带领俄罗斯向拔都屈膝归附，由是为满目疮痍的故国保存了一角河山。这位"尼夫河之雄"（Nevskii）忍辱求全的政策日后成为俄罗斯复兴和雪耻的契机，他这一支王裔终于也登上了沙皇的宝座。至今俄人作曲、拍电影歌颂、纪念他，应当是钦佩他的大智大勇、能屈能伸，而不单单是由于他能征善战吧！

## 三、光复与沉沦

在拔都焚毁基辅之后一百四十年，德米特里亲王（Prince Dmitrii，1359—1389）在顿河上游的库利科沃（Kulikovo）大败金帐部的蒙古军（1380），从而赢得"顿河之雄"（Donskoi）的英名。他无疑可以告慰当年率领俄罗斯人忍气吞声向拔都称臣的高祖亚历山大亲王了。这是俄罗斯大平原中心的细小公国莫斯科经过整整四代，先后六位亲王卧薪尝胆、励精图治之后挣得的初步胜利。可是，当时元朝和其他两个蒙古汗国虽然早已覆灭，原来并没有坚强的政治结构的俄罗斯却还要再等待足足一个世纪，直到雄才伟略的伊凡大帝（Ivan Ⅲ，the Great，1462—1505）时代，才能完全挣脱金帐部的枷锁。1472 年，伊凡迎娶拜占庭末代皇帝的侄女索菲亚公主，随后将莫斯科周围剩下的城邦如罗斯托夫（Rostov）、雅鲁斯拉夫尔（Iaroslavl）、列也赞（Riazan）等次第收归版图。1480 年他在乌格拉河（Ugra River）之役令对岸的蒙古军望风溃逃，并开始使用"主君"（autocrat）和"沙皇"（tsar）等称号来强调完全的独立和自主。① 同时，由于罗马天主教与东正教合并企图的失败（1439）以及君士坦丁堡的陷落（1453），在宗教上俄罗斯也取得独立自主地位，甚至能够以"第三个罗马"自居。② 这样，强大、一统的莫斯科终于完成驱除"鞑虏"，在政治和宗教上取代基辅传统地位的大业。这是和卡斯提尔 – 阿拉贡（Castile-Aragon）联军克服格兰纳达，把伊斯兰教徒逐出西班牙半岛（1492）同一时期的事情。

莫斯科的伊凡和卡斯提尔的伊莎贝拉不但是在相同时代立下丰功伟业，而且都是借本民族在长期苦难之中熬炼出来的坚定、单纯和狂热宗教精神立国。用宗教语言来说，他们的功业，正是历代热切祷告之声上达天听的结果。事实上，在 13 世纪还是籍籍无名的蕞尔小邦的莫斯科能够在强邻环伺中脱颖而出，逐步将俄罗斯旧地聚归版图，这除了中心地理位置的因素之外，主要得力于两个世代相传的政策：第一个政策是政治性的，即对内同心协力，确定以传子为主的继承方式，对外则"远交近攻"，尽量与金帐部的宗主政权恭顺合作，以求得到谅

---

① 但正式以"沙皇"名号登基则是从下世纪的伊凡四世开始。

② 不过此时俄罗斯教会最高领袖仍然称"宗主教"（metropolitan），比"教宗"（patriarch）低一级，直至 1589 年即"可怖伊凡"时代，俄罗斯教会方才获得君士坦丁堡和其他东方教宗同意，将他们的领袖升格为教宗。见前引 Riasanovsky，p. 171。

解，可以施展种种手段来收买和兼并邻邦而不受干扰。

第二个政策则是宗教和文化的，它表现为优礼教士，扶植教会、修道院，令它们能广事吸引民众，蓬勃发展。基辅焚毁之后，俄罗斯的宗主教流亡到莫斯科，深受礼遇，自此代代定居于斯，使它不期然成为全国宗教中心。在 14 世纪，莫斯科地区更出了教宗亚历西斯（Alexis）和修士瑟吉厄斯（Sergius）（后来都被封为圣徒）这两位俄罗斯教会史上最杰出、最受敬仰的人物，前者成为教会乃至莫斯科军事、政治的卓越领袖，后者则以谦恭虔诚的行为广受爱戴，他在莫斯科远郊建立的圣三一修道院（后来称为 The Holy Trinity—St. Sergius Monastery）成为全国修道院运动的起点，数十年间不但莫斯科城内，而且方圆数百英里内也都密布了这种具有生产力和军事作用的宗教与殖民中心。到下一世纪，则北至白海，东至乌拉尔山，整个大北方也都受到修道院的教化。莫斯科的"民心士气"便是这样在圣坛前面建立起来的。

### 铁腕之下

"公教君主"伊莎贝拉和费迪南德在驱逐伊斯兰教徒之后，就开始收服其他邦国，镇压异端，把西班牙改变成欧洲最早的专制君权国家。然而，由于受到地方"特权"掣肘（他们从盟主蜕变为君主究竟为日尚浅），他们始终不能不尊重传统与先例，不能畅行所欲。伊凡可不一样，莫斯科靠兼并而扩张已有将近二百年历史，而且，在未曾直接受过罗马帝国文化被泽的俄罗斯大地上，拜占庭绝对君权的思想远比地方特权有力。所以，这位自立的沙皇绝不认为他的权力有任何实际或道义限制。这样，罗斯人在俄罗斯所建立的第一个城邦，六个世纪以来繁荣、独立、自豪的诺夫哥罗德就面临空前厄运了。

1472 年，伊凡初次派军队强迫这颗"北方明珠"投入俄罗斯母亲怀抱，并放弃它的独特地位和种种自治权利。六年后大军再临这仍然反侧不驯的属国城下，城中长老的爱国心与对自由、独立的向往冲突不已，和战之议再三争持不决，但经过一再犹豫、反复之后，终于开城归降——其实军事上亦别无选择。随即许多"叛徒"被处决，大部分富户被迫迁入内地。更重要的是，召开全民大会所用，同时象征主权的"城钟"（Veche）也被搬走。严厉的伊凡大帝宣称："我的领地诺夫哥罗德不许有城钟，不许有民选长官，我要统治全邦。"就这样，维京人在波罗的海附近所建立的一个繁荣、兴盛，发展了广泛国际贸易网络，以及高度合理、民主政治体制的城邦，就黯然沦为大一统帝国治下的普通城市了。

### 黑暗降临

但比起它九十年后的命运，这一点点屈辱其实又算不得什么。那是伊凡大帝的孙子，"可怖伊凡"（Ivan IV，the Terrible，1533—1584）统治晚期的疯狂行径。[①] 在 1570 年，由于一个普通罪犯的诬告，这位令人不寒而栗的暴君带领了他的直属黑衣卫队（Oprichniki，亦即日后帝国特务的前身）把诺夫哥罗德全城团团围住，然后每日在广场上任意抽取一千市民痛施酷刑杀戮——剥皮、截肢、割舌、分尸、火烧、鼎烹，无所

---

① 详见"可怖伊凡"下列传记：Henri Troyat, *Ivan the Terrible*, Joan Pinkham, transl. （New York：Dorset Press, 1984）以及前引 Riasanovsky, Ch. 15。

不用其极，自己则偕同太子纵马观赏，如此前后凡一个多月之久，山积的尸体往往令面上已结冰的河水堵塞不流。在大地昏暗、日光无色的大北方，漫漫长夜似乎真的永远降临了。

以不假道理、言说，但凭直接与上帝沟通为尚的神秘主义和宗教热诚，不但没有驱除伊凡内心的黑暗，反而加强了他的自信、恣肆、疯狂。也正是这强调仪文、虔诚、匍匐驯服，而不讲究训示、经义的宗教，令得成千累万（而且不单在诺夫哥罗德）朴实、勤恳、无辜的人民没有任何反抗，没有任何声音，甚至没有任何愤激怨恨，反而怀着殉道者的坦然心情，驯如羔羊般一个个走向刀锯、鼎镬、绞架。历史学家说："莫斯科国似乎是遭受内战蹂躏，但这是极为奇怪的内战，因为攻击者全然没有遭到反抗。"①

从此，这颗北方明珠就完全破碎，委弃尘土之中，再也没有发出光芒了。而单凭着原始宗教热诚和统一雄心建立起来的莫斯科国也很快就陷入混乱、分裂和长期危机之中。

---

① 见前引 Riasanovsky, p. 166。有关"可怖伊凡"的疯狂行径与残暴统治讨论甚多，那大致上可以从两个完全不同的角度去理解：一是心理的，与他高度聪明、敏感的性格，以及未成年时被周围的贵族、大臣欺凌、虐待有关；一是政治上的，即要有效统治如此庞大、分散、强邻环伺的国度，那就必须高度集权，也就是强力镇压向来散漫无纪律、桀骜不驯的众多贵族以及他们的议会传统。事实上，他是俄罗斯政治的一个转捩点：沙皇大权独揽，贵族无从反侧的体制由此形成，向东西南三个方向扩张的传统亦从而确立。见前引 Blum, Ch. 9，并见下节的讨论。

# 四、大地山河一担装

胡适说:"一个国家强弱盛衰,都不是偶然的,都不能逃出因果的铁律的。"如所周知,他是一位十分可爱的乐观主义者,但他自诩为科学的历史观的所谓"因果铁律"也者,恐怕不大可信。他自己二十多岁"暴得大名",就颇不乏时势与运气成分,这且不去说它;无可辩驳的是,哥伦布之发现新大陆,实足以气死无数葡萄牙学者和远航前辈,证明有时运气比专业才能重要得多!

## 暴君的时运

同样,就在西班牙人席卷中南美洲,英国人探索弗吉尼亚海岸的同时,"可怖伊凡"也静悄悄地为俄国攫取了蒙古大帝国瓦解后遗留在欧亚大草原上的家当,即众多鞑靼汗国。16世纪50年代,他先后征服位于伏尔加河中下游的喀山汗国(Kazan Khan)和阿斯特拉汗国(Astrkhan);80年代他授权商人斯特罗加诺夫(I. Stroganov)开发"东方",后者所雇用的叶尔马克(Ermak)竟然就统领八百哥萨克骑兵东越分隔欧亚的乌拉尔山脉,凭借精良火器与严密组织,在两三年内征服库城(Kuchum),由是打开了整个西伯利亚的大门。伊凡晚年的疯狂行径使全国陷入大混乱,到16世纪之后,新兴的莫斯科国已面临被瓜分的命运,然而这却一点都没有影响俄国人向东扩张。到了1640年左右(约中国的明清之际),从乌拉尔山到白令海峡,整个西伯利亚千余万平方公里的土地,已在不知不觉之中,不费吹灰之力归入沙皇版图。这不是时与运是什么?

### 福不唐捐？

但胡先生是十分倔强的，他假如健在，恐不免要翻出史书来告诉我们，伊凡虽然残暴、保守，倒并不闭塞，也不排外，而是相当英明神武的一位君主。他会指出：俄国从 16 世纪就已经开始政治和军事革命。当时伊凡制定贵族服役法，并且创办火枪营（The Streltsy）作为专业的正规军；而其后整整一个世纪之间，俄国人大量引用所谓"德国佬"（其实是信奉新教的美、荷、瑞典、丹、德等各国人的通称）作为军事训练、组织、军需生产甚至雇佣兵的中坚，例如俄国第一间新式兵工厂、第一套军事教科书就都是 17 世纪之初荷兰人的杰作，他们之中不少人改宗东正教，得到封赏，成为俄国贵族。俄国之所以能够"反奴为主"，在草原上大事扩张，正是"有容乃大"，应了胡先生爱说的"福不唐捐"那句老话。

这些都没有错。但我们可以补充一句，莫斯科之所以能够越过立陶宛、波兰、奥国等天主教死敌，与西方的新教国家密切往来，主要是依赖"北方航线"，即从阿尔汉格尔斯克（Archangel）往北，经白令海、北冰洋，绕过整个斯堪的纳维亚半岛，然后南下英国、丹麦等地。而这条航线的发现，却又是一个意外——1553 年英国的钱塞勒船长（Captain Chanceller）奉命探测绕过北欧以抵达亚洲的"东北航道"，无意中却撞往阿尔汉格尔斯克，由此打开了俄罗斯的国际贸易之门。

要明白这航道的重要性，我们得记住三件事：第一，当时俄罗斯要西出波罗的海则受制于天主教的里窝尼亚（Livonia）——这是伊凡三世打了二三十年仗而仍然征服不了的一个骑士团；要南下黑海则受制于克里米亚汗和奥托曼帝国，所以它实际上是一头到不了海洋的"困熊"。第二，在钱塞勒船长之前，里窝尼亚就曾禁止俄国招募的百多名技术专家过境。第三，在16世纪中叶之后，莫斯科以南的"德国佬区"暴增到好几万人——事实上，日后彼得大帝对西方的强烈兴趣和许多知识便正是从少年时代在"德国佬区"的宴游谈话中得来，而帮助他实行改革大计的好些幕僚部属，也是当时交结的朋友。①

换而言之，没有历史上的这一个因缘，俄国要虚心、开放、学习也未必有机会。更何况，同样先进的组织、思想、技术，对不同国家很可能有截然不同的效果。当时那么勤奋、灵活、精干，苦苦与葡萄牙争夺东印度贸易权的荷兰人，对尚在学步的俄国竟然能够不费吹灰之力就把万里河山一担子装了去，又岂能不苦笑呢！

### 胜利与悲剧

无论如何，西伯利亚只不过是捡回来的便宜。对俄罗斯来说，南方的克里米亚汗，西南方的波兰—立陶宛联合王国，还有西北方的里窝尼亚骑士团，则是长期对抗的强邻。其中波兰—立陶宛不但占领了乌克兰和白俄罗斯等整个大西南方，而且在当地成立天主教—东正教"联合教会"（Uniate Church），更隐然以基辅公国亦即俄罗斯正统自居，所以无论在宗教或民族意识上，都是与莫斯科势不两立的。

---

① 关于16世纪俄国与西方关系，见前引 Billington，Ch. 2，特别是 pp. 97–102，此处并深入讨论"可怖伊凡"的性格分裂和所导致的政策两极摆荡。

"可怖伊凡"去世之后断子绝孙，俄国陷入了十几年（1598—1613）的"大动乱时期"（The Time of Troubles）。当时贵族、农民蜂起抢夺政权，瑞典、波兰大军压境，甚至莫斯科也被占领达三年之久，瓜分亡国的命运，眼看只不过是顾指间事。但是，就像三百年前在蒙古铁蹄下一样，东正教再一次挽救了俄罗斯。由于教宗赫尔摩根（Patriarch Hermogen）和圣三一修道院院长狄奥尼索斯（Abbot Dionysus）的呼吁和领导，俄国人民的民族意识和爱国心激发出来了，各地救国军队云集，终于攻破莫斯科，驱走了盘踞于斯的波兰人。他们于是在 1613 年召开有广泛代表性的"全民代表大会"（Zemskii Sobor），一致选出家族受大众爱戴的迈克尔·罗曼诺夫（Michael Romanov）为沙皇。就这样，在内忧外患最深重之际，俄国人以最民主的方式建立起绵延三百年之久的罗曼诺夫专制皇朝。[1]

在俄罗斯意识之中，大动乱时期的惨痛经验证实了两件事：第一，东正教是"国粹"，是俄罗斯灵魂之所系。第二，专制的沙皇是唯一适合俄罗斯，唯一能保证国土不受外敌（特别是颠覆意识特强的波兰天主教徒）蹂躏，社会不受强豪鱼肉分割的政治体制。[2] 然而，短短一个世纪之后，东正教的命运就消沉了，沙皇制则继续成为统治这鲸鲵大国的柱石，其影子至今还不时重现。吊诡的是，17 世纪之初，民心士气的胜利变成了将近四百年政治悲剧的泉源。

---

[1] 见前引 Riasanovsky，Ch. 16

[2] 例如，一位在俄国大革命之后流亡法国的著名"路标派"知识分子就说："俄国历史学家将俄国政府的暴君性格解释为在其无垠大地上建立组织之必要。"见 Nicolas Berdyaev, *The Origin of Russian Communism*（Ann Arbor：The University of Michigan Press，1992 [1937]），p. 9。

# 五、灵魂的裂痕

在西方军事力量与思潮的冲击下，亚洲大陆上古旧帝国的反应出奇地全然不一样。门户开放最晚，表面上最封闭的日本，在佩里船长（Commodore Perry）的军舰进港之前六七十年，就已经开始拥抱新事物、新思想，脑子里好像根本没有经过挣扎、痛苦；中国的士大夫迟疑了二十多年才开始对洋枪、洋炮、轮船、铁路动脑筋，折腾了八十年才算有一个思想上的大转变；然而这比起土耳其人要经过足足一百七十年的惨痛教训，在旧势力下牺牲了两位首相、一位苏丹，才能站到改革的起点上，那又算不得什么了。

但最吊诡的，却还是俄罗斯。在专制但不无远见的沙皇的鞭策下，这个庞大的国度接受西方事物比以上三者早了足足二三百年；可是，全然不受社会力量制衡，在高压之下推行的改革，是不可能有健全基础的。它推行得愈彻底，社会所受的撕裂、创伤就愈厉害，愈不可愈合。因此，在这四个国家之间，就出现了"在前的反要在后"的奇特现象。1904 年日俄战争的结果令全世界大吃一惊，今日中俄经济表现的惊人对比，也可以说是这现象的一部分。

## 历史的奇点

历史的魅力在于，它虽然有许多"必然"，好像是一张由无数因果关系织成的延绵无间的大网，然而它又有明显的"奇点"（singularity）。正如数学函数在奇点上是不规则，不连续，在奇点附近可以具有任意值，在历史的奇点上人也好像脱离了因果网络，能充分体现意志的自由。这种看法，自然不免会被今日的社会历史学家目为浪漫、幼稚。然而，只要他们想到彼得大帝在俄国近代史中所产生的决定性作用，恐怕也不可能不感到头痛吧？

诚然，如我们在上面所提到，西方（主要是新教国家）通过北方航线以及莫斯科市郊的“德国佬区”而影响俄国，是从16世纪中叶开始，到彼得的时代已经有一个多世纪。所以彼得自幼能够接触许多西方事物（例如Ismailovo老屋中那艘激发他航海热情的小艇）和观念、技术都并非偶然；同样，在索菲亚长公主摄政时代（1682—1689），她所宠信的大臣格利钦（Vasily Golitsyn）就已经是一位饱受西学和西方仪节习俗熏陶的开明改革家，那也不意外。可是，“科学的”史家倘若就企图由此证明，彼得所做的，只不过是反映原有的深层社会变迁，那就未免太武断了。①

## 历史的误会

我们且不必讨论彼得那独特的禀赋、强悍的意志、无穷的精力，或者他青少年时期能在自由、开放的环境中健康成长的传奇性际遇。可是，我们不能不记住，他十七岁那一年（1689）夤夜出奔圣三一修道院，然后与长姊索菲亚对峙将近一个月之久，而最终能够获胜，取得政权，一个极其重要的原因就在于许多贵族、军士，特别是教宗乔基姆（Patriarch

① 关于彼得大帝，见下列传记：Robert K. Massie，*Peter the Great：His Life and World*（London：Sphere Books，1982）；以及前引Riasanovsky，Ch. 20。

Joachim) 都对格利钦的西化以及种种改革感到厌恶、抗拒，所以都离弃索菲亚，大量投向与她敌对的圣三一修道院这方面。也就是说，在当时的俄国社会中，有一股汹涌的保守暗流。

而极度向往于西方的彼得，却被这样一股保守力量拥上沙皇宝座，自不能不承认是一个历史性误会和绝大讽刺。而彼得以一个二十来岁的少年，能够独排众议，坚定不移地推行一整套格利钦所绝对梦想不到的，从上至下、从里至外的彻底改革——事实上大体消灭了拥戴他登位的保守力量，从而改造了整个俄罗斯社会——那不是一个历史上的奇点又是什么呢？我们能想像在他之前的父皇亚历西斯，或者罗曼诺夫皇朝任何其他一位君主（凯瑟琳大帝除外，但她本人自然也同样是一个奇点），例如亚历山大一世或二世，推动同样翻天覆地的变革，而不陷入疑虑、争辩和畏缩的泥沼吗？

## 火与皮鞭

当然，这并不是说彼得没有遇到困难或阻碍。例如，他亲政之后由于率军征服克里米亚汗国，所以深切了解帝国已经有一百五十年传统的主力军"火枪营"（streltsy）是如何落伍、腐败和缺乏纪纲。自此以后，他就刻意分散火枪营的兵力，经常调动它的队伍。1698 年部分火枪营士兵哗变，为彼得提供了严厉镇压的绝佳机会。他不但亲自主持以酷刑——主要是以粗重的皮鞭（knout）拷打和用火炙烤——侦讯犯事士兵（其后大部分遭到处决），而且强迫许多贵族充当刽子手；翌年更正式解散全部火枪营。这样，一个代表旧俄罗斯习尚，而且屡次卷入宫廷政变的传统军事体制就有计划地摧毁了，而过程之酷烈则起了绝大的威慑作用。那比之奥托曼帝国的马哈默德二世在一个多世纪之后处心积虑将近二十年方才摧毁"近卫兵团"（Janissary Corps），真所谓谈笑用兵，举重若轻了。

## 精神的分裂

这土俄之间的大差别与宗教有密切关系——伊斯兰教始终是独立于苏丹以外的一种民间力量，东正教则自始就是俄罗斯政体内的一部分，从来不曾发展独立势力。也不能说从来没有这样的企图，只是失败了。在彼得前一代，身材魁梧、意志坚决的教宗尼康（Patriarch Nikon，1652—1667）就一度亲自厘定教会规条，改革崇奉仪式，争取树立教会权威，以求达到教皇与沙皇"并峙"亦即"共治"的理想。然而他的仪式改革虽然得到教会大会和政府支持，却被低级教士和一般信众认为违反俄罗斯传统，因而遭到坚决抗拒，最后导致教会的"大分裂"（schism，raskol）——数以万计不屈的老派信徒（old believers）或被烧死，或在教堂集体自焚——1672—1691 那二十年间，有多达两万人参加三十七趟这样的惨烈仪式，余者则大量逃居西伯利亚，发展出另外一种传统。另一方面，尼康提高教宗与教会地位的种种狂妄（最少在俄国传统中如此）措施，则激怒沙皇而完全失败，他自己也因此被流放。

所以，到了彼得的时代，作为俄罗斯灵魂的东正教会已经在精神和政治两方面陷入困境。饶是如此，在极保守的教宗哈德良（Patriarch Hadrian）去世后，彼得也令遗缺空悬二十年之久，然后才废除教宗的位置，以集体的"圣教会议"（Holy Synod）代替教会元首，那当然是极为决断和影响深远的大变革。我们必须记得，土耳其一直要到 20 世纪，待旧帝国覆没之后，凯末尔才能断然废除教皇"哈里发"（caliph）的位置。

而在彼得手下，摧毁象征旧俄罗斯的火枪营与教宗这两个体制，却显得游刃有余，好像是不费吹灰之力似的。

## 六、大革命：光荣与代价

提起大革命，我们自不免想起暴民攻打巴士底狱，或者布尔什维克党人围困冬宫，那些旗帜飘扬，慷慨激昂的场面，——以及随后的混乱、专制、审判、杀戮。相比之下，18 世纪初彼得大帝个人发动的大革命好像温驯安静得多。但其实它一样充满动人心弦的光荣事迹——也一样带来不可避免的沉重代价。

### 北方之雄

为什么彼得要发动这场革命？我们可以举出许多不同理由——对西方的钦羡、野心、争胜好强、时代的驱使，等等，但没有哪一个理由最基本、最概括，因为它们全部都是互相牵连的。可是，为了方便，我们不妨说，理由就是渴望冲破大地的包围，到达自由的海洋。可不是吗？他亲政后首先就是南下攻打克里米亚汗国，甚至不惜从头建造舰队，以求攻占顿河口的亚述（Azov），以打通到黑海的出路（1695—1696）。跟着，他派遣数百人的庞大使节团巡回拜访西欧诸国，自己也微服相随督导（1697—1698），表面上是为了考察、学习，延揽人才，实际上则是为游说各国联合对付当时还十分强大的奥托曼帝国，以求打开南边大门，进入地中海。但如所周知，这是俄罗斯民族至今还未能实现的梦想。

联盟的想法既引不起西欧的兴趣（这位身高将近七英尺的年轻君子虽然获得礼遇，却还没有政治分量），彼得的眼光自然就只有从南方转向西方，从地中海转向波罗的海了。当时波兰还相当强大，而新教国家瑞典则在 17 世纪初的三十年战争中崛起。所以，很自然地，在 18 世纪第一年爆发的所谓"大北方战争"，基本上就成为俄、波、瑞三国互争雄长之战了。这场前后延绵 21 年之久的大战以瑞典击败波兰，俄国又击败瑞典告终——或更个人化地说，以彼得击败和他同样坚毅、果断、才华横溢的查尔斯十二世（Charles Ⅻ），完成到达波罗的海的美梦而告结束。

### 理性的转向

在 17、18 世纪之交，瑞典是欧洲最先进、强盛的一个国家——更何况，那时候荷兰在独立战争中发展出来的军事革命已经传到北欧。所以纳尔瓦（Narva）河口之役（1700），查尔斯仅以四分之一的相对军力就把彼得打得落花流水是并不奇怪的。可是短短九年之后，彼得却在波尔塔瓦（Poltava）这场决定性战役中彻底毁灭了瑞典军队，查尔斯竟至落荒南逃，去投靠土耳其人。自此以后，瑞典一蹶不振，俄罗斯则从欧亚边缘上无人注意的一个半开化政治体，一跃而成为站在欧洲政治舞台中央的强大帝国。这戏剧性的转变关键到底何在？恐怕不在于中国人最爱说的"发愤图强"——"愤"的意味太主观、太冲动、太情绪化了——而是在于冷静、全面、有计划、不受任何干扰地运用他所服膺的西方理性精神。

例如，为了攻打亚述，就退而建造舰队；缺乏船匠、水师，就向西方和侨民招募，大规模就地训练，同时派大量留学生到荷兰、意大利学习。同样，纳尔瓦河口吃了败仗，也是三管齐下，以改进士官素质，改良枪械和大炮。这些措施需人、需钱，就向全国各地、各阶层征召，任何人无论贫富、家世、职业，一律没有例外，令俄罗斯人真个"无所逃于天地之间"。资财不足，则一面加重赋税、密织税网，另一面开山辟林、发掘矿藏、奖励实业、推动贸易、谋求富足。为了协调这全国性的总动员，他设立"元老院"（The Senate）和各"会议行政部门"（colleges），订定客观的规程和集议制度。为了令这架庞大国家机器运转，他更强迫贵族子弟接受教育，并且大量聘用西方（特别是邻近的德国）教师，开设各式各样的学校、学术机构，临终前还筹办俄罗斯科学院。至于他为了移风易俗而亲自剪掉贵族的长胡子，和勒令他们穿着西服，就更是众所周知，不必细说了。他大刀阔斧破除一切俄罗斯旧习樊篱以求创造的，就是一架完全依循固定秩序运作，能产生巨大财富和力量的国家机器。

### 理性的限度

然而，彼得的力量虽然强大，他所发挥的理性精神还是有限度的。这限度首先来自他自己——他是整部国家机器中唯一不受制约，无须服从规条或者公议的非理性部分，他的自由意志往往成为问题根源。这"开明专制"的内在矛盾他虽然觉察，而且企图解决，却始终无法消除。在这一点上，他比之服膺"无我"精神的德川家康，显然还有所不及。

限制的另一面，则在于社会结构。彼得所能够动员和控制的，主要是只占总人口（约一千三百万）百分之一，即总数仅十几万的贵族和地主。从"可怖伊凡"时代开始，这一精英阶层就已经常被征召。彼得更变本加厉，严格规定他们全体必须终生自费在政府或军队中服役——事实上，贵族子弟在十余岁就须在役册上登记，甚至选择进入修道院也被禁止。

这恢恢"役网"造成了两个不幸后果：第一，精疲力竭的精英阶层再无余力经营工商业，为自己累积财富，所以虽然彼得大力鼓励，但社会本身始终没有活力，资本主义更无法滋长。更糟糕的是，竭力奉公的"士绅"们被迫转而用最原始、最无效率的方式从他们自己的田庄和佃户身上榨取资源以自奉，由是必须不断加强对佃户的人身控制和劳力剥削，后果就是发展出愈来愈严密的农奴（serf）制度。其实，彼得本人对"才能统治"（meritocracy）有极其坚强的信念，而且，心底也颇富平等精神，但他以理性精神建造国家机器，却完全忽略了其下的社会制度，这一方面固然由于万机猬集，思虑不足，另一方面恐怕也显示出他系统性理论教育之缺乏，以及他那一个时代政治、社会思想的限制吧？

但最深层的限制，当还是来自理性本身。因为真正能鼓动人心，激发才能的，自然不是理性甚至帝国光荣，而士绅们（更不必说广大农民）也不会甘心做国家机器中的螺丝钉啊！

## 七、凯瑟琳的两个世界

预见俄国大革命的拉季谢夫（Alexander Radishchev）并不是一个布尔什维克，也不是19世纪虚无党人，而是18世纪末叶，凯瑟琳大帝（Catherine the Great，1762—1796）治下的一位海关总监。他在法国大革命那一年所写，在翌年出版的《从彼得堡到莫斯科之旅》（*A Journey from Petersburg to Moscow*）虽然顺利通过出版检查官老爷的昏花法眼，可是它对农奴悲惨生活所表示的义愤，对俄国专制社会所提出的控诉，对改革社会制度的大胆建议，却逃不过凯瑟琳的敏锐触角。像许多后继者一样，他虽然忏悔求饶，也被迫作了一次长达六年的西伯利亚之旅，其后自杀以终。①

## 启蒙之君

至于这位饱读洛克、孟德斯鸠、卢梭、亚当·斯密著作，又被她的笔友和仰慕者伏尔泰尊为"圣君"的女皇，本来只不过是德国一位没落贵族的女儿，可是由于种种机运，加上她自己的机智、果断，居然在 1762 年的政变中废黜（然后假手近臣除去）她近乎白痴兼且"无能"的夫君彼得三世，从而登上俄罗斯帝国的大宝。当然，这不值得大惊小怪：在她之前，打从彼得大帝的长姊索菲亚算起，俄国已经历了四位女主，不知多少次宫廷政变，也掺杂了不知多少德国基因到皇室血液之中了。②

然而，凯瑟琳与她之前那半打妇孺乃至彼得都不同——她不但有才略，而且有学识、头脑和理想，可谓彻头彻尾的启蒙运动的产物。她的雄心就是以法国的哲学、英国的经济理论，加上瑞典和德国的管理，以把她看来那么愚昧、落后、迷信的"祖国"改造成所谓"开明专制"（enlightened despotism）国家

---

① 有关拉季谢夫，见 Avrahm Yarmolinsky, *Road to Revolution：A Century of Russian Radicalism*（Princeton University Press，1986），Ch. 1。

② 有关凯瑟琳大帝，见下列数种专著：Henri Troyat, *Catherine the Great*. Emily Read, transl.（London：Granada，1981）；David L. Ransel, *The Politics of Catherinian Russia：The Panin Party*（New Haven：Yale University Press，1975）；Isabel de Madariaga, *Russia in the Age of Catherine the Great*（New Haven：Yale University Press，1981）。

的典范。她的努力对外是成功的。在她治下，经过两次惨烈战争，奥托曼帝国被打垮，彼得大帝到达黑海之滨的梦想终于实现；同时，经过三次瓜分，昔日死敌波兰的大部分领土也并入俄国版图。在彼得时代，俄国还只是新崛起的北方之雄，她则与英、法、德、奥等一流强国并驾齐驱，站到欧洲霸权前列来了。所谓"俄罗斯帝国"，在伊凡四世是梦想，在彼得大帝是可以企及的目标，到凯瑟琳大帝则终于成为现实。

在国内，凯瑟琳也是握发吐哺，勤政爱民的。登基后数年，她就召集了一个由五百多位民选代表（委任的只有数十位）组成的立法会议，并亲自起草洋洋洒洒的"指示"，要求他们遵循欧洲先进思想立法，以改造俄国社会。教育和文化也是她所长期关注的：在她治内，俄罗斯建立了几百所普及学校，学生人数增加到两万；出版业开放了，书籍数目由几百暴升到近万；彼得堡很快有了骄人的大理石建筑；音乐、芭蕾舞、歌剧、话剧等西方艺术，也都是在这个时候输入，然后在俄国土壤生根发芽，形成深厚传统。

她的开明统治没有能再产生一位像罗蒙诺索夫（Michael Lomonosov，1711—1765）那样渊博伟大，可以与拉瓦锡比肩的百科全书式学者。但她立即为俄国科学院从海外请来了一位站在时代尖端的数学家——今天连中学生都会听到过的欧拉（Leonhard Euler）。他在科学院的十七年间，不但为俄国数学奠定了稳固基础，而且和另一位外国科学家帕拉斯（Peter Pallas）共同推动了许多大规模地理探索和自然考察，使科学院跻身于真正的原创性研究机构。像下世纪出现的，发现非欧几何学的洛巴切夫斯基（Nicolai Lobachevsky）和发现元素周期表的门捷列夫（Dmitri Mendeleev），就都是这个科学传统培养出来的人物。假如说彼得增强了俄罗斯的体魄，那么凯瑟琳启迪了她的头脑，培养了她的品位，大概是不错的。

## 遁脱之文

"世界追捕我，但没有捉着我。"这是凯瑟琳时代最有名的哲人、终身浪迹天涯的斯科沃罗达（Grigory Skovoroda）的话，它道出了俄国灵魂深处对凯瑟琳的西化和她所构筑的那个光辉煜耀的上层社会之抗拒和厌恶。作为自由自在的哥萨克人后裔，以及出世的神秘主义者和虔诚信徒，斯科沃罗达的"遁脱"（现在所谓 opt-out）是一个双重抗议：对无休止的征役以及日益严酷的农奴制度的抗议；对教会地产被政府强制没收，神职人员被编入国家福利制度（这是凯瑟琳登基后两三年内的事）的抗议。彼得和凯瑟琳那么理性、无从抵挡、不可逆转地建立起来的体制笼罩了俄国人的躯体甚至思想，但捕捉不到他们的性命与心灵。而且，除了浪迹天涯的哲人、隐士之外，"异化"的还有"大隐于朝"的剧作家、评论家、宗教家。例如，冯维辛（Denis Fonvizin）以讽刺剧《成长青年》成大名，他的嘲弄对象就是以浅薄生硬的"优雅文化"掩盖粗鄙本性的乡下暴发户。

而当时最有魄力的民间启蒙家、莫斯科大学的出版社社长和公共图书馆馆长、《雄蜂》讽刺周刊和《晨曦》哲学期刊创办人诺维科夫（Nicholas Novikov），则加入了共济会（Free Masons）并且深受法国"反启蒙主义"者圣马丁（Henri de Saint-Martin）影响。像当时许多诚恳的文化运动者一样，他所渴求的是共济会中亲切的团契和通过仪式与神秘经验而来的性灵慰藉。他在《夕晖》杂志创刊号上说："若和世界堕落前沐浴在智慧之丽日光芒中的先圣相比，我们的理性较之落日余晖恐怕犹有所不及。"这无疑是凯瑟琳体制下培养出来的精英，对她和她所代表的理性主义最严酷的评价了。①

## 农奴之国

俄罗斯社会史上最吊诡的，是在凯瑟琳这么一个追求启蒙，号称开明的贤君之下，自伊凡大帝以来一直在发展的农奴制度（serfdom），反而达到严密、酷厉的高峰，甚至接近于奴隶制度（slavery）。1767 年的立法会议开始时陈义甚高，其后却因为地主、贵族坚决捍卫他们的利益和特权而一事无成。

这样，就导致了另一种形式的，也是俄罗斯所太熟悉的亡命与抗拒——哥萨克人大暴动，以及无可逃避的追捕——以一当十的现代化军队对既无组织又无政治纲领的群众的剿灭。像前此百年间的拉真（Stenka Razin）和布拉文（Condraty Bulavin）暴动一样，1773 年由普加乔夫（Emelin Pugachev）领导的大暴动虽然蔓延到整个伏尔加河流域，牵涉十数万人，但也仅仅一年多就平定了。而且，在随后推行的地方自治法案中，又提高了地主的权威，剥夺了农奴仅余的权利。致力于扩张领土和引进西方文化的凯瑟琳也许并没有太多选择——她统治的基础是贵族与地主，而他们的教育、文化和优雅生活的代价，只有从属下农奴身上榨取。② 在 1790—1794 年间，拉季谢夫和

--------

① 有关上述多位知识分子对凯瑟琳及其启蒙运动的抗议和疏离，见前引 Billington，pp. 233 – 259。

② 有关 1767 年立法会议、1775 年自治法案，以及普加乔夫大暴动，见前引 Riasanovsky，pp. 284 – 292；对该三个问题，前引 de Madariaga 有更详细的阐述与讨论，分别见 Chs. 9 – 11，Ch. 18，Ch. 16。

诺维科夫流放西伯利亚，斯科沃罗达溘然长逝，两年后，凯瑟琳的"启蒙之治"也在日益增长的国债重担下结束。①

# 八、人民的意志

政治合法性之所在，中国自古称天命，西方近代曰民意。然而，"天视自我民视，天听自我民听"，"天"与"民"，二者实有相通之处，并且，也有共通的难处，因为它不太容易确定，甚至，是否真正存在，也往往成疑。在广袤阴沉的俄罗斯，这问题尤其严重。沙皇时代如是，列宁、斯大林时代如是，到今日民选总统和国会对立的时候，也仍然如是。天命之显现，或真正人民集体意志之形成，都不是简单的事情。②

## 麻雀山之愿

赫尔岑（Alexander Herzen）是 19 世纪俄国知识分子的典

---

① 关于 18 世纪末的俄罗斯财政状况，见前引 Riasanovsky，pp. 314 -315。

② 有关 19 世纪俄国知识分子的革命历史，最详尽和权威的著作为 Franco Venturi，*Roots of Revolution*：*A History of the Populist and Socialist Movements in Nineteenth-Century Russia*. Frances Haskell，transl. （The University of Chicago Press，1960）；有关 19—20 世纪俄国知识分子（包括大革命后流亡国外者）的思想，见 Frederick C. Copleston，*Philosophy in Russia*：*From Herzen to Lenin and Berdyaev*（University of Notre Dame Press，1986）；至于以赛亚·柏林的下列名著，则是对俄国知识分子的一部辛辣评论：Isaiah Berlin，*Russian Thinkers*（New York：Penguin，1979），此书有下列中译本：Isaiah Berlin 著，彭淮栋译《俄国思想家》（台北：联经出版公司，1987）。

型。他生于贵族世家，自幼生活优裕，从法国导师接受优良教育，十五岁那一年和挚友奥格列夫（Nikolay Ogarev）上了莫斯科城外的麻雀山，俯瞰城中千家万户良久，"突然间我们拥抱起来，当着整个莫斯科发誓，要为我们所选定的斗争献出我们的生命"。像许多贵族子弟一样，他们所要献身的，就是对沙皇和他所代表的整个不公平社会（特别是农奴制度）的长期斗争。而激发赫尔岑这种崇高情操的，则是他誓愿之前两年的"十二月革命"。①

在那次作为俄国革命运动起点的事变中，由显赫世家子弟所策动和带领的三千官兵聚集在首都的上议院广场，希望趁亚历山大一世逝世，皇位继承发生意想不到阻碍的时刻，迫使政府采取君主立宪政体。由于谋叛集团的幼稚、混乱，以及其缺乏组织、计划和明确目标，这次事变在当天就被彻底敉平了。忠于政府的军队开炮轰击，杀死近百叛徒，事后的逮捕、拷问、审讯把五个主脑送上已多时未曾用过的绞刑台，还有好几百人发配西伯利亚。这场革命是极端奇怪的：第一，自由和宪政思想之传入俄国，是由于亚历山大乘 1812 年打败拿破仑的余威，领军深入欧洲参加"围剿"这位混世魔王，最后凯旋进入巴黎——以致他那些接受过西方教育，但来自闭塞、落伍社会的军官看到了花花世界，体验到了西欧的制度、生活，由是萌生强烈的理想和正义感。第二，"革命"之发生既非因为策动者受到压迫（事实上他们是不公平制度中的得益者），也不

---

① 见前引 Venturi，p. 2 以及赫尔岑的回忆录：Alexander Herzen, *My Past and Thoughts* （Berkeley：University of California Press，1982），pp. 58 –65。

是由于国家受到侵略——恰恰相反，当时俄国代表欧洲最强大牢固的帝国势力——而纯粹是起于策动者的社会意识，以及受到当时波兰、那不勒斯、希腊等欧洲其他弱小民族争取自决的行动所激发。

所以这次所谓"革命"非常奇特：它和关乎群众切身利益的英国清教徒革命、法国大革命，或者关乎国家存亡的日本明治维新、土耳其青年党人革命和中国辛亥革命等都完全不相同；它纯粹是空中楼阁式理念所引发的抗议行动，既非出于切身利害关系，亦缺乏迫切诉求。18 世纪异化了的知识分子如斯科沃罗达、诺维科夫等遁脱于帝国之外，到 19 世纪，他们要重新投入社会，这次"革命"便是一个讯号。

### 从高压到解放

抗议和高压往往相因而至。尼古拉一世在位的三十年（1825—1855）便是由革命刺激出来的典型专制时代，充斥着秘密警察、书籍和刊物检查、对大学（特别是哲学系）的管制、逮捕、流放等等。同时，在极度抑郁之中，知识分子以宗教热诚啃下（但不一定消化）英国浪漫主义文学、德国理想主义哲学和法国社会主义思想，由是产生了空前的文学与思想热潮——中国人所熟悉的果戈理（Nikolai Gogol）、屠格涅夫（Ivan Turgenev）、陀斯妥耶夫斯基（Fyodor Dostoyevsky）等作家，就都是这一个时期的人物。

当然，还有像别林斯基（Vissarion Belinsky）那样的文学评论家（他是"文学须以政治和社会标准衡量"思想的先锋），自我流放于伦敦，办《警钟报》（*Kolokol*）的赫尔岑，以及虚无主义者和革命家巴枯宁（Michael Bakunin）。他们可以说是渴待 1848 年欧洲革命大潮来临以及马克思《共产党宣言》出现的一代。

可是帝国并没有被最多不超过几千人的言论和活动所撼动，——虽然日后他们在历史记忆中占据了那么多的空间。真正在帝国产生震撼的是克里米亚战争。1855 年塞瓦斯托波尔（Sevastopol）军港的陷落第一次清楚展示，在英法联军面前，这庞大帝国是如何蹒跚、落伍、无能。这严重挫折为尼古拉的统治打上句号，也促成了亚历山大二世的改革，特别是他在 1861 年签署的农奴解放令。这可以说是奥托曼帝国、中国和日本都曾经历的模式。换而言之，俄国在欧洲列强中的地位开始动摇了。

**怎么办?**

但改革者永远在和革命家赛跑，而且往往落在后面。《警钟报》对解放令不太热心，但这已不那么重要。重要的是，意志更坚定，目标更明确，态度更激进的新一代革命家正在涌现。他们所追求的，不再是言论、思想，而是行动——有计划、有组织，需要决心、勇气与牺牲的行动。深受 1848 年浪潮和社会主义思想感染的车尔尼雪夫斯基（Nikolay Cherny-shevsky）在狱中所写，实际上相当于革命思想指南的寓言式小说《怎么办?》便是革命家对农奴解放令的回应。它成了其后半个世纪间所有俄国革命家包括列宁的圣经。

《怎么办?》的第一个后果是十年后的"到人民中间去"运动，那是"土地与自由"党（Zemlya i Volya，1874）发动的，第二个后果则是十五年后"人民意志"（Narodnaya Volya）革命党的成立。但这两次努力都彻底失败了。正如屠格涅夫在

《处女地》中所生动描绘的，到农村中去宣扬革命的大群天真青年所遇到的，只是麻木、空虚、无动于衷的农民。至于"人民意志"党锲而不舍的恐怖暗杀行动在1881年达到他们最终目标即沙皇亚历山大二世本人的时候，不但没有触发预期中的全国性暴动和革命，反而在公众之间产生骇异，招来谴责。很明显，人民的意志还未真正形成，还不能接受"人民意志"疯狂的行径。① 就这样，俄罗斯的民众运动悄悄结束了，帝国大革命之来临，还需等待更适合的社会环境，和更有力的革命理论和组织之出现。

## 九、革命的气候

亚洲多个帝国——奥托曼、中国、日本的革命生于国家贫弱，俄罗斯的革命则生于国家富强，更准确地说，是生于国家浪掷财富，逞胜好强。1917年的大革命如此，1985—1991年的不流血革命也是如此。

面积占全地球陆地六分之一，拥有丰富的森林、农田、矿产、石油、水利资源的大俄罗斯，成为超级霸权的诱惑力委实太强了，而它没入蒿莱的墨面万家，对中央政权的制衡能力又委实太弱了，所以从彼得大帝、凯瑟琳大帝、19世纪的历代沙皇，以至20世纪的历代总书记，都逃脱不了"帝国情结"。同样，斯大林、赫鲁晓夫和勃列日涅夫，也没有能避得开亚历山大三世和尼古拉二世的覆辙。从这个观点看，也许帝国情结是俄罗斯历史演进的真正动力，至于革命意识，则是这一动力系

---

　　①　见前引 Venturi, Chs. 21–23。

统的自然产物。

## 改革与反动

由于克里米亚战争失败，尼古拉的高压统治显然破产。继位的亚历山大二世个性本来较为开明，他在 19 世纪 60 年代推行了一连串"大改革"，包括废除农奴制、建立现代化司法、地方自治和征兵制度，等等。一时间，欧洲最先进的政治观念，好像都会在俄罗斯开花结果，阶级间的鸿沟将会填平，一个公平、合理的社会也行将出现了。①

然而，农奴解放令并不彻底，解放之后的农民仍然隶属于当地农民公社，受它监管，而并没有获得平等的社会地位和完全的人身自由；而且，还必须长期（原定五十年）逐年偿付拨归他维生的土地。在这种情况下，离心的知识分子和革命家态度反而更为坚决，行动也更趋激烈。讽刺的是作为帝俄政治分水岭的"大改革"，以车尔尼雪夫斯基的革命指南《怎么办?》（1861）始，以亚历山大被"人民意志"党暗杀（1881）终。

这样，很自然地，到了 19 世纪 80 年代，政治钟摆就从"大改革"荡向"反改革"。其实，对改革的反动在 70 年代就已经出现，到 80 年代更成为强大逆流。士绅在地方议会的比例增加了，他们作为军政领导和社会楷模的地位由沙皇发布宣言郑重确定，最后更设立"区长"（land captain）制，以由内政部指派的士绅来统筹和督导一切地方事务。这样就在最根本的层面破坏了地方自治和司法独立的原则。

---

① 有关亚历山大二世以至尼古拉二世的俄国政治，见前引 Riasanovsky，Chs. 29 – 30。

说到底，彼得和凯瑟琳的乾纲独断时代已经过去，19 世纪的沙皇无复这两位君主的远见、魄力，以及与天下争先的气概。亚历山大的改革，只不过是战争失败刺激下的产物，所以不旋踵就丧失动力、方向和道义精神。因此，从 19 世纪 90 年代开始，社会裂痕愈发加深，虽然有能干的官僚作出种种令人赞赏的努力，但也无从弥补了。

### 工业与社会

"大改革"不能挽救社会的破裂，但仍然启动了社会的整体变革。沙皇、守旧大臣（特别是主管东正教会的波别特诺斯采夫［Constantine Pobêedonostsev］）和内政部官僚对士绅阶层的种种维护，适足以标志这一阶层缓慢但无从逆转的没落。改革后三十年间，士绅占有的土地减少了 40%，许多不善经营的家族开始没落，正如契诃夫（Anton Chekhov）在著名的话剧《樱桃园》所刻画的那样。同时流动人口开始增加，并且向城市集中。在 1881—1905 这四分之一世纪间，俄国铁路总长增加三倍，工业以每年 6%—8% 的速率增长，城市人口从三百万左右增加到八九百万，而外国投资则从一亿增加到十亿卢布，足足跃升了十倍。在邦吉（Nicholas Bunge）、维什涅格拉茨基（Ivan Vyshnegradsky），特别是威特（Serge Witte）这连续几位开明、切实的财相推动和领导下，俄罗斯终于慢慢摆脱大地和农民的笼罩，盖起工厂，建立稳固的金本位金融体制，开始向工业社会转化。

但也就因此闯进了马克思所预见的经典困境：第一，在 20 世纪之初出现的两三百万工人数目虽然不多，却占了城市人口的三分之一左右，足以构成一个集中、有共同利益的无产阶级。而且，由于工业以国营为主，他们反抗的矛头直指政府。第二，由于推销工业产品和争夺国际市场的需要，俄国锐意向中国东北发展。当时清政府抵抗无力，但俄国与另一个新兴帝国日本的冲突则无从避免。这样，涉及广大群众的"真正"革命所需的两个条件，即社会动员和外来刺激，就都具备，只待星星之火来点燃爆炸性局面了。

## 血腥星期日

1905 年 1 月 2 日，经过日俄军队一年来的恶战，俄占旅顺终于陷落。消息传来之后一星期，彼得堡冬宫前面的广场上就聚集了上万高举圣像的请愿工人，向"圣父"沙皇提出种种改善待遇的要求。其后警察在近距离冷血地开枪射杀逾百群众的血腥场面，瞬即成为俄罗斯民族意识深处的永恒景象。"可怖伊凡"在诺夫哥罗德的暴行，或者"人民意志"党舍身刺杀沙皇的壮举，都不曾做到的事，这一回却由亲自下令开枪的尼古拉二世完成。自此俄罗斯民众对"圣父"的敬爱和忠诚被一刀斩断，四个世纪专制政体（autocracy）的道义力量也一朝摧毁。当然，这个大转变之所以会出现，和社会工业化是分不开的。

正如克里米亚战败导致"大改革"，日俄战争的失败，加上血腥星期日所产生的全国性震撼，则带来整整一个世纪之前十二月党人就已开始追求的宪政，以及首相斯托雷平（Peter Stolypin）的开明、合理的农民政策。但一切都太迟了。就在沙皇由于全国大罢工而被迫宣布召开具有立法权力的民选国会以及确定人权之后几个星期，彼得堡和莫斯科街头出现了持续的激烈暴动和巷战。显然，君主立宪已经过时，在车间、在阴暗的旅馆房间里用马克思理论武装起来的社会民主党人（更准确地说，是其中的布尔什维克派）现在追求的，是无产阶级专政了。但这梦想的实现，还有待更具灾难性的战争失败的刺激——沙皇体制的坚韧是惊人的。

# 十、大风暴的来临

在今日，在苏联已经冰消瓦解的时候，来回顾当年惨淡创业的经历，是令人不胜唏嘘的。然而，这"帝国之邪恶"（借用索尔仁尼琴的话来说），往往令人用同样的愤慨、憎恨来评说它的开国前驱，那就不免掩盖历史真相，抹杀目标、意愿与结果、现实之间的距离了。对最致力于消除理论与实践，目标与方法之间差距的列宁来说，在大革命的当初意愿与至终结果之间，竟然会出现南辕北辙的差距，那应该是最意想不到、最残酷的一个历史玩笑吧？

## 伏尔加河的革命儿女

像他的英雄——比他早几乎半个世纪的车尔尼雪夫斯基一样，原名弗拉基米尔·乌里扬诺夫（Vladimir Ulyanov）的列宁，也是在伏尔加河宽广自由的世界中成长的。① 把他和这位英雄连接起来的，是他大哥亚历山大·乌里扬诺夫，一位由于谋弑沙皇而问吊（1887）的圣彼得堡理科大学生，那可以说是"人民意志"革命党最后一位传人。

---

① 列宁有下列标准传记：Adam B. Ulam, *Lenin and the Bolsheviks：The Intellectual and Political History of the Triumph of Communism in Russia*（Glasgow：Collins，1966）。

当时十七岁的弗拉基米尔还只是中学毕业班的高才生，这突如其来的打击令他在一夜之间成长。其后两年，他重温了车尔尼雪夫斯基的《怎么办?》，啃下了俄国还未曾有人注意（虽然俄译本已出版将近二十年）的《资本论》第一卷，并因此从长兄亚历山大所投身的群众（populist）革命运动转向马克思主义。他所读到的，还有普列汉诺夫（George Plekhanov）的《我们的分别》（*Our Differences*，1885）。这位流亡瑞士的"人民意志"党前辈和新的马克思主义信奉者正好作为这青年人的思想渡筏。

当然，从成长到成熟，还有好一段旅程。在 19 世纪最后十年，弗拉基米尔依次走过了所有革命家必须经历的路途：自学（1891 年取得法律学位）；参加秘密团体，结识同志，组织工人，宣传革命（1891—1895）；受逮捕、审讯和流放西伯利亚（1895—1900）。其实，对有办法的中产者来说，当时所谓"自由流放"并不太可怕。他在叶尼塞河上游一个偏僻小镇舒申思科耶（Shushenskoye）所度过的那三年，可以算是一生中最安定、健康、充实的时光。他的学养、笔锋和名气也都是在这三年间培养出来的。到 20 世纪来临，流放期也届满时他刚足而立之年，俄罗斯平原上的大风暴则正在慢慢形成。

### 流亡的革命先锋

流放结束，也就是自我流亡的开始。在 20 世纪最初十七年间，除了 1905—1907 的短暂时期，列宁的革命生涯，都是在伦敦、巴黎、日内瓦、慕尼黑这些西欧城市度过。这流亡并非畏缩，而是有意识、有计划、有理论根据的行动——甚至可以说是由他整个革命哲学所决定的。

这哲学可以从他在流亡生涯之始所做的三件大事看出来：第一，他在 1900 年与普列汉诺夫、马尔托夫（Julius Martov）等前辈、同道共同创办理论刊物《星火》（Iskra），以作为向国内地下组织宣传和提供指导的工具。第二，他在 1902 年沿用车尔尼雪夫斯基名著的名称，发表《怎么办？》这本表面上有类于与其他革命派别的骂战杂文，但其实是经过深思熟虑的革命理论著作。第三，是在 1903 年布鲁塞尔和伦敦的俄国社会民主党第二届代表大会上，坚持强硬和严格的党组织路线，结果造成他所控制的所谓"多数派"（布尔什维克）和马尔托夫的"少数派"（孟什维克）的大分裂。换而言之，通过建立宣传工具、理论根据以及严格组织这三方面的突破，他奠定了自己的革命领袖地位。

为什么理论、组织与宣传那么重要？因为从群众革命运动六七十年的失败历史，他得到了清楚的教训：面对沙皇那么巩固的政权，革命成功的首要条件是稳定。所谓稳定，在思想上是必须有坚实、令人信服的道理，并且要令这道理广泛深入人心，这是理论与宣传的重要性；在行动上，则必须具有高度自觉和理论水平，与坚定不移意志的专业革命家，作为工人和群众组织的先锋，这是严密的重要性。换而言之，革命不是放手枪、丢炸弹（虽然那有时也必要，但只不过是末节），也不是关心工人疾苦，与他们和睦、亲善（虽然战术上那十分重要，但也不可本末倒置），而是一种启蒙，乃至传教。

当然，所宣扬的，不复是洛克、伏尔泰、卢梭的思想，或者基督救世的教义。但社会民主党人（毋宁是布尔什维克党人）工作的性质、方式、环境却和罗马帝国早期基督徒极其类似，甚至相同——在大一统帝国严厉镇压之下，一小撮觉悟到另一种真理的先知先觉者严密地组织起来，向大众传播福音，并且坚信凭着真理本身的力量，只要它能深入人心，就能改变世界。而且，一点不错，这两者都的确以他们的信条，他们的教会或者党，和他们的革命行动，深深改变了世界——虽然改变的至终结果，同样会令他们的前驱感到大大出乎意料之外。

### 大时代的降临

我们已经说过，俄罗斯帝国亡于为了支撑霸权而产生的情结。1905 年的"血腥星期日"几乎就结束了帝国历史，而且在各种自发革命势力（特别是名为苏维埃的公社式组织）同时并起的混乱局面下，措手不及的列宁万分困扰。①

但斯托雷平的坚定手腕带领尼古拉渡过了难关。十二年后，当德国精锐之师令庞大但蹒跚、混乱的俄军再也无法支撑，而斯托雷平实际上早已经被拉斯普京（Rasputin）取代的时候，三百年罗曼诺夫皇朝的气数终于来到尽头了。

讽刺的是，布尔什维克党人在充满信心的列宁带领下伸手去摘取树上早已熟透的苹果时，他们立即就得面对那些产生沙皇制度的基本力量——外力干涉、内乱、农民反抗，并且就不得不一步步走向另一个高度集权和使用镇压手段（例如 1921 年 3 月喀琅施塔得［Kronstadt］海军基地的士兵和民众争取成立自由苏维埃和议会的暴动之被镇压）的制度了。但在这些力量已经被控制之后，为什么社会民主党人仍然继续施行高压（譬如在 20 世纪 30 年代）——是列宁的革命精英必须领导一

---

① 有关俄国大革命的分析，见 Edward Acton, *Rethinking the Russian Revolution*（New York：Routledge，1990）。

切的思想在作祟，还是政府结构的惰性使然，抑或是斯大林为了巩固总书记位置而不得不继续这帝俄传统呢？那恐怕就不是能够轻易回答的了。

## 十一、到利维坦之路

在今天，布哈林（Nikolai I. Bukharin）只不过是与斯大林政争失败而被牺牲的"右派"，亦即共产主义运动史上一个日渐被遗忘的名字而已。然而，在 20 世纪 20 年代前后，他却是社会主义理论的翘楚，煜煜光辉甚至寝寝然有盖过列宁之势。[1] 他在俄国大革命前夕研究资本主义最新发展阶段，即所谓国家独占资本主义（那有异于马克思理论中的无组织资本主义）时说："这样就兴起了当代帝国主义掠夺型国家的最终形态。它是新式的利维坦之国（new leviathan），一个以其强韧爪足包裹社会生命体的钢铁组织，一个'世上力量莫之与京'的政体。在它面前，霍布斯的幻想只不过是儿戏而已。"[2] 虽然它

---

[1]　有关布哈林，见下列传记：Stephen F. Cohen, *Bukharin and the Bolshevik Revolution：A Political Biography*，*1888 - 1938*（Oxford University Press，1980）；Roy A. Medvedev, *Nikolai Bukharin：The Last Years*. A. D. P. Briggs, transl.（New York：Norton，1980）。

[2]　布哈林《〈帝国主义国家理论〉前言》，见前引 Cohen，p. 30。布哈林因为此观察又在 1916—1917 年间发展出无产阶级大革命成功后必须消灭国家机器的激进观点，从而与列宁发生理论上的严重分歧，一度濒临决裂，他自己甚至移民美国，二月革命之后才返国；无论如何，最后两人终归和好，列宁反而接受了他的观点，那成了正统马列主义观点。这一惊人转折见同书 pp. 38 - 44。

所描述的令人不寒而栗的国家形态似乎更接近 20 世纪 30 年代出现的极权国家——斯大林治下的苏联或希特勒治下的德国，然而，与二次世界大战后出现，以大众消费社会为特征的超级强国美国，其实亦不无相似。在这一点上，马尔库塞（Herbert Marcuse）的《单向人》（*One-Dimensional Man*，1964）和乔姆斯基（Noam Chomsky）的《制造同意》（*Manufacturing Consent: The Political Economy of the Mass Media*，1988）已经为我们解释清楚了。

布哈林的洞察力与学术真诚（这下面还要谈到）为苏联何以至终走上"利维坦之路"提供了线索，同时也提醒我们，塑造乃至决定社会形态的，在洞见、决心与理想以外还有其他力量——例如潜伏在理性表面之下的个人野心和传统思维模式。

## 修改马克思

布哈林与列宁有许多相近之处——他们都有在官僚体系中迅速冒升的父亲，都受过优良教育，聪颖与勤奋过人，也都在中学毕业前夕遭逢改变命运的大震荡。所不同者，是列宁遭遇的震荡（兄长因为阴谋行弑而问吊）比布哈林在莫斯科遭逢的 1905 年革命早了二十余年，所以前者成为社会主义革命运动领袖，后者只好安于首席理论家的位置。当然，列宁也以革命理论知名，但作为领袖，他最关注的，是实际的"怎么办？"——怎样令马克思所预言的无产阶级革命实现。学者气质浓厚的布哈林虽然也不断面对现实政治，却从不回避 19 世纪马克思理论到了 20 世纪是否仍然适用，是否需要发展和修改这类根本问题。

弱冠之年流亡海外后，布哈林之所以声誉鹊起，主要是因为他通过突出生产观点与消费观点的对立（并定其为客观—主观的对立），正面驳斥了维也纳经济学派从边际效用（marginal utility）出发，对马克思理论的基本批评，因而成为"正统"的捍卫者。然而，他却绝非教条主义者。他目睹德国资本与军国主义结合之后所产生的强大力量，开始感到马克思所说的资本主义底下的自由竞争代表无组织力量，因而其发展最终必然导致自身的崩溃这一基本论点已经不复能成立；因此在随后出版的《帝国主义与世界经济》（1915）一书中提出"有组织资本主义"的观念，认为与国家机器认同、结合之后的高度独占资本主义，也可能产生计划经济，从而逐步消除内在的无组织力量，长期稳定存在下去。

由此看来，马克思预言的社会主义必将取代资本主义这一大前提就并不一定能够在个别国家范围之内实现，而必须由资本主义国家之间的竞争，亦即是帝国主义战争催生。列宁所谓"帝国主义是资本主义最高发展形式"的思想便是由此触发。俄国大革命成功之后，苏俄社会主义是否能独自生存，抑或有赖于国际上连锁性革命运动之蔓延（这希望源于一战后德国经济恶化导致社会动荡，由是社民党崛起）的争论也是由此而起。在20世纪20年代，布哈林能够成为共产国际的首脑，不是没有道理的。

当然，对暴力革命以及共产主义最后胜利的信仰，使他能"修正马克思"（revise Marxism），而不像伯恩斯坦（Eduard Berstein）那样，被目为"修正主义者"（revisionist）。

### 道路是曲折的

在俄国十月革命之后，有十几年时间，布尔什维克是一个相当实际、多元、有弹性与活力的党，而不是我们心目中那部冷酷、缺乏人性、顽石似的专政机器。可以说，一个世纪之前十二月革命所激发的纯真理想，多少还在列宁和布哈林这些饱经锻炼的老布尔什维克分子身上起作用。

诚然，在 1918—1921 这三年内战（也是御侮）时期，俄共也曾全面实行工农业国有制，以强征和统制方式来为战争动员——这就是所谓"战时共产主义"（war communism）。当时像布哈林这样的理论家也一度天真地认同之，并且认为虽然苏俄的经济落后，但国家可以采用强制方式来起到"经济发展杠杆"的作用。

然而，在强制手段的严重弊病显现出来，并且内战胜利在望的时候，俄共就断然舍弃"战时共产主义"，转向"新经济政策"（NEP）了。这个前后实行将近十年（1921—1929）之久而且为全党一致认同的政策，在经济上以个体农业及农村城市之间的自由经济交换为基础，在工业上容忍小型私有企业存在，承认轻工业的重要，在社会上采取宽松政策，不但没有严厉的文化检查制度，而且并不在文学、艺术、音乐等领域树立官方标准或意识形态——甚至在政治上虽然实行一党专政，却也并不在党的各种会议乃至宣传阵地中压制或掩饰争论和分歧，更没有在各级选举和政策的制定上抛弃公决原则。

在布哈林的思想中，这条自下而上，从小农合作社到社会主义之路是有理论根据的——根据就在于国家只要控制"经济制高点"（先进的工业以及金融体制），就能逐步吸收和调节"无序的"小农与小资产阶段经济体，朝有序的社会主义前进，"正如"资本主义之通过独占而成为"有组织"一样！

### 深渊张开大口

在列宁生前和死后六年间（1924—1929），"NEP 到社会主义之路"是得到一般群众乃至党内大部分骨干分子坚定支持的。可是，在十月革命之后十七年，以基洛夫（Sergei Kirov）之死作为把柄，一个在凶残、狡黠、才略上和"可怖伊凡"差可比拟的总书记，竟就摧毁了布尔什维克的传统，再一次把这苦难的民族推入黑暗深渊。这是劫数，还是有某种内在的逻辑和必然性？那是十分发人深省的。

## 十二、英雄豪气黯然收

在十月革命之后整十周年，斯大林在"十四大"末届中全会上的演说是布尔什维克历史的转捩点——它钉死了托洛茨基（Leon Trotsky）、季诺维也夫（Grigori Zinoviev）、加米涅夫（Lev Kamenev）三巨头被逐出党的命运，巩固了他自己总书记的地位，化解了列宁政治遗嘱中对他的不利指责，为他三年之后打倒布哈林，七年之后发动大整肃，从而摧毁整个布尔什维克党，建立绝对效忠、服从于他个人的专政机器，迈出决定性的一步。这个令人震骇莫名的戏剧性变化到底是怎么发生的？

### 不幸的结合

不但在今天，即就在俄国大革命前后，约瑟夫·朱加什维利（Josif Djugashvili）都被看作是一个意志坚定、有野心，但说不上有什么才华的外高加索人。这其实不大公平——和比他大九岁的乌里扬诺夫（列宁）或者小九岁的布哈林一样，斯大林在少年时代也是聪颖勤奋，全校首屈一指的高材生。他之沉郁、暴躁、内向，甚至显露出一种阴鸷、报复的性格，是15—20岁这段关键时间，在严厉、僵化，没有一丝时代气息的神学院之中积压而成。这可能是他身上隐伏的蒙古、土耳其等粗犷游牧民族基因，和东正教不那么可爱的层面的不幸结合吧。①

然而，在（毕业前一年）脱离神学院，投身革命之后的十几二十年间，这潜伏在斯大林精神深处的病毒，却没有显露出什么表征。大家所见到的，只是他对列宁以及其革命思想的热切信仰与忠诚——当然，还有那日益增加的倔强、偏执和自是。无论如何，他参加革命（1899）之后六年开始得到列宁赏识，十三年后受拔擢（而非被选）进入俄共中央委员会以及其下的"俄罗斯局"，成为布尔什维克核心领导一员，那都是以一个坚定不移（特别是1907—1912年革命低潮时期）的地方实干分子姿态出现的。

随即，像列宁一样，他由于流放西伯利亚（1913—1917）而得到长期韬光养晦的机会，直至二月革命把他召回火热的革命行动中去。不过，十月革命和其后的三年内战时期是托洛茨基的光辉时刻——托洛茨基和列宁有无数纠缠离合关系，到了大革命前夕才从孟什维克党投入布尔什维克怀抱。他的演说、煽动天才和卓越的军事领导才能，在这号称为"英雄时代"的关键性三年，得到充分发挥的机会，为革命党夺取与巩固政权

---

① 有关五十岁以前的斯大林，见 Robert C. Tucker, *Stalin as Revolutionary 1879 - 1929*（New York：Norton，1974）；此外尚有下列根据苏联内部档案撰写的传记，作者为原列宁军事学院教授：Dmitri Volkogonov, *Stalin：Triump and Tragedy*. Harold Schukman，ed. & transl.（Rocklin，Ca：Prima，1988）。

立下不世功勋，声望之隆，直追列宁。而多次希望能够独当一面立下战功的斯大林，却屡屡遭到挫折与失望。

## 党政机器人

像后来的丘吉尔一样（多么不正规和奇怪的并列），托洛茨基也是在危难中英发、在胜利中沉沦的人物——这是天才的悲剧吧！

布尔什维克党从"英雄时代"过渡到"组织时代"，其实从大革命前夕，中央委员会成立书记处，由谨慎不知怠倦的斯维尔德洛夫（Yakov Sverdlov）出任总书记那时已经开始了。其后组织局、政治局这些核心小组出现，已经成为列宁副手的斯大林虽然厕身其中，但地位仍未显得突出。党内形势第一次大逆转出现于1921年3月的第十次党代表大会。当时内战胜利在望，但民众对"战时共产主义"的高压统治的反对正酝酿爆发。经过会前和会上激烈拉票与辩论，列宁的温和路线击败了主张全面直接统制工人的"托派"以及主张允许工人自治的右派，从而为"新经济政策"的实施铺平道路。

就党组织而言，这次大会也是转捩点：第一，此时斯维尔德洛夫已去世，属于托派的克列斯廷斯基（Nikolai Krestinsky）等三位主将失去中委位置，所以也被迫离开书记处和组织局。其时刚刚壮大的党政机器控制权因此易手；一年后，斯大林终于坐上总书记席位，从此可以施展手段，有意识地逐步安插亲信了。第二，大会决定整肃党纪，严禁以政策作为号召的派系出现。第三，在上述形势下，发生了大规模清党，取代进入中委的，许多是斯大林的乡亲和朋侪：莫洛托夫（Vyacheslav Molotov）、基洛夫（Sergei Kirov）、伏罗希洛夫（Kliment Voroshilov)、奥尔忠尼启则（Sergo Orzhonikidze）等都是在这个时候崛起的。

"十大"标志着列宁和斯大林重新取得党的控制权，它也是一班桀骜不驯的革命志士所组成的"布"党转变为日益讲究纪律与组织的共产党的起点。对一个理论上需要长期执政，甚至专政的党来说，这转变恐怕是无可避免的吧？

## 定于一尊

"十大"之后不及两年，列宁中风，党内爆发继承之争，它持续至1929年底，亦即斯大林年及知命的时候，才以他的全面胜利宣告结束。这胜利，有人全归之于他能掌握党政机器，那对他恐怕是不完全公平的。其实，他脑子里"天下乌乎定？定于一"的强烈意识，以及能够灵活地应用理论、历史和政策作为党内斗争工具，才是制胜关键。①

例如，列宁甫一逝世，他就发表《列宁与列宁主义》，强调在帝国主义下无产阶级革命与专政的重要性，从而间接驳斥布哈林着重19世纪传统的观点，以及季诺维也夫（Grigori Zinoviev）以农民革命为中心的观点，由是建立自己作为列宁主义权威的地位。在随即展开的党内斗争中，他推尊列宁，以踵

---

① 有关斯大林取得最高领导权和"大整肃"的历史与分析，见 Robert C. Tucker, *Stalin in Power: The Revolution from Above, 1928–1941* (New York: Norton, 1990); Rober Conquest, *The Great Terror: A Reassessment* (Oxford University Press, 1990); G. R. Urban, ed., *Stalinism: Its Impact on Russia and the World* (London: Wildwood House, 1985); 此外并见奥尔洛夫（Alexander Orlov）在投奔西方之后撰写的《斯大林肃反秘史》（斯仁译，澳门：星光书店，1988）。

武其后的弟子自居，恰与处处自命不凡，隐然和列宁分庭抗礼的托洛茨基形成强烈对比，从而赢得多数党代表认同。可是，从1928年开始，他又通过对"新经济政策"的阻挠、破坏，以及"一国之内的共产主义"思想，开始对布哈林等还未识透他真正意图的温和派发动猛烈、多层次和绝不放松的攻击，至终迫使他们退出政治局，签下承认政治错误的"降书"。

可以说，把阶级斗争意识与心态在党内发挥到淋漓尽致，就是斯大林能摧毁"布"党，把俄国带回专制政治传统的秘密吧。

# 十三、五百年梦魇

在20世纪60年代，麻省理工学院气象学研究生洛仑兹（Edward N. Lorenz）发现了"蝴蝶效应"——大气系统是有高度内在不稳定性的，南美丛林中一只蝴蝶扑动翅膀那样细微的扰动，也有可能对一星期之后太平洋西岸某个台风的途径产生决定性影响。这就是"紊乱"（chaotic）系统研究的开端。可是，早在四十年前列宁在病榻上，似乎就已经意识到"布"党治下的苏联也是具有高度内在不稳定性的紊乱系统，而斯大林"性格粗暴"这么一个"细节"，就足以决定性地把它推向灾难性深渊。所以研究斯大林的专家塔克（Robert C. Tucker）说："我深信，假如为了某些理由，在1919年西班牙流感疫中去世的，是斯大林而不是斯维尔德洛夫，那么在20世纪30年代使得苏联愈来愈相似于纳粹德国的那些因素，可能永远不会出现。……一个因素本身可能并不重要，但它在众多因素之中却可以起决定性作用，令历史走向某个方向。他（列宁临终）

所预言的，只不过是：斯大林的性格可能是带有决定性的'细节'而已。"

当然，有些人会认为，列宁所信奉的马克思主义，和他所建立的"布"党专政体制本身，就已经隐含日后的斯大林恐怖屠杀和独裁——二者是有必然的因果关系的。例如，斯大林在20世纪20年代初期的私人秘书巴扎诺夫（Boris Bazhanov）后来离开苏联，在1930年出版《斯大林：红色独裁者》一书，预言日后的大整肃、大屠杀，他就持这种"因果关系"的看法。

不过，更客观、更平心静气一点来分析的话，也许亦不必将类乎自然定律那么死板，那么一成不变的因果关系，强加之于历史发展过程之上吧！假如能够承认，一个不受一般民众和成文法律约束的永久执政党，无论其成员的理想或纯洁性如何，或者其内部的开放程度如何，都必然会有高度的内在不稳定性，都可能由于个别人物或事件这样的"细节"，而决定性地出现灾难后果，那不也就够我们去反省了吗？

## 从斗争到独断

的确，在其始，斯大林党内斗争的胜利似乎是正常的，和西方议会之出现一个新的多数党领袖差不多。说到底，托洛茨基锋芒太露，太骄傲自大，他那个全面统制工人的极左方案也实在太不得人心了。列宁之后，布尔什维克党可期待的，是一位领导同志（最多比别人稍稍占先），而不再是高高在上的"大宗师"。至于资历最深，也同样有野心的季诺维也夫，众所周知是怯懦（这在大革命前后表现得太清楚了）而又自大的人，声望极差；另一方面，同样资深但循谨有为的加米涅夫，却不幸跟定了季诺维也夫。这三位巨头在1927年"十五大"与稳健的斯大林斗争失败，实在是由人心趋向所决定的。更何况，党内深孚众望的年轻理论家布哈林，还有政府首脑李可夫（Aleksei Rykov）和工会领袖托姆斯基（Mikhail Tomskii）这些实力开明派人物，当时也都站在斯大林这一边。

当然，在其后短短两年间，斯大林的党政机器竟然能将稳稳掌握了党校、党报、行政机构、莫斯科党部，还有全国各级工会的布哈林、李可夫、托姆斯基集团，连同他们代表的温和开明的NEP路线，一并全面打倒，那就令人大惑不解了。这恐怕只能归之于两个关键发展：第一，经过处心积虑的安排，斯大林在九人政治局中拉拢了加里宁和伏罗希洛夫，从而取得微弱的优势，因此在1928年夏天的中全会上能够瓦解右派的反攻。第二，他跟着利用政治局和书记处对党务的绝对控制权，全面撤换敌对派系在各主要机构和城市的党组负责人。这样，在1928—1929短短一年间，他利用核心对基层的控制，反过来由基层去影响中全会，将以布哈林为首的右派逐出政治局。

### 从整肃到清洗、消灭

然而，通过杠杆式操纵来控制相当于议会的中全会和相当于内阁的政治局还只是第一步。而且，这种控制在未来还是有可能被逆转的。要真正巩固权力，只有彻底改变政治权力基础，也就是摧毁"布"党以及它取决于多数的原则，代之以在背景、文化、理念上与党政机器以及专制政治相配合的另一个党，这才是决定性的、在20世纪30年代完成的第二步。

第二步也分两个阶段：其始，从1929—1934年，主要是经济政策的激烈左转：NEP取消了，以钢铁、水电为主而忽略轻纺、农业的第一个五年计划出炉了，在消灭富农（所谓 de-kulakisation）的口号下，农民被雷厉风行地强制赶进集体农庄，旧知识分子被清汰，由是令执行政策的党员和其下的民众在层层高压之下失去抗争意志和独立判断能力，重新造成专制气氛和文化。在这种日益增加的恐怖气氛下，甚至斯大林在政治局中原来的亲近盟友，诸如基洛夫（Kirov）、奥尔忠尼启则（Ordzhonikidze）、古比雪夫（Kuibyshev）等也开始起来反对他，阻止他向党内温和派采取更激烈的行动。而大概亦正是这一反抗，使他意识到"布"党老同志毕竟不可靠，毕竟还有反侧的可能，遂生出了用秘密警察（当时称为 NKVD）清屠"布"党的决心。这就带来四百年前伊凡式恐怖统治重临的第二阶段。

这阶段以 1934 年基洛夫被暗杀为开端。其后四五年间，通过诬告、指控和酷刑，斯大林以抄瓜蔓的方式将"布"党三百万党员近四分之一"消灭"，而 1934 年的中委会委员更百分之八十被消灭——在列宁当年二三十位亲密战友之中，斯大林成为硕果仅存的一位！至于一般民众，在这期间被处决、流放、监禁的，则有上千万之数。到了 1939 年的党大会，只剩下百分之三代表还是五年前的旧人，而且，足足百分之七十的党员已是 1929 年之后入党的了！

就这样，从伊凡大帝和"可怖伊凡"开始，经过了彼得改革和凯瑟琳启蒙，经过"十二月革命"、"人民意志"党和列宁、布哈林的终生奋斗，俄罗斯历史绕了一大圈，又回到出发点来。

# 十四、以天地为洪炉、造化为大治

19 世纪初，法国政治家托克维尔所钦慕的是美国和它的民主政体，但拿破仑的失败则令他见到地平线上另一个巨人——俄国。可是历史洞见有时是要经历十分漫长的时光才能显明正确的；美国和苏联一直要等到二战之后，才成为地球的"两极"，那已是托克维尔之后一个多世纪的事情了。在这一个世纪间，俄国曾经多次改革和引进西方思想、制度，可是正如克里米亚战争、日俄战争和一战证明，这历次尝试都不甚成功，未足令俄国跻身真正的霸权前列。反而是到了斯大林时代，当 16 世纪伊凡式的邪暴重新降临，并且发挥到极致的时候，苏俄才陡然释放出巨大潜能，一跃而成为超级霸权，实现了从彼得以来历代沙皇的梦想。这吊诡的发展不禁令人怀疑，是否斯拉夫民族的精神里，有某种与邪暴相契合，与专制相共鸣的素质使然—— 例如，许多文献提到，俄人有难以想象的忍受肉体痛苦的能力，他们甚至以此为荣，为之结社集会，互相比试。当然，这种离经叛道的想法，恐怕是既难讨好俄国国粹派如索尔仁尼琴（他坚决认为整个列宁—斯大林传统都是西方事物，与俄罗斯文化毫无关系），也不易见容于底子里信奉"制度决定论"的西方自由主义者。

## 大逆转的关键

我们所熟知的苏式社会主义，是斯大林在 1929—1939 这十年间铸造的。它主要的特征，例如通过党政与意识形态来全面控制社会，直到最低层与个人，大力发展重工业而忽视轻工业与农业，经济的国有化、计划化、非市场化，等等，都是在这一个时期出现与定型的事物。

我们在上面讨论了从列宁主义到斯大林主义的演变，重点在政治，难免予人以经济政策只不过是争权借口的印象。这其实并不完全正确：对斯大林来说，极权统治、经济发展和个人野心是三位一体，互相胶结配合的，很难强为之分出因果。其实，在他这种盖世枭雄的脑袋中，高度理性的思想与强烈的非理性冲动，总是紧密纠结，无从划分界限的吧！

例如，向来紧紧追随列宁的斯大林，第一次显出强烈的集权和独裁倾向，并且因此不惜与列宁公开对立，便是由于对苏联联邦政制的严重分歧，以及他对格鲁吉亚以及其他外高加索地方党部的强力压制所引起。这是 1922 年间的事，它多少表明，对斯大林来说，大俄罗斯中央统制主义既是真诚政治信仰，亦复是性格使然。至于斯大林与布哈林的冲突，也是在推倒托洛茨基、季诺维也夫、加米涅夫等三人之后，由经济政策分歧引起。1928 年初市场货物供应短缺，而且有灾荒迹象，农民开始囤积，以致粮食收购计划不能完成，行之已有七年的温和的"新经济政策"遂面临困境，苏联政治、经济路向亦因而达到主要分叉点。在这关键时刻，斯大林以总书记掌握了实际运作的控制权，不但全力推行强制征购粮食，并且亲自率领部下到乌拉尔山和西伯利亚一带，坐镇督促实施层层下压，绝不稍假宽贷的严厉政策。这样，富农（kulaks）、同情富农的地方干部，甚至镇压不力的司法人员大批遭到逮捕、撤换、监禁的命运。这种做法自然带来反抗，但早有准备的斯大林则施用更狠辣和强硬的手段对付。"坐而论道"的中委会对这些偏离既定政纲的做法束手无策，最后只有承认既成事实，即农民与党

249

政机器之间的激烈对立，与党之迈向专制。这可以说是苏联从务实转向"斯大林化"的关键。

## 社会主义洪炉

在将布哈林逐出政治局之后，斯大林的强硬与急进社会主义路线可以畅行其道了。经过四年苦斗（1929—1933），付出最少千万以上农民饿死，超过一半牲口被愤怒农民屠宰（以至到20世纪50年代畜牧业还未复原）的惨痛代价之后，斯大林终于胜利了；绝大部分农民在经过短短二十多年（1906—1930）的自由之后，又被赶回集体农庄（kolkhoz），自此不但产品受国家控制，实际上人身亦失去自由，几乎沦为农奴。

当然，"集体化"的目的是利用所谓"剪刀差"（即低价收购农产品，高价出售工业产品予农民）来累积大量资金，以投入当时认为可以体现社会先进性的重工业，求其以前所未见的高速发展，这就是1928—1937年第一和第二个五年计划的重点所在。

在这些计划最初三四年，农民和工人被压榨的程度大体上从他们的实际平均收入几乎减少一半，以及国民生产总值竟有百分之二十至三十用于再投资可以窥见。但不能否认，在付出这些沉重代价之后，全面改造社会和急速工业化的目标也的确达到了。在十年期间，工业产值的年平均增长率虽然没有达到宣传的百分之二十以上那么惊人，但肯定不少于百分之十二至十四。也就是说重工业产品如钢铁、水泥、煤炭、石油、发电、母机等等增加了三至六倍；大学毕业生、工程师、技术员的数目也以相若甚至更高倍数增加；至于城市人口比例则从百分之十八增加到百分之三十三，倘若把人口总数的增长计算在内，则实际数目增加超过一倍了。同时，在国家的强力推动下，各种科研机构也如雨后春笋般出现，成为继续高速工业化的稳固基础。毫无疑问，以"钢"为名的斯大林，凭着钢铁意志和严酷如洪炉的手段，在短短十年之间，把一个落后、散漫的农民之邦，锻炼成纪律森严的强大工业国家。这是自彼得大帝以来，俄罗斯社会最根本、最翻天覆地的大变化。

### 血与火的试炼

斯大林成功（无论是如何邪暴的成功）的至终试金石，是希特勒在 1941 年夏天的全面进攻。虽然整个 30 年代斯大林都小心翼翼地希望避免与德国冲突，虽然入侵的消息令他措手不及，意志瘫痪数日之久，虽然"大整肃"令红军丧失无数优秀将领，但他顽强的意志、灵敏的计算，还有前十年奠下的工业基础，最终令俄罗斯民族团结和奋发起来，经过这场长达四年之久的血与火的洗礼，从而跃登超级霸权地位。

不，无论如何不愿意，我们都不能够不承认，就俄国所面对的传统大问题即秩序与安全而言，斯大林要算是成功的，是能够掌握斯拉夫之魂的。他和他的苏联所通不过的，是完全不同的，另一个世界中的另一种试炼。

# 十五、结语

历史功过，到底应当如何评说？剥人之皮，剜人之目，刳人之心，然后又跪在圣坛前虔诚忏悔、祈祷的"可怖伊凡"为俄罗斯席卷了东方万里河山。他的一生是功是过？清洗了上千万富农、上百万"布"党党员，把全国造成一座大集中营，全

251

民变为一部大机器的斯大林洗雪了俄国百年来受制于西欧列强的屈辱，令列宁手创的第一个社会主义国家在短短二十年内攫取超级霸权地位。他为苏联带来的，又是祸是福？这两个极端例子所展示的性格与行为中的深刻矛盾，在彼得、凯瑟琳，甚至亚历山大、尼古拉这些君主身上，也同样明显地表现出来。圣洁与邪暴，献身理想与纵肆意欲，可以说是俄国政体乃至俄罗斯灵魂中，如形影一般不可分离的双元存在，也是贯穿帝俄与苏联历史的一条金线。

### 俄罗斯传统的烙印

苏联著名导演爱森斯坦（Sergei Eisenstein）在拍摄《可怖伊凡》这出电影时，曾直接向斯大林请示如何为伊凡塑造形象。根据当时在场的主角切尔卡索夫（Nikolay Tcherkassov）回忆，斯大林完全同意把伊凡演成一位英明神武、开疆拓土的爱国君主，把屠杀贵族的黑衣骑警演成进步政治力量。他甚至说，伊凡美中不足之处就是心软，所以他跪下忏悔的时候，一些贵族漏网溜脱了![1]

这个斯大林本人批准出版的故事，不但说明他怎样向后世交代 1934—1937 年的恐怖清党行动——他可没有让一位老"布"党贵族漏网，连已流亡墨西哥的托洛茨基也不曾放过！而且，也连带把他和俄罗斯政治大传统的认同表露无遗。其实，早在 1926 年，这认同已经可以由他在老友基洛夫的一个庆功宴上的表现看出来。当时列宁逝世未久，大家都认为他的地位只能由集体领导取代，斯大林却站起来，边绕桌子行走边

---

[1]　见前引 Urban，pp. 154 – 155。

说："可是别忘记，我们是在俄罗斯，沙皇的国度。俄国人是喜欢国家头顶上有一个元首的。当然，他所执行的，将会是集体意志。"很可惜，在座衮衮诸公没有一个人想到，他所指的，其实就是自己。①

不仅如此，俄国的宗教传统也不可能不在这位格鲁吉亚神学生乃至他所建立的体制之上打下烙印。列宁死后，斯大林的祭文就是一篇充满东正教气息的祷誓词："列宁同志离我们去了，他命令我们保护党的一致犹如自己眼睛的瞳孔。列宁同志，我们向您宣誓，一定服从这条戒命……他命令我们保卫和加强无产阶段专政……列宁同志，我们向您宣誓……"他保存列宁遗体和在红场营筑列宁陵墓的主张，正是从东正教崇拜圣地和圣徒遗体、遗物传统而来。更重要的，则是把列宁主义定型和简明化、程式化的努力。这不但见之于他的《列宁主义基础教程》，而且明显表现于他的《列宁主义答问》那种为了便于学生记诵所采取的方式，例如"农民支持十月革命是明智的吗？……对，是明智的"之类，那简直就是用教会的《教义问答》改编而成——内容虽异，形式则一。② 这正好应了麦克卢汉（Marshall McLuhan）的名言"媒介就是信息"（Medium is the message）！

甚至，20 世纪 30 年代大清党的方式，即是用尽威逼词诱，以求犯人在公开审讯中彻底承认种种莫须有的叛党卖国罪行，然后定谳处决，也不正是和西班牙宗教裁判所的规矩以及历代沙皇务令叛徒"忏悔"然后处决的老办法一脉相承的吗？

---

① 见前引 Tucker, *Stalin as Revolutionary*, p. 312。

② 分别见前引 Urban, pp. 23, 211。

## 疲乏体制的极限

1956 年 2 月，赫鲁晓夫在苏共"二十大"会上正式揭发斯大林的暴行，震惊了世界。然而，这没有成为一个新开始，没有斯大林的斯大林主义是行不通的。赫鲁晓夫是少了残忍和冷酷，但独裁和"帝国情结"倾向则和前任并无二致。事实上，他不久就发现，在斯大林体制下，没有简单地改进经济特别是农业效能的良方，也没有有限度放松控制而不引起卫星国家如波兰、匈牙利等借机反抗的可能。更要命的是，帝国情结带来与美国的冲突和紧张，以及政治局同事的不满，而缺少残忍、冷酷和阴鸷，则无法把同僚压成下属（更不要说奴才），如他在 1964 年所发现的那样。赫鲁晓夫所证明的是，斯大林和他的主义有内在的逻辑结构，不是可以随便修补改动的。

勃列日涅夫和柯西金汲取教训，企图用集体领导方式重新建构强大、富裕、没有个人色彩的社会主义体制——也许，可以称为客观的斯大林式体制。经过二十年努力，他们又发现，这样一个体制虽然可以非常之强大——到了 20 世纪 70 年代末期，苏联在整体军事力量甚至远洋海军方面都已经追上美国，非复 1962 年古巴导弹危机中受辱的吴下阿蒙了，然而，它却似乎没有办法富裕起来，更不可能消除民众甚至许多精英分子的离心离德和愤懑之情。这种情绪正日复一日、不可逆转地龈蚀斯大林所建造的那部占据了地球表面六分之一的庞大机器，正如过度的高频振动（这往往是由于内部摩阻力和巨大应力［stress］所产生）在飞机的关键部位产生金属疲劳一样。勃列日涅夫证明的是，在苏俄大传统下发展出来的极权体制已走到极限，再无发展活力了。

## 新生事物

20 世纪 70 年代"氢弹之父"萨哈罗夫的公开抗议和索尔仁尼琴的《古拉格群岛》是弥漫全国的愤懑情绪的巨大冰山一角，正如早十余年帕斯捷尔纳克的小说和诗篇是另一种念头、另一种渴望的萌芽。基本上，不是饥荒，不是战争失败，不是新暴民领袖，甚至不是新一代赫尔岑或列宁，而只是这样一种情绪、一种念头、一种悄悄的共同愿望，最后摧毁了这座社会主义大厦的基础。

"作为核和常规武器霸主，苏联和美国最少是相等的。……但我所见到的苏联社会，内部却极为脆弱。诚然，它还未曾有 1905 年式的革命……但它其实脆弱不堪——这脆弱是由于丧失了信心，由于其体制已再也不能激起国民的忠诚，除了统治者苟延残喘再也不能代表任何理念，这样来的。"这是历史学家图克尔（Robert Tucker）在 1981 年，即戈尔巴乔夫上台之前四年说的话，它已经准确预言了十年之后苏联在自身重量所造成的压力之下，逐步分崩瓦解的命运。① 一个庞大、严密、强有力的政治体，在没有外力冲击或内部动乱的情况下，和平、有"秩序"地逐步自动解体，这在人类历史上是空前的。也许，只有恒星在耗尽内部核子燃料之后，慢慢地在自身的巨大重力挤压下，塌缩成一颗所谓白矮星（white dwarf）的过程，差可比拟吧。

当然，历史的魅力在于，它的未来总是充满未知与意外。但也许目前在酝酿、在挣扎诞生中的新俄罗斯，有一点将不会

---

① 见前引 Urban，pp. 173 – 174。

令我们觉得意外——也许它终于已经世俗化，已经"解魅"，从而超越圣洁与邪暴的紧张对立了。

原刊《信报》（香港）1993 年 2 月 1 日—5 月 17 日，分十六篇连载，其中部分嗣收入《站在美妙新世纪的门槛上》（沈阳：辽宁教育出版社，2002），第 174—200 页。此处依照《信报》原文。

# 对三个现代化历程的反思

## 俄罗斯：对现代世界本质的错误判断

在 16—17 世纪西欧崛起之后，其他古老帝国相继受到强烈冲击，因而必须改弦更张，大事革新，以应付前所未有的变局。在这些"后进现代化国家"之中，最幸运、最值得土耳其、中国、日本等艳羡的，无过于俄罗斯帝国了，因为前者所必须面对的许多难题，对它而言都根本不存在。

首先，由于地缘相接，俄国很早就直接感受到欧洲变革的强大冲击，在 17 世纪之初更几乎由于波兰和瑞典的入侵而亡国。很自然地，到 17、18 世纪之交，饱受刺激的俄罗斯就锐意革新，走上现代化道路，这比诸上述三个古旧帝国足足早了一个半世纪。在这时，它所须弥补的落后差距还相当小，而对许多其他国家来说，如何在短短数十年间完成欧洲经历数百年工夫才逐步完成的变革，正是最大难题。

其次，具有悠久渊源和强固政治、社会结构的古旧帝国，要破旧立新还有另一个难题，即缺乏领袖，因为有新思想、新眼光的人才往往不在其位，即或一时蒙君主破格擢用，也不免受尽旧势力的梗阻、攻击，难以充分施展抱负。俄国则全然不同，它的革新动力正来自独揽大权的沙皇本人。18 世纪的彼得大帝和凯瑟琳大帝雄才伟略，见识超迈，自不待言，即使其后的亚历山大一世、二世和斯佩兰斯基（M. M. Speransky）、维特（Serge Witte）、斯托雷平（Peter Stolypin）等，又何尝不是明君、贤相，何尝不是有魄力、有作为的政治家！终帝俄二百余年之世，改革和现代化可以说几乎从来没有停顿过，也没有碰到任何重大政治或宗教阻力。相比之下，土耳其和中国的现代化历程就坎坷艰苦得多了。

再次，俄罗斯虽然有别于西欧，但两者的根源却十分相近。就民族而言，俄国虽以斯拉夫民族为主，但创建它第一个政治体即基辅公国的，则是来自斯堪的纳维亚半岛的瓦兰吉亚武装移民集团；就宗教而言，东正教和罗马天主教同源；就政治而言，俄罗斯承袭了拜占庭即东罗马帝国传统，并且在君士坦丁堡覆灭之后以"第三个罗马"自居。因此，对于接受西方事物，引进西方思想、文化，俄国民众虽然也一样有抗拒情绪，但比诸土耳其教士和中国士大夫阶层那种强烈的憎恶与排斥心态，则相差甚远。

最后，俄国由于进行改革较早、较全面，所以很快就建立了强大军事力量，不但在西欧浪潮冲击下足以自保，而且还有余力干涉欧洲事务，被承认为所谓"欧洲协同国"（European Concert）成员。所以，它的种种革新措施和建设得以在不受外力干扰的情况下从容构思和推行。对它来说，租界、治外法权、关税自主、外国资本占据市场等等天大问题压根就不存在。在后进现代化国家之中，它是唯一不必应付帝国主义侵略的——其实，如所周知，它自己就已经是帝国主义的一部分。

从以上四点看来，俄国占尽了现代化的有利条件，在所有欧洲以外的国家之中，它的改革无疑应该最成功，最能带领它进入现代。从某些角度看，这的确也是事实。在20世纪初，它在军事、文学、科学、音乐、美术乃至都市建设和工业生产等各方面的成就已经接近欧洲先进国家，在有些领域甚至领先了。然而，也不可否认，从最基本的层次，即建立一个健全、整合、蓬勃有生机、能适应现代世界的国家这一点来看，俄罗斯长达两个世纪之久，在最理想条件下锐意推行的现代化却彻底失败了。它毕竟不能避免大革命、大动乱和社会的整体崩溃，而且，经过国家和社会全面重组之后，仍然未能解决帝俄时代遗留下来的症结，例如农业生产落后和社会、民族对国家缺乏认同等问题，因此在大革命七十余年之后，又再要忍受另一次整体崩溃的打击。俄罗斯这种吊诡的失败其基本原因到底何在？俄裔哥伦比亚大学教授拉伊夫（Marc Raeff）这本篇幅不多、但灌注了多年研究和思考结晶的著作《独裁下的危机与嬗变》，便正是企图通过分析其国家与社会之间的互动关系来找到答案。①

　　拉伊夫的基本观点是：在帝俄，以沙皇为首的国家是主动的，是改革和现代化的原动力，但它以独断、强制的方式改造庞大、顽惰社会（包括农民、小地主、小商人和逐渐兴起的官僚阶层）的努力却往往落空，甚至产生意料之外的相反效果。因此，他对彼得大帝的雄图伟略颇有保留："全面看来，国家

---

　　① Marc Raeff, *Understanding Imperial Russia*（New York：Columbia University Press，1984）[中文版：拉伊夫著，蒋学桢、王端译《独裁下的嬗变与危机》（上海：学林出版社，1996）]。此书出版于戈尔巴乔夫出任总书记之前，所以它的讨论只及于苏联所面临的困境，而与其崩溃、解体无关。

有关服役贵族和知识精英的目标是达到了，但就平民而言，则直至 18 世纪中叶为止，可说是彻底失败。"① 对尼古拉一世时代兴起的著名知识分子如赫尔岑（Alexander Herzen）、巴枯宁（Mikhail Bakunin）、奥加廖夫（Nikolay Ogarev）等，他评价更低，认为只不过是十分孤立的一小撮人，自命"能为大众指示前途的激进意识形态宣道家：这是他们为自己界定的角色，也是在现代世界自我认同的功能"。在他看来，他们对实际改革没有，也不愿意作出任何贡献，而选择成为死硬反对派，从而造成俄国政治的两极分化。正是这牢固、不可改变的两极化阻止了具有自主性的俄国公民社会出现。② 他所赞赏的，是 19—20 世纪之交出现，他称之为"有根"的专业知识分子：他们代表"独立的宣言，从意识形态纠缠的摆脱，以及回到现实，认真面对现实的决心"。在这一大批才华横溢的音乐家、美术家、科学家、文学家、哲学家身上，他看到了真正的文化果实。

然而，柴可夫斯基、托尔斯泰、罗巴切夫斯基、巴甫洛夫、康定斯基等天才人物虽然个别成就辉煌，却并没有对社会整体发生指引作用，也未能帮助俄国社会找到"一套完整，能指导它参与政治运作和经济发展的价值、原理和行为标准"。也就是说，俄国社会没有能力建立真正属于自己的意识形态，这就是它失败的根源。③ 拉伊夫认为：真正的现代化必须是自

---

① 前引 Raeff, p. 53；《独裁下的嬗变与危机》，第 40 页。

② 前引 Raeff, pp. 163 – 171；《独裁下的嬗变与危机》，第 119—124 页。

③ 前引 Raeff, pp. 151, 221 – 225；《独裁下的嬗变与危机》，第 110, 160—163 页。

发的、连锁反应式的社会蜕变，是其本身规范的建立和意志的表现。因此，是不能从外部加以领导和控制的，无论领导和控制者多么开明、睿智、有远见。所以他说："（亚历山大二世的）改革计划的致命伤在于它是基于一个静态世界观，这是对现代世界本质的错误判断，因为它忽视了现代化过程所释放出来的动态力量。"①也许，俄罗斯长达两个世纪（还应当包括苏联长达七十年）之久的现代化，在最理想的条件之下仍归于失败，就是由"对现代世界本质的错误判断"而产生的吧？

把中国过去一百五十年的现代化历程与俄国对照，也许我们不必再为林则徐、曾国藩、左宗棠、李鸿章、康有为、梁启超等政治家、改革家之生不逢时，或者顽固的慈禧太后之对改革横加阻挠而扼腕长叹，更不必为康熙皇帝错过了东西方文化在近代第一次接触这一早期现代化契机而感到惋惜了。因为，以中国历史之悠久、传统文化之深厚，以及与西方事物之隔膜，希望碰上或创造比俄罗斯更优越的改革条件显然是不现实的。更何况，到头来这些条件和现代化成功与否其实并没有太大关系！值得我们关心和审慎思考的，更当是过去二十年间，在一个新的政治环境中逐渐出现的社会自发性蜕变，和它所连带推动的现代化进程，要怎样才能够稳健地持续下去吧。

## 西班牙：惶惑的旅程

现代化从西欧开始，但欧洲并不是一个单纯整体，而是许多不同政体、国家的集合。这些国家之中最特殊的，也许要算

---

① 前引 Raeff，p. 180；《独裁下的嬗变与危机》，第 130 页。

西班牙了。在 16 世纪，无论从政治、军事、海外殖民的角度看，它都是欧洲最先进、最强大的帝国。然而到 18 世纪，这个现代化的先驱却已经没落，成为欧洲边陲一个没有活力，不受尊敬，甚至不受注意的二流国家。到 19 世纪下半叶，当革命和自由思想终于传到西班牙，并且产生政治影响的时候，它好像应该能赶上中欧的"迟现代化国家"——意大利和德国了。意想不到，那只不过是她在政治旷野中长达整一个世纪的漂泊之开始。这我们称之为"惶惑的旅程"的，便是雷蒙德·卡尔（Raymond Carr）这本现代西班牙史的主题。①

要了解现代西班牙，必须稍为回顾它前四百年的历史，因为困扰这个国家的，正是历史和传统遗留下来的问题。在历史上，塑造西班牙性格，激发它的辉煌成就，同时也决定它凄凉没落的，是三个相关主题：宗教、民族和征服。1469 年伊比利亚半岛上最强大的两个王国卡斯提尔（Castile）和阿拉贡（Aragon）缔姻，揭开了近代西班牙的序幕。在随后半个世纪（1469—1516）间，伊莎贝拉和费迪南德这两位年轻有为、信仰虔笃的"公教君主"携手成就了三件大业：统一半岛上林立的基督王国；攻下南方的格拉纳达（Granada），也就是盘踞在半岛上已达七百年之久的伊斯兰教徒的最后一个据点；资助哥伦布西航，并且在他发现的新大陆开拓殖民地。随后，在雄才大略的查理五世（Charles V，1516—1558）治下，庞大的美洲殖民帝国建立起来，数以吨计的黄金和白银源源不绝地从新

---

① Raymond Carr, *Modern Spain 1875 – 1980*（New York：Oxford University Press，1980）；卡尔著，许步曾、林勇军、郑风译《惶惑的旅程》（上海：学林出版社，1996）。

世界流入半岛。作为西班牙、美洲，还有大量欧洲领土的统治者以及神圣罗马皇帝，查理在位四十年的梦想就是克服各种（特别是法国的）阻力，一统基督教世界。继承他的腓力二世（Philip Ⅱ，1556—1598）是一个谨慎、勤奋而具有炽热宗教信仰的人。父亲要建立大帝国，他则致力于维持教会正统和信仰纯洁。不幸，和时代背道而驰的这两项大计都彻底失败了：查理没有打败法国，腓力二世也不能征服信奉新教的荷兰，更不要说已建成强大海军的英国。父子二人数不清的战争没有带来任何成果，只是使国库虚竭，社会贫困离心而已。

到 17 世纪，欧洲迅速走向世俗化、资本主义和高度中央集权政治，西班牙则仍然停留在中古形态：一个只知追求宗教正统和大帝国梦想的僵化指令性政治结构沉重地压在具有不同语言、风俗和法制特权的许多民族之上；商业、民生、科学、新思想都为一个世纪之前的宗教理想和征服者形象所窒息，都不能发芽、生长。正如著名西班牙史家比森斯·比韦斯（Jaime Vicens Vives）一针见血地指出："卡斯提尔不了解资本主义世界，所以无法与欧洲竞争。这就是今日西班牙历史中心问题的关键。"①

处于紧贴欧洲心脏的位置，而又不了解迅速兴起的资本主义和它所带来的变化与力量，是十分危险，要付出沉重代价的。腓力三世（Philip Ⅲ，1598—1621）和四世（Philip Ⅳ，1621—1665）这两位继位君主没有意识到这危险，只是盲目地

① Jaime Vicens Vives, *Approaches to the History of Spain.* Joan Connelly Ullman, transl. （Berkeley：University of California Press，1970），p. 98.

背着历史枷锁挣扎，企图恢复上一世纪的光荣。结果到 17 世纪末叶，帝国的欧洲属土就轻易为列强所瓜分，西班牙王位本身也为法国波旁族系（House of Bourbon）所夺去。虽然它的海外殖民地要到 19 世纪才相继丧失，但叱咤风云的西班牙帝国则随着 17 世纪而终结了。在其后一个半世纪间，波旁王朝把理性改革和欧洲思想引进西班牙的努力并不成功。法国大革命、拿破仑入侵、自由思想的传播和多次民众起义对政局造成了冲击，但也都没有产生任何深远、持久的影响。

所以，当进步党人获得军方支持，在 1868 年发动不流血政变和革命，为民主宪政揭开序幕的时候，西班牙在思想、社会和政治等各方面，都是极度混乱、分散，缺乏一致性和凝聚力的。这种混乱反映于它五花八门、令人迷惑的许多政党和政治团体。例如属于左派的有社会党、工团主义和无政府主义；属于右派的有保守党、长枪党、军队势力、王党和种种天主教组织；至于中间派则有进步党、自由党、共和党等等。除此之外，还有各种激烈的地方民族主义政党，它们全部加起来，总数恐怕有二三十个之多。这样，在随后漫长的百余年间（1868—1975），西班牙要经历两度共和，两度内战，长时期腐败不稳定的君主立宪，和两度军事强人独裁的煎熬，是很自然的。

在 17 世纪，西班牙的崩溃是由于 16 世纪传统与新时代精神相违背造成，那么它在 19—20 世纪的惶惑旅程又当如何解释呢？它并非缺乏接受新思潮感染的机会——社会主义、工团主义、无政府主义、自由主义、宪政思想都从只隔着比利牛斯山的法国和只有数百英里水程的英国迅速传入，而且生根发芽。它也绝非激进、抛弃传统——正相反，教会势力始终根深蒂固，而除了军人独裁和其他短暂时期之外，波旁王室稳如磐石。它更没有摧毁民间社会，地方民族主义不但强大，而且直接影响全国政治。

也许，答案在于西班牙的保守力量太强太牢固，所以无论从天主教会内部，抑或从社会其他部分，都不能产生与传统决裂的力量，从而形成政治突破。这一点，可以用两个例子来说明。第一，像宗教裁判所这么一个制度，要一直到19世纪初才初次正式受到挑战，而教会还坚决反对废除。第二，要到1898年美、西战争的时候，因为一下子丧失了古巴、波多黎各、菲律宾三处海外殖民地，西班牙才初次感到全国性的危机与震撼。然而，由此激发出来的所谓复兴运动（regeneration-ism）在最大限度上只不过是一系列缺乏思想内涵的政治口号，对国民意识并没有产生真正的冲击。在这个时期，西班牙最出色、最有深度的文学家，也是最能捕捉民族灵魂的思想家，要数乌纳穆诺（Miguel de Unamuno）了。但他的《生命的悲剧意识》这本名著却是对文艺复兴、宗教改革、科学、理性的嘲讽，对罗耀拉、特伦特会议、救赎和永生（他称之为"超越经济学"）的颂扬，和对现代的愤怒与蔑视："我们没有科学精神？那又怎样？我们有其他精神……让其他人去发明好了……我们有自己的工作。"鲁迅剖析狂人心理，创造阿Q典型，为的是对"吾国与吾民"作无情鞭挞。乌纳穆诺则恰恰相反，为了伸张西班牙在失败中的不屈气概，他倔强地说："吉诃德先生正是把自己弄得滑稽可笑，因而不朽。"①

---

① Miguel de Unamuno, *Tragic Sense of Life*. J. E. Crawford Flitch, transl. （New York：Dover, 1954），pp. 305–306.

是的，在走向现代之前，英国有过它的议会造反和清教徒革命；日本有过它的雄藩内部政变以及幕藩战争；荷兰、美国都曾经过独立战争的洗礼；至于法国、俄国所经历的思想剧变和大革命，以及土耳其在凯末尔时代所经历的猛烈政治、宗教和思想革命就更不必说了。这和中国之必须经历辛亥革命和五四运动，是一样的。所有这些国家，都是在和传统决裂之后，才能够向新时代、新体制迈出第一步。而对于西班牙来说，也许是由于与伊斯兰教徒七个多世纪的艰苦斗争，以及16世纪帝国成就之辉煌在民族心理上所产生的自信与偏执，正统天主教意识无论在政治抑或思想上都变得牢不可破，因而这一关键性决裂姗姗来迟。它的初次出现，恐怕要算是1936—1939年那一场震惊世界的酷烈内战了。没有20世纪30年代那一趟愤怒、拼命的血与火之洗礼，那一场对全体西班牙人"存在承担"的考验，那么在20世纪70年代中期佛朗哥漫长的专政结束之后，稳定的民主立宪政体是否能那么自然、顺利地出现，而且为绝大多数人接受、拥护，恐怕还是有疑问的。

## 竞逐富强：现代化的熔炉

16世纪中叶葡萄牙人到达九州南部的种子岛（1543）之后，日本军事史上发生了一个重要但鲜为人注意的变化。当时正值中央政权崩溃的所谓"战国时代"（1467—1600），各地群雄并起，争夺"天下"霸权。因此刚刚传入东洋的火枪迅速为军队采用，它的研制、改良、操练成为藩主、将领、武士悉心探究的要务。当时公认为最伟大的天才军事家武田信玄就是受火枪的长距离狙击丧生，而织田信长在著名的长篠之役

（1575）能够彻底击溃武田胜赖，主要是得力于埋伏在河边的上万名火绳枪手。这说明在短短一代之间，火枪就已经能够左右日本的军事与政治了。根据佩兰（Noel Perrin）在《放弃枪械》这本小书中的研究，这时日本陆上火器之精良和应用之普遍，已经超过英法等西欧先进国家。①

然而，令人惊讶万分的是，两个半世纪之后美国人以武力打开日本大门的时候，却发现它的一般民众对枪械感到十分陌生，甚至茫然。事实上，从 17 世纪中叶开始，枪械就逐渐从日本社会消失了，原因是已经一统"天下"的德川幕府有意识、有计划地把枪械制造技术和人才集中起来，收归国有，然后任其萎缩、废弃、失传。这个政策一方面是为了维持武士这一庞大统治阶层的社会地位，因为用枪比用武士刀容易得多，一般民众可以轻易掌握；另一方面则是因为战乱已经平息，一个统一、和平、没有严重外患的国家根本不需要太犀利的武器，反而要防止它在社会上流传。因此，在维持稳定的大前提下，已经发展起来的先进科技被压制，萌芽中的军事巨变以小小一段插曲告终。

这段史实可以为了解洋务运动提供一个新角度：以器械为急务的"船坚炮利"政策也许并无不妥，它的失败，只不过是因为主事者力量不够强大，意志不够坚决，因而无从"动摇国本"，迫使中国的政体、社会、意识形态去适应发展先进武器的需要，甚至产生本身的蜕变罢了。换而言之，"西用"的逻辑不足以改变"中体"的结构，因此研制和改良器械所必须具有的心思、资源始终无法集中、调动，所得的结果也就无从与

_____

① Noel Perrin, *Giving Up the Gun* (Boulder：Shambala, 1980).

欧西、日本比拼。日本在德川家康统一"天下"（1600）之前和之后对火器态度的大转变，正好说明，体与用二者孰为优先的选择，是决定于政治形态的。

麦尼尔（William H. McNeill）的《竞逐富强》① 为我们带来的，是这一观点的更深一层论述：即欧洲的长期分裂造成剧烈的军事和政治竞争，由此产生的巨大压力迫使各国必须不断变革以求生存，从而为军事体制（包括武器和军队组织）的改进和资本主义的发展提供自然环境。因此，西欧并非先有现代价值观、人生观才产生现代政治、社会制度，才出现工业文明。实际上，它在思想、宗教、军事、经济、政治等方面的急剧变化，是通过这些领域彼此之间的强烈刺激与相互作用而同时发生、同时进行的。

要说明这种动态连锁反应，西班牙和荷兰在 16 世纪末的冲突是一个好例子。当时连同荷兰在内的所谓"低洼国家"（Netherlands）还隶属于刚刚征服美洲的强大的西班牙帝国，但为了新旧教之争，两者断断续续打了将近八十年（1570—1648）的仗。这长期冲突激发了荷兰的民族主义，促使它成立欧洲第一个共和国；跟着，为了抵抗西班牙人大举入侵，这似乎弱小的民族国家在毛里斯亲王（Prince Maurice of Nassau）领导下完成了整一套军事革命，它涉及军队组织、训练和作战方式，其严格方法、理性精神乃至系统教材和军校制度都是划时代的，因此迅速传遍欧洲，为所有先进国家所仿效。更惊人的

---

① William H. McNeill, *The Pursuit of Power* (The University of Chicago Press, 1984). ［中文版：麦尼尔著，倪大昕、杨润殷译《竞逐富强》（上海：学林出版社，1996）〕。

是，在南方移民大量涌入和维持海外贸易的需要这双重刺激下，荷兰不但从一个繁盛的转口港发展成为国际商业中心，并且更建立强大的海军，取代葡萄牙的远洋殖民帝国地位。可以说，为了抗衡西班牙，荷兰在政治、社会、军事、经济上都发生了整体性巨变。事实上，相类的蜕变不断在不同时代发生于许多不同的国家，欧洲的现代化就是这样在冲突、竞争的熔炉中熬炼出来的。

麦尼尔这本酝酿、用功达二十年之久的著作还另有一个鲜明主题，那就是"富"和"强"之间不可分割的密切关系。用他的话来说，"市场化的资源调动缓慢地发展，逐渐证明它比指令（command）能更有效地把人的努力融成一体"，因此"到16世纪，甚至欧洲最强大的指令结构在组织军事和其他主要事业时，也要依赖国际货币和信贷市场"——以商业为基础的荷兰之所以成功，以帝国官僚结构为基础的西班牙之所以失败，就是明证。在18—19世纪，大英帝国的成功和同样优秀的法国之所以失败，关键也基本相同。以海军和海外贸易为本的英国始终严格遵从市场原则，所以能够借英伦银行建立牢固的信贷机制，并通过全球性经济网络来为战争调动资源。至于以陆军和大陆官僚架构为主的法国，则始终未能完全摆脱指令经济的干扰，因此动员力量相对减弱许多。英国之所以能够在七年战争（1756—1763）中击败法国，囊括后者在北美洲和印度的殖民利益，关键正在于此。

这可以说就是资本主义的秘密：只有通过它的非强制性但又无孔不入的"无形之手"，才能筹集发展先进军备所需的庞大资金；另一方面，军备所提供的强大武力，和战争的巨大消耗，又反过来保证和加速资本主义的发展。两者之间形成互相加强的正反馈循环。因此，军备和战争是资本主义发展的主要（虽然并非全部）机制。麦尼尔把本书的目标界定为"试图弥合分隔军事史和经济史以及编史工作的鸿沟"，是再恰当没有了。

当然，欧洲的分裂状态与"资本主义—军备发展"纽带这两个主题，也是密切不可分割的。在大一统政治格局之内，指令型经济可以轻易压倒市场经济，把它局限于细小规模之内，而且军备发展也没有迫切性。因此，两者之间的正反馈循环是无从建立的。本书用相当篇幅讨论宋代商业，以及当时为了抵抗北方民族入侵而出现的冶铁工业的飞跃发展（神宗时代中国的铁年产量已达十二万吨，超过工业革命早期的英国百分之五十以上），目的正在阐明当时资本主义之所以不能进一步发展，是受到中央官僚政府基于道德理念和本身稳定的要求这两个原因的抑制。反之，"只要没有单一政治指令结构能够把手伸向拉丁基督教世界的每一个角落，从而把资本主义累积消灭于萌芽状态，那么基本现实就是市场会凌驾于当时（欧洲）最强大统治者的君权之上"①。所以，"富"与"强"的纽带，必须在容许不断"竞逐"的政治环境之中，才能牢牢建立起来。

然而，狂热、不受控制的竞逐富强造成了人类前所不能想像的效率，带来了空前的力量和财富，却也同时把人类推到受核战争毁灭的边缘。政治分裂、军备竞赛和资本主义果真是人类之福吗？历史学家无法预言未来，但省察过去和展望将来，又可说是他们辛勤伏案之余的自然权利。麦尼尔并没有放弃这权利。而且，他对 21 世纪的看法可能令读者十分惊异："展望

① 前引 McNeil，p. 114；《竞逐富强》，第 114 页。

未来几百年，我想后人很可能将本书论述的一千年看作是一个不寻常的动乱时期。"到了那时候，全球性政府可能出现，个人利润的追求会抑制在一定限度，竞争和攻击只能在体育活动找到出路，社会变革会慢下来 ……总之，"人类社会又回到正常状态"。① 这样一个美好的愿望是否会实现，能在多少个世纪之内实现，自然没有人知道，但这本书那么客观和深入的剖析，以及书末所表达的这一愿望，应该是可以为中国今后的发展道路提供一个平衡观点的吧。

原为"现代化冲击下的世界"丛书（上海：学林出版社，1996）中《独裁下的嬗变与危机》、《惶惑的旅程》、《竞逐富强》三部译著序言的集合，刊《二十一世纪》（香港）1996 年6 月号，第102—110 页；嗣收入《站在美妙新世纪的门槛上》（沈阳：辽宁教育出版社，2002），第201—216 页。

---

① 前引 McNeil, pp. 385‐386；《竞逐富强》，第420—421 页。

第三辑

现代的传统根源

# 中华与西方文明的对比
## —— 有关科学与宗教的一些观察

八十年前陈寅恪说过一段很有名的话，即王国维是以地下实物与纸上遗文相证，取异族故书与吾国旧籍补正，取外来观念与固有材料参证，也就是说，应用了大量新材料和新观念。这就是他所谓"赤县神州数千年未有之巨劫奇变"在学术上所带来的新风气、新气象，它至今仍然在发生强大影响。当然，所谓"巨劫奇变"其实是个全球性现象，它至终为中国带来了一个新时代、新开端，也为世界带来了一个新局面，那就是人类文明融合的大趋势。在这新开端、新趋势之下，把中华文明和西方文明进行比较，是很自然，也很重要的。这是一项庞大的工作，需要许多代人的长期努力。我们在这里，只不过是作一些粗浅零碎的观察而已。

## 一、中古教士的梦想

让我们从西方中古一件小事情说起。在 13 世纪有一位醉心自然哲学的圣方济各教士，他孤耿高傲，处处碰壁，饱受打压，但至终时来运转，老朋友当上了教皇，于是应邀将平生所学，熔铸为两部著作呈献。他的书开宗明义这样说："凭借知识的光芒，上主教会可得以统治，信众的国度可得以节制，尚未信教者将会归宗，而超卓的知识足以制服怙恶不悛者，基督徒再不必流血牺牲，就可以将他们驱逐至教会境外。"①这里所谓"超卓的知识"，是指当时刚刚随阿拉伯人传入西欧的古希腊和伊斯兰科学，但也包括从中国间接传入的新事物，例如火药。当时欧洲的"黑暗时代"已经过去最少两百年，但比起伊斯兰世界来，它在文化、科学、经济等方面仍然落后很多，所以上述这番话是为欧洲力争上游的一个建议。

那位教士就是有名的罗吉尔·培根（Roger Bacon，约1215—1292），他呈献给教皇的著作名为《主集》和《别集》。② 不幸他的好运很短促，书籍上呈之后，教皇还未及寓目就驾崩了，因此它们并没有发生什么影响，很可能根本还未有人阅读就已经束之高阁。此后他虽然继续勤奋著述，但并不得志，甚至还可能因为政见而一度遭受监禁，最后郁郁以终，直至 17 世纪方才广为人知。不过，上面那几句话还是很重要的，它揭露了自然知识在西方文明中的根本重要性——即使在宗教精神高涨，甚至淹没一切的"中古盛世"（High Middle Ages）。当时，即使在教士心目中，它仍然是能够和语言、文法、道德训诲分庭抗礼的。而且，从它在罗吉尔·培根的书中所占分量看来，实际上比后数者更为重要。对于中古欧洲而言，这些自然科学知识虽然源于古希腊，从阿拉伯人那里学习

---

① Roger Bacon, *Opus Majus*. 2 vols. Robert Belle Burke, transl. (Philadelphia：University of Pennsylvania Press，1928），p. 3.

② 有关罗吉尔·培根，见 Stewart C. Easton, *Roger Bacon and His Search for a Universal Science* （Oxford：Blackwell, 1952）。《别集》即 *Opus Minus*；他第三部著作《三集》（*Opus Tertium*）始终未曾完成。

它们却算不上"礼失求诸野",而是追求风闻已久,"恨未识荆"的新事物,因为古罗马人虽然听到也接触过古希腊科学,却从未真正了解它或者有系统地翻译过它,此时它方才初次从阿拉伯文转译成拉丁文,并且还夹杂了许多伊斯兰文明的增益。

## 二、宋儒的振兴之道

这样将来自域外而又关乎自然界的知识视为强盛邦国的根本大道,在中华文明观念中是不可思议的。作为对比,10世纪的大宋皇朝也同样是经历大乱之后积贫积弱,面临北方强敌,也同样发愤图强。那么当时潜心思索振兴之道的有识之士,例如胡瑗、孙复、石介等大儒,所讲求的又是何种道理呢?余英时在《朱熹的历史世界》一书中说得很清楚:"他们三人都笃信圣人之道,致力于重建一个合乎儒家理想的秩序。他们研究经学的主要动机是追求一种文化理想"。那也就是他引孙复所说的"所谓夫子之道者,治天下、经国家大中之道也"。在他们的影响、激发之下,所出现的最有远见和魄力的大政治家是范仲淹和王安石。他们同样也是以儒家的礼乐、道德理想,即所谓"诗书史传子集,垂法后世者","古代圣王之道的文字记录"为求治根本。[1] 统而言之,宋儒的振兴之道以古代经典为依据,那都是与政治、社会、文化理想直接相关的。

以上的说法很粗疏,因此需要作两点补充:首先,罗吉

---

[1] 分别见余英时《朱熹的历史世界》上篇(台北:允晨,2003),第395,392,412—413页。

尔·培根是走在时代前面的，他的话并不能够代表 13 世纪欧洲的政治与文化理念。当时基督教观念笼罩一切，自然哲学被视为"神学的婢女"，它最主要的功能在于阐释自然万物，从而彰显上主创造天地之大能与精妙。可是，也不能忽视，他重视自然知识效能的观念却仍然顽强地存在——在另一份手稿中他还生动地想象起重机、汽车、轮船乃至潜艇、飞机的发明和制造，宛如预见 20 世纪来临一样，而且这些梦想也为他同时及其后许多教士所分享。① 他们之中有不少位至主教乃至大主教，却仍然潜心科学，作出重要贡献。其中如牛津大学第一任校长，后来成为林肯郡主教的格罗斯泰斯特（Robert Grosseteste，1168—1253），研究光学的坎特伯雷大主教佩卡姆（John Peckham，卒于 1292），德国第一所座堂学院创办人，曾经出任雷根斯堡（Ratisbon）主教的大阿尔伯特（Albertus Magnus，约 1200—1280）等等都是杰出例子。他们努力的结果是，到了 17 世纪之初，另外一位培根即弗朗西斯·培根（Francis Bacon，1561—1626），就鲜明地提出"知识即力量"的观念，那到 18 世纪为启蒙思想家接受，从而成为西方文明的主流思想了。追源溯本，这观念最早就是由罗吉尔·培根提出，而他的思想则可以追溯到古代希腊。

其次，北宋其实也有许多重要科学家，例如发明所谓"增乘开方法"的数学家贾宪，撰写《梦溪笔谈》的沈括，编校

---

① 见 Lynn Thorndike，*A History of Magic and Experimental Science during the first thirteen centuries of our era*，Vol. 2（New York：Columbia University Press，1923），pp. 654–655。此巨著共八大卷，其中提供大量欧洲中古实验科学与魔法的资料与阐述。

《本草图经》和造"大水钟"的苏颂等等。当时中国的技术和工艺非常先进，对促进经济起了很大作用，导致北宋人口在一百五十年间（约960—1100）增加六倍，突破一亿的历史性关口。① 所以，在中古，中华文明不但具有丰富的自然知识和技艺，而且能够很充分地利用它。可是，中国士大夫所搜集、发展的自然知识都是零碎分散的，不能够构成完整的理论体系和学术传统，所以不可能有长远、累积性的发展。在他们的观念中，这方面的知识属于形而下的"器用"范畴，和形而上的、具有经天纬地功能的"道"不可同日而语。像南宋的秦九韶是大数学家，他的《数书九章》是传统数学的高峰。然而，说来奇怪，他本来热衷仕宦，潜心数学只是元人入侵，丢掉官职，颠沛流离，"心槁气落"之后的事情。与他同时代的李治、刘秉忠也都是在金人朝廷做官，元灭金之后方才隐逸山林，潜心数学。刘秉忠后来更为元帝忽必烈征召而放弃数学出山，官至太保。这种风气是有悠久传统的。如孔子所重视的是礼乐仁义政事，至于"性与天道"、"怪力乱神"、稼穑农圃等等问题他不但不愿意讲，甚至被问到也不愿意回答。"君子不器"就是不做"专家"，不钻牛角尖，那可以视为他对具体自然知识的基本态度。这种态度一直延续到近现代。例如翻译《几何原本》的徐光启是最早接触西方科学，对其精妙赞叹备至的杰出士大夫，他却从未动念探究西方科学的全貌与根源。雄才大略如康熙皇帝虽然对"西学"发生极大兴趣，却也从未想到派专

<hr>

① 见葛金芳《宋辽夏金经济研析》（武汉出版社，1991），此书已吸收更详尽的漆侠《宋代经济史》上下册（上海人民出版社，1987—1988）中之资料。

人到海外留学和搜求典籍。在他们心目中，这些知识虽然神奇，却无与于经国大业，其定位恐怕仍然是"珍玩"、"绝学"而已。

钱穆先生对这种心态有很深刻的观察。他说，中国学者"始终不走西方自然科学的道路……总看不起像天文、算数、医学、音乐这一类知识，只当是一技一艺，不肯潜心深究。这些，在中国学者间，只当是一种博闻之学……聪明心力偶有余裕，始一泛览旁及。此在整个人生中，只当是一角落，一枝节，若专精于此，譬如钻牛角尖，群认为是不急之务。国家治平，经济繁荣，教化昌明，一切人文圈内事，在中国学者观念中，较之治天文、算数、医药、音乐之类，轻重缓急不啻霄壤。"跟着他论天文、数学如何被应用到历法乃至被"强挽到实际政治上应用"，音乐如何被用作"以人文精神为中心向往之工具"，结论是"在中国知识界，自然科学不能成为一种独立学问"。① 这些话是很值得深思的。

统而言之，中华与西方文明对自然知识的观念自古以来就有非常深刻的分歧。西方把它视为宇宙奥秘，值得终身探索、追寻，因而它发展成高度理论性的学术，即上通"天道"的"自然哲学"。当时它的实用价值并不彰显，也不重要，直到罗吉尔·培根方才出现转变的朕兆，以迄 17—18 世纪脱胎换骨，发生革命性的巨大变化。中国人看自然知识，则脱离不了实际和浅近的"器用"观念，所谓"医卜星相、天文历数"向来是学术旁支，不入"大道"。目前所谓"科教兴国"反映了表

---

① 钱穆《中国知识分子》，载《民主评论》（香港，1950），收入《国史新论》（香港：求精印务公司，1955），第67—68页。

面态度的改变，底子里却仍然未曾跳出原来思想框架。但在今天，科学和技术改变人类社会的结构，甚至人的思想乃至身体，已经非常全面和深刻，可以说无孔不入，无微不至了。而且，这种改变可以说是不断加速，没有止境的。那么，如何来梳理、认识、扭转中华文明对科技根深柢固的传统观念，自然是我们今天所亟须面对的大问题了。

## 三、流亡教徒的梦想

现在让我们谈一点宗教问题。在路易十四治下，有位胡格诺教徒（Huguenot，也就是法国新教徒）为了求学而改宗天主教，后来又秘密重投新教，因此被迫流亡多年，最后到了荷兰鹿特丹，在那里获得固定教席。当时哈雷彗星刚好掠过地球上空，得此灵感，他在 1682 年发表了第一部著作《彗星随想》①。它宣称：彗星是自然现象，当时却视为厄运预兆，那其实是迷信，也是教士和主政者借以迷惑民众的手段。由此出发，他展开了对基督教会（包括天主教和新教）与绝对王权的全面批判，其核心论据是：除了上帝无人能够判断宗教真理究竟为何，而且道德意识和社会稳定性也根本与宗教信仰毫不相干，因此每个人都有权凭良心来选择信仰，包括无神论；所以宗教迫害是无理而邪恶的，只有全面的宗教宽容方才是唯一合理政策。此书立论大胆，辨析深入周全，锋芒直指过去一个半世纪以来连绵不断的宗教战争与迫害之根源，因此出版后大受

① Pierre Bayle, *Various Thoughts on the Occasion of a Comet*. Robert C. Bartlett, transl. (Albany: State University of New York Press, 2000).

欢迎，迅即奠定了作者的地位。此后他辛勤著述，又撰成了五大卷，约五百万字的《哲学与批判辞典》①，以辛辣的笔触和坚实详尽的历史考证，为西方文明中大量古今人物作传并加评论，亦即寓思想于史实之中。这位新教徒就是培尔（Pierre Bayle，1647—1706）②。他的自由、宽容观念和大量著作全面影响了伏尔泰，《哲学与批判辞典》更成为《百科全书》的原型，所以他被尊为启蒙运动之父。

我们在今日提到启蒙运动，往往只会想到科学革命、光荣革命、洛克的政治著作、卢梭所提倡的民主，而多数忽略了它的宗教向度，也就是对基督教的批判和攻击。为什么呢？很可能因为在中国人的观念中，由宗教来主宰整个文明（例如基督教之于欧洲），或者在不同教派之间，单纯由于信仰义理的差异而发生战争、杀戮，历数十百年不息，是不可思议的。因此我们不太了解，甚至有意忽略或者干脆否认，欧洲进入"现代"的先决条件是，对基督教发起全面的、猛烈的批判，来挣脱它的精神和政治桎梏——那就是韦伯所谓的"解魅"（disen-chantment）。这样，对于启蒙运动，就不免产生极大误解和歪曲，认为它基本上只有正面，只是一个讲求理性和争取自由民主的运动。观念上之所以会出现如此巨大偏差，基本原因就在于，在中华文明之中，任何一种宗教都从来没有获得独占的、排它的、宰制性的地位，各种宗教大体上是共存的。

---

① Pierre Bayle. *The Dictionary Historical and Critical of Mr. Peter Bayle*, 5 vols. A reprint of the 1734 English edition （London：Routledge，1997）.

② Elisabeth Labrousse，*Bayle*. Denys Potts，transl. （Oxford：Oxford University Press，1983）是一部有关培尔的简明介绍。

# 四、在中华文明中的宗教

如所周知，汉武帝"罢黜百家，独尊儒术"，以后历代君主也大多跟随。然而，儒家却没有成为中国的宰制性宗教。这有两个原因：首先，它的理想扎根于"现世"，基本上是一套文化与政治理念，而并没有任何关于"来生"的应许。因此它对"统治精英"有号召力、说服力和实际意义，但就大众百姓而言，却难以和佛道竞争，即所谓"儒门淡泊，豪杰多为方外收尽"。其次，中国人善于调和融合，而不喜欢辨析细节。因此儒、释、道三教表面上彼此竞争、排斥，甚至借助君主力量相互斗争、倾轧、迫害，背后的真正动机都不在于思想、理念，而是为了发展政治经济势力，其所凭借的力量也不外君主好恶。有名的"三武灭佛"，以及至元年间释、道的激烈斗争，都没有脱离这个模式。

因此三教之间相互影响，相互渗透，具有不同信仰者密切交往，切磋讲论，或者士大夫以一身兼容不同信仰，都是常态。像道教从老庄哲学和佛教吸取教义和仪式，禅宗深受老庄和儒家影响，宋儒理学吸收佛、道两家的形而上学观念、术语、修炼功夫，那都是大家熟知的。在这方面余英时和柳存仁两位有很详细深入的论证。余英时指出，一方面"北宋名僧多已士大夫化，与士大夫的'谈禅'适为一事之两面……北宋不少佛教大师不但是重建人间秩序的有力推动者，而且也是儒学复兴的功臣"；反过来，北宋大儒如张载、二程、司马光、王安石等，也普遍深受佛教影响，无从摆脱，"佛教儒学化和沙门士大夫化毕竟也让禅宗的'道德性命'普遍进入了儒家士大夫的识田之中"。① 柳存仁说，宋儒"出入释、老，入其室而操其戈，既得释、老一部分之精旨，又引儒门经典或经疏中若干文字，或以彰儒教之盛足以苞外教之内容，或利用儒家一二语其迹与释、老近似者以打击异教，盖已数见不鲜"。至于明儒，则"能够起重大作用、放一异彩的是受道教及禅家影响的、大批的提倡'王学'的人"。而王阳明这位一代大儒，"五十几岁的生涯中，自称有三十年在道教书籍和修持方法中过活"，"所受道经之影响既深……谓其能完全廓清道家之影响而可以无损于其学术系统之完整，实难令人置信。……良知之说，则又惟道教金丹导引之说是求，谓此而可以比附良知，则致知之学之说之驳而不纯，亦可知矣"。而且，"王学之包融佛教者其事多方，固不止修持功夫一端。抉其大而可寻者，窃以为实有（五事）……五者皆佛也"。王学缺少这五项，则不免"大为减色，即其体系亦将受影响"。因此，阳明屡言"二氏之学其妙与圣人只有毫厘之间"，实不足为怪，"在这样的情势之下，王阳明实在不能不承认三教在某一个意义上说，只是一家"。② 所以，到了明代，儒、释、道三教虽然仍然竭力保存各自面貌，实际上已经水乳交融，密不可分了。

---

① 见前引余英时《朱熹的历史世界》上篇，第116，142—155页。

② 见柳存仁《明儒与道教》（1967）、《王阳明与道教》（1970）、《王阳明与佛道二教》（1981）等三篇论文，俱收入其《和风堂文集》（全三册，上海古籍出版社，1991），第809—923页。以上七条征引依次见《和风堂文集》第897，818，816，866—867，900，869，834页。

# 五、宗教与今日世界

明白了儒学的驳杂本质，那么在 20 世纪初，在它显然已经再不能够作为应付"数千年未有之巨劫奇变"的根据之际，大儒如章太炎之转向诸子学，志士如谭嗣同之转向佛学，来为中国寻求出路，那是很自然的。新文化运动兴起之后，不到十年间，儒学就已经被新思潮所淹没，反而基督教、伊斯兰教、犹太教、佛教，甚至道教，却都能够在现代化的大浪潮中倔强地生存下来，也就不难得到解释了。关键就在于：儒教的立足点是在"现世"而非"彼世"，所以当年为释、道二教影响、渗透很深，在社会的影响力已经大幅度下降。晚明的林兆恩创立"三一教"，致力于儒家的宗教化及大众化，正是见及此趋势而图力挽狂澜之举，然而未能成功。① 自 20 世纪初以来，新科技革命和政治理念对它所产生的冲击，自然更是猛烈而无可回避。

因此，儒家的本质一方面使得中国不至如西方那样，饱受宗教斗争和战争的煎熬，另一方面，又注定了今日复兴儒家，试图使它成为凝聚中国人的精神力量之努力很难成功。有人认为，努力的可能出路在于私人而非公共领域，也就是在伦理道

---

① 此事余英时和柳存仁皆曾论及。见余英时《士商互动与儒学转向——明清社会与思想史之一面相》，载郝延平、魏秀梅主编《近世中国之传统与蜕变》（台北："中央研究院"近代史研究所，1998）；以及前引柳存仁《和风堂文集》，第 835—836 页。

德范畴。① 但个人道德不能够与"政治—社会—经济"结构脱离关系，当代世界是不断剧烈变动的，要从传统儒学提炼出一套适应其结构的行为规范，来推行于大部分中国人，似乎也很艰难。事实上，同样问题也正困扰所有传统宗教—— 只不过立足于"彼世"的宗教还能够对"现世"种种与之矛盾的理念与准则采取"视而不见"的回避策略而已。②

最后，也许还值得一提的是，在国际政治理念上，中国以互相尊重、互不干涉为圭臬，西方国家却认为本身理念放诸四海而皆准，因此有将之宣扬、输出，甚至不惜大动干戈以求其伸张的强烈倾向。这理念上的分歧固然包含了很多实力与权谋的考虑，但不能忽略的是：这种思想的深层，恐怕也还没有脱离基督教根深蒂固的传道与拯救观念。也就是说，培尔所痛心疾首地抨击的那种宗教斗争与不宽容，正以另一种面目在全球化的国际政治上出现，成为新的，虽然是隐秘的十字军精神。

*原为上海复旦大学"价值与意义：中华文明的再认识"论坛（2012）上的发言稿，前半曾以《中古教士的梦想》为题，载《南风窗》（广州）2012 年 6 月 20 日号，第 92—93 页。*

---

① 余英时对此论述颇多，例如其《现代儒学论》（River Edge，NJ：八方企业公司，1996），特别是第 171—179 页，在此他将现代儒学比作"游魂"。

② 伊斯兰教的教义特别细致而具体，事实上是一整套政治、社会、经济纲领与法规，因此有更强大的力量抗拒改变和再诠释，也就是无法采取回避策略。这是它至今尚未曾经历诸如启蒙运动或者五四运动那样性质的现代化洗礼的原因，也是它与西方国家不断发生无法缓解的剧烈冲突的根本症结。

# 中国与欧洲高等教育传统比较初探

在 1901 年 9 月，经过了忍辱负重的谈判，李鸿章终于与西方各国签订和约，八国联军退出北京城。此时仓皇出奔西安的慈禧太后也终于作出明智决定，批准张之洞、刘坤一的变法奏折，颁诏将书院改为学堂，并在各省城、州、府、县设立新式学校；四年后即 1905 年，已经有两千年悠久历史的科举考试制度也同样被废除。自此中国抛弃传统教育模式，引进西方体制：教育理念从培育道德转变为开拓知识，教育内容从儒家经典扩大到各种不同学科，学生前途也从考科举入仕拓展到社会上多方面的事业。中国能够在此后一个世纪内发展成现代国家，这教育体制的根本改革无疑是关键之一。其实，在此前不足一个世纪，西方教育体制也曾发生决定性变化。当时拿破仑东征西讨，对德意志诸邦产生了前所未有的强大冲击。无独有偶，在普鲁士新败于耶拿之役（Battle of Jena，1806），其领土仍然为法国军队占领的关头，国王威廉三世（Frederick William Ⅲ）也以极大的勇气与远见决定成立崭新的柏林大学以求振兴国家，这是 1810 年的事情。柏林大学的重要在于，今日被奉为圭臬的"学术自由"与"学术研究"原则，是由它首先正式提出来并付诸实行的，其影响以后逐步及于德、英、法、美和其他西方大学。所以，它就是现代高等教育的开端。

当然，西方大学本身的历史要长得多，它的渊源可以上溯到 10 世纪；至于中国的书院、太学、国子监等传统教育体制则历史更为悠久，它们起源于汉唐，到北宋即 10 世纪已经有上千年历史。然而，为什么到了 20 世纪之初，中国和西方的教育体制之间却出现巨大差距，以致中国的教育体制显得那么落伍、不合时宜，非加以彻底改革不可呢？这差异到底是在起点上就已经存在，抑或是在其后某个阶段的突变所引致？是由于政治制度还是由于文化思想的差别造成？这些虽然是历史问题，但在中国亟需发展高等教育，号召"打造世界一流大学"的今日，当仍然值得回顾与探究。本文所要尝试的，就是以中国和西方的中古教育体制作起点，为两者当时之异同以及其后各自发展之大概勾勒一个轮廓，并且对两者之所以出现巨大差异提出一些初步看法。

具体而言，以下我们将以 10 世纪中叶为探究起点。在中国，那是残唐五代之后北宋（960—1126）皇朝重新建立政治秩序之际，也是书院与官学相继兴起时期；在欧洲，那是自 5 世纪开始的大混乱结束，政治秩序重新建立，各地教会的"座堂学校"兴起，取代众多修道院教育功能的时期。在此起点上，无论就政治或者教育而言，中国与欧洲都颇为相似。但短短两百年后座堂学校即蜕变为"中古大学"这更有活力、发展更迅速的体制；此后六百年间大学体制进入缓慢演变乃至逐渐停滞的阶段，以迄 18、19 世纪之交，当时的政治剧变再度触发大学的巨变，由是导致现代大学体制出现。相比之下，中国的官学和书院在南宋、元、明、清数代虽然蓬勃发展，但主要变化是在于数量稳定上升，以及逐步深入民间和偏远地区，至于体制、性质、功能等等却没有发生根本变化。即就学术内涵而言，书院虽然先后受程朱理学、阳明心学、清代朴学主导，好像经过多番巨大转折，但万变不离其宗，也始终未曾脱离儒家经典与思想的范围。那么，中国与西方教育体系实际的发展过程到底如何，触发西方大学出现与蜕变，使得它迥然相异于中国教育体系的机制、动力，又到底是什么？本文所要试图探究的，主要便是这两个问题。

# 一、偃武修文的新时代

宋代教育的发展基本上是儒家理念得到落实，和传统体制延伸的结果。宋太祖鉴于前代兵骄将悍，因此以杯酒尽释诸将兵权，朝廷自此"恢儒右文"，奉行尊重儒生，"与士大夫共治天下"的国策，士人也生出强烈政治主体意识，慨然以天下为己任①，在此政策下，私办书院与官办学校蓬勃发展，开科取士制度不断扩大。当然，书院、官学、科举这三者并非宋代的新生事物。具有"国立大学"性质的太学出现于汉初，它是汉武帝"独尊儒术"和设立"五经博士"政策的自然延续，也是实现远古教育理想的象征，自此之后官学亦逐渐在地方上出现。同样，所谓"察举"即推荐各地"贤良方正"和"孝廉"予朝廷也是汉初制度。东汉顺帝年间（132）以尚书令左雄建

---

① 宋代君主与士大夫在政治上紧密合作的共识在余英时《朱熹的历史世界：宋代士大夫政治文化的研究》上篇（台北：允晨出版社，2003），特别是第二、三、四章有深入讨论。

议，被荐者须通过考试方得入选，这成为日后科举考试的滥觞。① 至于所谓"书院"则原为唐开元年间（713—741）宫中抄录和收藏图书之所，但同时亦已经有称为"书院"的私人读书、讲学场所；五代时南唐（937—975）君主雅好儒术，在其鼓励下出现了匡山书院、梧桐书院，属于家族义学性质的东佳书堂，以及日后演变为白鹿洞书院的官办的"庐山国学"等等。因此，到北宋，书院传统也已经有两百年历史了。②

当然，儒家以"教化"和"举贤"作为建立政治秩序基础的信念在汉代已经出现，甚至也为个别州牧、郡守所认真推行，但它之发展成普遍和具体"社会—政治"制度则是个漫长过程。这主要因为门第观念不但在魏晋南北朝占压倒性地位，而且直至唐朝末年还与科举处于对立和竞争状态③，只是到了

---

① 有关中国传统教育与科举制度的历史概况，见李国钧、王炳照总主编，乔卫平等著《中国教育制度通史》四卷（济南：山东教育出版社，2000）。有关宋代教育，尚有李弘祺《宋代教育散论》（台北：东升出版公司，1980），他的下列专著对中国传统教育的思想、体制、社会关系有整体和详细的论列：Thomas H. C. Lee, *Education in Traditional China, a History*（Leiden：Brill，2000），其中 Ch. 2, 6 对本文来说颇有参考价值。

② 有关书院历史的论著颇多，见吴万居《宋代书院与宋代学术之关系》（台北：文史哲出版社，1991）；樊克政《中国书院史》（台北：文津出版社，1995）；章柳泉《中国书院史话——宋元明清书院的演变及其内容》（北京：教育科学出版社，1981）；盛朗西《中国书院制度》（上海：中华书局，1934）等。

③ 唐代士族与通过科举而产生的新兴政治阶层之间的紧张表现为牛李党争，其论述与分析见陈寅恪《政治革命及党派分野》，收入《唐代政治史述论稿》（香港：中华书局，1974），第71—127页。

宋代，文人地位才大幅度提高，"文治"观念与相关的开放教育、公平考试制度才真正确立。这一发展是由君主统治思想的转变，以及文士的政治自觉特别是儒家"内圣外王"的理念所共同造成。像"投涧十年"的胡瑗、"先天下之忧而忧"的范仲淹、坚定地推行新政的王安石等政治家亦复是教育家，就是这种自觉与理念的最佳例证。①

不过，除此文化因素之外，宋代教育发达还有技术和经济上的因素，那是同样值得注意的。所谓技术因素主要指印刷术。雕版印刷术最早出现于隋末唐初（613—626），最早的确切记载（636—650）为太宗诏印《女则》及玄奘印普贤像，但最早实物则为唐咸通九年（868）发现于敦煌之整部《金刚经》（现存大英博物馆）以及武则天时代之印刷品，即发现于韩国之《陀罗尼经》——其实，这些都已经是成熟时期的产品了。因此，到北宋雕版印刷术已经有三百多年历史。② 宋初书院多次蒙朝廷颁赐经书以示奖励，所赐之书都是雕版印刷的标准版本。从 11 世纪中叶开始，太学和地方官学成为定制而且

①　"庆历"和"熙宁"这两趟兴学便是分别由范仲淹和王安石所大力推动，而"熙宁兴学"规模宏大，历时长达十五年（1070—1085），影响尤其深远。至于胡瑗则长期在苏州、湖州的书院任教，最后被聘请到太学推广他"明体达用"以及"分斋（即分科）讲授"的所谓"苏湖教学"方法。有关士大夫的政治自觉，见前引余英时《朱熹的历史世界》上篇，第一至三章。

②　有关印刷术的历史，见罗树宝《中国古代印刷史》（北京：印刷工业出版社，1993），第61—71 页；曹之《中国印刷术的起源》（武汉大学出版社，1994）对印刷术的起源有详细考证，结论与前书相同，见该书第八章。

不断扩张，其所以如此，书籍能够按照官定标准大量生产是重要原因。而且，由于书籍需求殷切的刺激，庆历年间（1041—1047）毕昇发明了活字版，这更进一步推动了书籍的普及。

在印刷术以外，经济之繁荣也同样与教育有根本关系。宋代在农耕、渔牧、陶瓷、纺织、开采冶炼、贸易、金融等方面都非常发达。例如，其农业生产率在 11 世纪估计为 7106 斤／人一年，分别超过汉、唐 70% 和 50%；生铁年产量达到 15—17 万吨，与 18 世纪即工业革命之初欧洲整体（包括俄国的欧洲部分）的 15—18 万吨相若。经济繁荣导致了大规模的人口增长：在残唐五代的战乱之后，北宋初期（10 世纪中叶）人口仅得 1652 万，但到末期（12 世纪初）则增至 10440 万，也就是一百五十年间增长了六倍，相当于在此长时间内每年稳定增长 1.2%，从而突破 1 亿的历史性关口；此数倘若与辽、西夏合计则更达到 1.1 亿，超过汉唐一倍。① 人均和整体经济力量这两方面的提高，无疑为教育发展提供了坚实的社会和物质基础。②

就实际进程而言，北宋（960—1126）一百六十余年间的教育恰好以处于中间的 1043 年为转捩点。前此八十年是国家从残唐五代大乱逐渐恢复过来的时期，府库空虚，生口未蕃，而且直至"澶渊之盟"（1005），朝廷忙于应付北方大敌，因此虽然数度推动地方教育，但从"国子监"以至州县官学都始终

---

① 以上各项估计见葛金芳《宋辽夏金经济研析》（武汉出版社，1991），第 121—124，137—143，185—188 页。此书已吸收更详尽的漆侠《宋代经济史》上下册（上海人民出版社，1987—1988）中之资料。

② 李弘祺《宋代教育散论》第 73—95 页对北宋国子监和太学的经费有详细研究，从中可见这两机构在相当长时期（特别是熙宁和元丰年间）享受了十分充裕的经费。

处于不稳定状况。在此时期，已经具有悠久渊源的私办书院在官方鼓励下迅速发展，其中如岳麓、白鹿洞、应天府（淮阳）、嵩阳、石鼓、茅山、东佳、华林、雷塘、泰山、徂徕等书院声名昭著，领前的数所还有"四大书院"之称。不过，即使如此，根据粗略估计，北宋书院数目也可能只在五十上下，倘若以每院平均百数十人计算，则学生人数大概仅在三五千之间而已，即使加上官学生，在北宋人口中恐怕还只占极小比例。①在上述转捩点之后的八十年则反是：由于庆历、熙宁、元丰三趟大规模兴学（分别在 1043—1044、1070—1085、1102—1126 三个时期），中央与地方官学都大事扩张，制度亦日趋细密和规范化，影响所及，书院开始萎缩、式微，甚至有相当部分转变为或者合并于官学。这非常自然，因为书院经费有限，对学生只能够酌量补贴，但官学则由国家拨出学田和多种利益（例如拨予可出租收利的房产、坊场、池塘，以及各种地区性专卖权利）以为经常性支持，因此能够定额负担学生的生活费。②国子监之下的太学在全盛时期达到 3800 人，至于地方官学人数则达 17—20 万人，可能达到适龄人口的 1% 以上了。③

---

① 有关两宋书院数目的估计，见前引章柳泉《中国书院史话》第 26 页所引数据，即总数大约为二百，其中 25% 左右建于北宋；前引吴万居《宋代书院与宋代学术之关系》附录一考据更详细，其所表列的书院达到四五百之谱，但有些仅得名字，有些只是某某人读书之所，其中略具规模，并且长期有教学活动的恐怕只占一小部分。

② 宋代官办教育经费的制度见前引《中国教育制度通史》第三卷，第 117—134 页。

③ 数目出于《续资治通鉴长篇》及葛胜仲《淡阳集》，转引自前引李弘祺《宋代教育散论》，第 63 页。

## 二、教育与政治体制的结合

宋代教育的两个主要特征是：在体制上它与政府紧密结合，在内容上则为儒家学术所全面宰制。首先，就体制而言，虽然书院与官学是宋代教育的两根支柱，而且民办书院曾经有独领风骚的时期，但作为一种制度，书院只是官学的补充，它的立足和发展都有赖朝廷认可、鼓励乃至资助。况且，它们和地方官学之间并没有清楚的界线，两者可以轻易互转或者合并，因此呈现互为消长之势。归根结底，书院是自发性民间组织，并非得到敕令而特许建立的，所以没有长远和巩固的法律地位，这和佛、道等主要宗教的寺庙是不一样的。至于官学，则是政治体制不可分割的一部分，这最少可以从四个方面看出来：首先，中央官学（太学和国子监）与地方官学（州、府、县学）都是由各级政府全面支持、办理和控制，无论就房舍建筑、财政来源、教师聘任、学生录取而言都是如此。其次，官学生的前途全部是通过贡举或者科举考试而引导进入政府，也就是以官职为至终目标。再次，学生所用书籍由国子监统一编辑、甄定、印刷和分配。最后，官学中所教授课程与科举制度中各科考试对应，而且其内容、重点、思想趋向、科目设置也都由朝廷厘定、颁布。所以，官学和书院在教育体制上的地位有主从之分，这是很清楚，不容混淆的。

其实，即就教育理念而言，官学也更为重要。诚然，孔子是私家讲学的开创者，这为书院的设立提供了依据。然而，在儒家理想政治秩序中，教育自始就是政府主要功能的一部分，"庠序设教"、"学在官府"的思想遍见于《礼记》、《周礼》等儒家经典,《孟子》亦盛为称道。汉初(前136)武帝接纳董仲舒建议,"罢黜百家,独尊儒术",那和罗马帝国的君士坦丁大帝(Constantine the Great)改宗基督教(312)有相同意义,都是东西文化史上具有决定性意义的大事。此后中国历代中央政府最少在表面上都以儒家理念为治国原则,而在此大原则下,设立学校、兴办教育成为国家的长远政策。在汉唐时代教育体制未备,资源不足,"唯才是用"的理念也尚未确立,因此官学比较简陋。到了宋代,由于前面提到的各种因素,以官学为主体的教育制度得以全面发展,那既是儒家治国理念的落实,也是士大夫"得君行道"的应有之义。

传统教育体制既然根源于儒家理想,教育内容自然也就同样以儒家经典为主,这不仅仅是抽象理念,更是由士人的晋身之阶即科举制度所支配。事实上,官学的分科和课程设置都与科举考试的科目对应,这在唐代已经相当明显,到宋代仍然相沿不替。① 所谓"常科"即经常举行,取士名额也最多的进士、明经两科,其主要考试内容都离不开五经、九经、三礼、三传、《论语》、《孟子》等经典。当然,这是就其大体而言,在科举考试中到底以何经何典为主,该经典又以何种版本、注释、指导思想为准绳,那才是核心问题所在。在北宋,王安石尽废汉魏以来诸家注疏,代之以自己讲求实践、实用的"三经新义",那影响学校、科场很长时间。继起的程朱理学或曰道学虽然声势浩大,但由于政治原因一直受压抑,以迄南宋所谓"嘉定更化"(1208)才迎来转机,理宗亲政以后朱熹和周、

---

① 唐代学校与科举的对应关系在前引《中国教育制度通史》第二卷第445页有综合图解说明。

张、二程等理学大师终于得受褒奖和从祀孔庙（1241）。程朱理学在元代的学校和考试中继续占主导地位，但当时科举兴废不定，仕途并不真正开放，它在教育体系中得以完全确立其正统地位，亦即成为官学的核心部分，已经是永乐十五年（1417），明成祖将《五经大全》、《四书大全》、《性理大全》等三部根据理学家著作敕修的大书颁布于六部、两京国子监和地方官学时候的事情了。

　　儒学为官方垄断的自然后果是具有独立思想的学者转向私立书院求发展。其实，宋代书院蓬勃发展的原因之一，正就是理学家在官方渠道以外寻求讲学空间所致。在明代，程朱理学成为官学而日趋僵化，新兴的心性之学继起，大批学者如王阳明、湛若水等同样转向书院宣扬其学说，至嘉靖年间而达于极盛。这转而触发朝廷四度下令禁毁书院，其中以张居正的禁毁（1579—1582）和魏忠贤之打击东林书院（1625—1627）为最严重，但整体而言，则因为禁令时间短暂，所遭遇阻力亦大，所以效果不彰。到了清初，朝廷仍然压制书院，但自雍正十一年（1733）后，则改为大力鼓励、资助与发展官办，这样书院亦基本上为官方所控制了。值得注意的是，和宋之理学、明之心性学一样，清代的朴学也同样凭借书院传播。其中阮元所创办的杭州诂经精舍和广州学海堂是影响最大的。总体而言，历代书院数目不断增长，从宋代的二百余所发展到元代的四百余所，以至清代的二千余所。但随着教育普及，官方控制也不断加强，这从新建书院之中属官办的南宋只占少数，元代已经过半，清代则将近八成，即可见一斑。①

---

　　①　见前引樊克政《中国书院史》，第116，246—247页。

# 三、儒家学术以外的教育

不过，儒家学术虽然在教育上具有举足轻重的地位，其宰制却非绝对。事实上，在宋代官学和科举这两个庞大系统中，经常存在儒家以外的学术、技艺乃至宗教科目，这可能是为了实用所需，也可能是出于君主的特殊好尚，不一而足。例如，宋朝历代君主崇奉道教，因此曾经有所谓"道举"，考试道教经典和《黄帝内经》等医书，以为道宫、道观选拔道士；又例如，宋代对军事人才需求孔殷，因此在官学和科举系统中有所谓武学和武举，尽管其效能、存废不断惹起争议。更重要的是，除了上述特殊科目之外，教育体系还存在儒学以外的固定学术科目。这主要有四类：（1）文学即诗赋词章之学，它可以再细分为三种。首先，唐代以诗赋取士，宋初秉承唐风，考试亦注重诗赋，但王安石视为靡事奢华，浮夸不实，因而废止，此后时存时废，但清乾隆以后试帖诗则成为定制。其次，为了选拔草拟诏诰文书的人才，科举中有所谓词科（其下还细分为四科），考试各种实用文体。最后，徽宗出于个人爱好，官学中又曾经有画学和书学之设。（2）属于国子监系统的律学，其生员主要来自在职官员，因此具有培训和在职进修的意义；此外科举中的明经科也包括"明法科"，考试律令、刑法、断案等。（3）医学，它其先属于太常寺，后来改隶太医局。（4）还有属于司天监系统的算学，包括算术、天文、历法、术数等等。从以上四种特殊科目在"官学—科举"体制中的长期固定地位看来，可知由于实际需要，儒家学术的确无法完全主宰教育领域。但是，总体而言，除了文学自有其独立强大生命力以外，医学、律学、算学等三种学科在官学中名额既少，出路又狭窄，不可能带来显贵地位，因此它们只不过是进士科以外的补充、陪衬，对于绝大部分士子是没有吸引力和影响力的。

说来奇妙，以上四方面的科目和欧洲中古大学课程（详见下文）大体上可以一一对应。文学相当于"三艺"中的修辞学，算学相当于"四艺"中的算术和天文，那都是"文学院"课程；至于医学和律学则分别相当于中古大学的医学院和法学院课程。当然，中古大学还有神学院，它位置最高，应该说是相当于太学、国子监中的进士科，两者所讲授的课程都在中西两大文明中各被视为最根本的"大经大法"。但是，这所谓对应只是就大体而言，它无法掩盖中西教育体系之间的多个巨大差异。首先，神学院虽然地位崇高，生员众多，出路宽广，但毕竟还是与法、医两个学院并列，而且要进任何上述三个专业学院之一都必须先通过文学院这一关，因此神学远远不如进士科那样是唯一的"正途"。其实，以上四个学院都各自有其悠久的学术渊源，其中神学反而是根基最浅的。第二个重要差异是：欧洲中古大学的课程、学问完全向民间开放，但格于资料限制和传统，中国的"律学"在民间并没有私自研习的动力和可能，"算学"则根本不允许民间私习——司天监是唯一可以合法教授此科目的机构。因此，能够在民间自由开拓天地的学科，仅有文学和医学。这也正是宋代医学特别发达的原因：它在民间有强大研习传统，甚至太医院的医官、医学博士也往往延聘民间名医担任。由此，也就凸显了第三个差异，即官学乃至书院基本上都是为国家教育人才，课程、教学方式也都以朝廷意向为依归。欧洲中古大学却是高度国际性的体制，它虽然同样受社会需求影响，并且在教义问题上受罗马教廷制约，但学生毕业后却散布于全欧洲，进入罗马教廷、各国各级宫廷、修道院、地方教会、大学等许多不同机构任职。这也就充分说明，为什么欧洲的大学具有高度自主和自治的可能性了。这自主性还表现于个别大学乃至个别学院拥有颁发毕业证书，即对学生成绩作最终评估之权；在中国则此权已经从教育体制中剥离出来，由官方考试制度控制，也就是成为朝廷专利。这是东西教育体制的第四个大差异，它带来的严重问题曾经为论者反复指出。

## 四、欧洲教育传统的梗概

现在，让我们将眼光从中国转到 10 世纪的欧洲。欧洲的奥托帝国（Ottonian Empire）和宋皇朝是同时开始的，奥托一世（Otto Ⅰ, the Great, 962—973）称帝就在宋太祖黄袍加身之后两年即公元 962 年。这时西罗马帝国灭亡（476）已经将近五百年，其间蛮族的多次入侵造成大混乱，9 世纪之初查理曼大帝（Charlemagne, 800—814 在位）建立的加洛林帝国（Carolingian Empire）横跨西欧，文化上也颇有建树，但不久即分崩离析，直至号称为"神圣罗马帝国"的奥托帝国出现，方才是欧洲重建政治秩序的开端。这新秩序和古代罗马帝国不一样，它是高度分裂的，不但英、法、勃艮第、西班牙、希腊、小亚细亚不在帝国版图内，而且其内部也为无数大大小小不同层次的封建领主所分割。倘若和中国相比，差别就更大了，因为当时欧洲并没有文官系统，所有民事管理和教化功能都倚赖基督教会。宋朝皇帝与士大夫共治天下；中古欧洲君主、领主则与基督教会、教士共治国家，而且，教会虽然和俗世政权合作，却自有组织和理念，并非后者的一部分。

基督教会变得如此重要是历史发展的结果。西罗马帝国灭亡后，教会成为欧洲仅存的文化力量。它在罗马主教亦即日后的教皇的领导下，展开了长期、广泛、有系统的宣教运动，逐步将基督教传播到全欧洲；而且在信仰确立的地区致力于地方教会的组织和发展，以主持讲道、医疗、救济、婚丧斋节仪礼等工作来教化、组织和亲近民众；至于它的修道院系统则成为动乱中保存学术、文化和信仰的避难所，也成为教会培育和储备人才的温床。因此查理曼大帝要谋求长治久安别无他策，只有和根深蒂固的教会合作：他接受罗马主教加冕为皇帝（800），倚重英国教士阿尔昆（Alcuin，732—804）发展宫廷学校，就是这合作的象征。到了一个半世纪之后的奥托大帝时代，政教更合作无间，帝国各地区主教（bishop）都由皇帝挑选、培养和直接委任，膺此位者自动成为当地最高行政长官，大主教甚至可以具有相当于公爵的封建领主地位。

在上述背景下，自中古以迄近代上千年间（800—1800），欧洲教育体系与教会出现密不可分的关系是再也自然不过的事情。不过，与中国"政教相倚"体制大不一样的是，这关系始终在缓慢但不断的蜕变之中，其整体趋势是教育体系逐渐从教会独立出来，至终变为全然俗世化（secular）。这演变大致分为四个阶段：（1）公元 800—1200 年是宫廷学校（palace school）和座堂学校（cathedral school）时期，即学校由宫廷或者教会设立、管辖、发展的阶段；（2）1200—1500 年是中古大学（medieval university）时期，在此期间大学体制出现并且取代座堂学校，然后在教会的认可和支持下发展成为具有独立地位的体制；（3）1500—1800年是中古大学逐步脱离教会，蜕变为俗世社会一部分的时期；（4）在此之后，则是现代大学（modern university）的发展时期了。

这四个截然不同阶段之所以出现，是由政治变化和相应的学术发展造成的。座堂学校起源于奥托大帝委托教会为宫廷培养政治和宗教领袖，内容以古希腊的博雅教育（liberal arts education）为主，但当时希腊原典已失，只能够以罗马帝国末期所编纂的百科全书式手册为教材。下一阶段的中古大学则是由错综复杂的多阶段历史发展刺激而产生，这包括：（1）基督教会在10—11世纪的自强运动和"教皇革命"；（2）它同时在幕后策划的对伊斯兰教徒之军事反击；（3）由是激发的12世纪欧洲翻译运动；（4）经院哲学、神学和法学研究之兴起。经过长时期的酝酿，中古大学至终发展成为多学科和具有高度自主权力的独立法人团体，其地位是由君主（或者城邦）和罗马教廷所共同授予并确立的。然而，传统与自主权令大学逐渐固步自封和僵化，从16世纪开始的宗教改革、科学革命、启蒙运动、法国大革命等连串巨变令保守的大学全然无法适应，因此到18世纪末"废除大学"之声已甚嚣尘上，在此巨大危机下，新型的柏林大学的建立为此体制带来生机，也指明了出路，自此大学即朝俗世化和学术研究的现代方向转型。

# 五、座堂学校传统

座堂学校是皇权与教会密切结合的产物。① "座堂"（ca-thedral）指位于各地区首府，由主教亲自主持的大教堂，它设立附属学校本来是为培养教士，以使他们能够协助主教布道、施政，日后成为教会高职人选。这类学校的渊源可以追溯到阿尔昆所主持的加洛林宫廷学校以及同时的教堂和修道院学校，但那并无直接记载，更说不上固定体制，而很可能只是在查理曼大帝周围的一群学者和贵族子弟之集合。② 它真正的原型当推大主教布鲁诺（Bruno Ⅰ，925—965）所主持的科隆（Cologne）座堂学校。布鲁诺生性谦让好学，深受兄长奥托大帝器重，先后被委以大主教、公爵和摄政王重任，随着帝国扩张，他的门生更纷纷被擢升为各地主教，科隆亦因此成为帝国的学术文化中心。这融合政教两方面权力的"皇族教士"（royal priest）观念是奥托治权的核心，而座堂学校则是发挥此观念的体制。在布鲁诺门生的推动下，德国其他城市如希尔德斯海姆（Hildesheim）、沃尔姆斯（Worms）、美因茨（Mainz）等也纷纷发展座堂学校。与此同时，法国出现了见识超凡，以精通算

---

① 关于座堂学校渊源、历史、课程内容与发展的专书有 C. Stephen Jaeger，*The Envy of Angels：Cathedral Schools and Social Ideals in Medieval Europe，950 – 1200*（Philadelphia：University of Pennsylvania Press，1994）。

② 关于阿尔昆和加洛林宫廷学校的深入讨论，见 Heinrich Fichtenau，*The Carolingian Empire*. Peter Munz，transl. （Toronto University Press，1991），pp. 79 – 103。

术、天文知名的学者热尔贝（Gerbert of Aurillac，945—1003），他和多位后代门生在兰斯（Rheims）、沙特尔（Chartres）、图尔（Tours）等地发展的座堂学校也声名鹊起，吸引了大批学子。因此到 11 世纪之初即公元 1000 年前后，全欧洲统共已经有十二所著名座堂学校出现。热尔贝不但协助奥托帝国的三代开国皇帝，促成法国卡佩皇朝（Capetian Dynasty）的崛起，最后还荣升圣彼得宝座，成为教宗西尔维斯特二世（Sylvester Ⅱ，999—1003）。在布鲁诺和热尔贝身上，10 世纪欧洲皇权、教权和教育三者密不可分的关系表现得再清楚没有了。

　　和加洛林宫廷学校一样，座堂学校也施行"博雅教育"，亦即古希腊自由民所接受的教育。它大体上分为"三艺"（trivium）和"四艺"（quadrivium）两部分。三艺指言语和思考能力的训练，包括文法（grammar）、修辞（rhetorics）和辩证法（dialectic）等三科，其起源可以追溯到公元前 5—4 世纪的希腊"智者"（Sophists）运动。他们被认为是西方最早的教育家，但著作已经湮没，只有思想片段留存于同时哲学著作如柏拉图《对话录》中。[1] 到了罗马时代，"三艺"观念继续存在，但内容则大幅度改变，例如修辞学就变成以政治家西塞罗（Cicero）的作品为主。座堂学校的教育基本上承接罗马传统，这主要是由 5—6 世纪的编纂家如卡佩拉（Martianus Capella）、马克罗比乌斯（Macrobius）、卡西奥多鲁斯（Cassiordorus）、伊西多尔（Isidore of Seville）等建立，例如卡西奥多鲁斯为修

---

　　① 有关智者与希腊教育特别是"三艺"的关系，见 Werner Jaeger，*Paideia*：*the Ideals of Greek Culture*. Gilbert Highet，transl. （New York：Oxford University Press，1945）Vol. 1，pp. 286 – 331。

士所编的手册《神圣与俗世学术》（*On Training in Sacred and Profane Literature*）影响力就特别大。至于"四艺"，则是指算术、几何、天文、音乐这四门数理科学，它起源于古希腊毕达哥拉斯教派（Pythagoreans），后来发展成为亚历山大城时期（约公元前 3 世纪至公元后 3 世纪）光耀辉煌的希腊科学。然而，罗马人对此既不了解，也不感兴趣，除了极少数例外并没有将之翻译为拉丁文，因此只有其最粗浅的部分得以被吸收进入上述编纂家的作品。① 到了中古时期，"四艺"更加不受重视，可以说是精华尽失，仅存糟粕了。

座堂学校的目标在于培养教会与行政领袖人才，因此教育方式并不注重思考和学术训练，而主要通过教师的言传身教亦即其个人魅力来发展学生的品格，这包括举止、容貌、行动之威仪合度，书信言辞之得体、有理、有节和动人，以及思虑之周详缜密，与人为善，等等，这可以称为"道德理念笼罩下的博雅教育"。至于古希腊的"七艺"，虽然科目结构犹存，内涵则大部分已经为罗马的实用精神和政治需要而变更了。②

## 六、大学体制的兴起

就体制而言，座堂学校与宋代官学、书院迥然不同，但就

---

① 有关这些编纂家的工作，见 William H. Stahl, *Roman Science: Origins, Development, and Influence to the Later Middle Ages* (Westport, Conn: Greenwood Press, 1978), Ch. 10 – 12。

② 这方面的开创性研究，见前引 C. Stephen Jaeger, *The Envy of Angels*，其中 Ch. 4 – 5 对于座堂学校中"七艺"的实际内涵有详细论述。

精神与目标而言，则两者颇为近似。不过，座堂学校只是西方教育体制发展史上的序曲，它在 12 世纪衰落，为新兴的大学所取代，全盛时期不足两个世纪（约 960—1130）。大学之兴起是由多方面新学术的涌现所激起，而这些新学术的发展则是由政治巨变所触发。这是个相当复杂的连锁反应，下面只能够为其整体过程勾勒最粗略的轮廓。

所谓政治巨变，是指 11 世纪的"授职权之争"（Investiture Contest）。这发端于罗马教会自从 10 世纪初以来的励精图治，整肃纲纪，奋发自强。此运动以 910 年在法国东部成立，直属罗马主教的庞大克吕尼修道院（Cluniac Monastery）为起点。由于历代院长的才干与不懈努力，一个世纪后它的分院就散布全欧洲，所培养的人才亦遍据要津，成为教会中坚力量。① 当时神圣罗马皇帝掌握废立罗马主教大权，视教会不啻下属机构，因此支持教会改革和发展。孰料教会羽翼丰满之后不但要挣脱皇权的桎梏，更反过来宣称，有权干涉全欧洲各国有关教规的事件，甚至可以废黜君主、皇帝。这样，在 1073 年以封立主教大权的归属为导火线，在教皇格里高利七世（Gregory Ⅶ）和神圣罗马皇帝亨利四世（Henry Ⅳ）之间爆发了猛烈的政治、军事和意识形态冲突。这场"教皇革命"在半个世纪后以双方暂时妥协告一段落，但自此罗马教廷不但获得

---

① 有关此修道院的历史背景、发展过程、制度、影响以及最初几位院长，见 Noreen Hunt, *Cluny under Saint Hugh*（London：Edward Arnold Publishers, 1967）；Noreen Hunt, ed., *Cluniac Monasticism in the Central Middle Ages*（London：MacMillan, 1971）。

独立，更取得了凌驾于各国君主之上的政治地位。① 与此同时，通过隐秘策划，教会借着诺曼（Norman）武士的力量大事扩张势力，也就是对英国的衰败和伊斯兰教徒自 8 世纪以来的扩张、侵略分别发起征伐与反击，由是导致"征服者"威廉一世（William Ⅰ）于 1066 年征服英国，诺曼武装移民于 1060—1090 年间收复西西里岛，利昂（Leone）基督教王国于 1085 年重新夺取西班牙中部重镇托莱多（Toledo），以及整个欧洲于 1099 年发动第一次十字军东征等连串重大胜利。自此教会的道义力量和地位急速上升，教皇作为精神和政治首领的地位也被广泛承认。②

但欧洲在军事上虽然获得重大胜利，在学术上其实尚远远落后于伊斯兰文明。这原因要追溯到罗马帝国的文化倾向：它虽然武功辉煌，征服了希腊和埃及的托勒密王国，但并不重视古希腊文明特别是其科学，而只通过编纂之学得其皮毛。反而是伊斯兰帝国崛起之后通过长期的翻译运动（约 750—1000），将大量希腊典籍翻译成阿拉伯文，并且在此基础上继续发展，产生了大量原创性的科学与哲学成果，因此到 11 世纪，就在学术上远远超过刚从大混乱中恢复过来不久的欧洲了。不过，上述多勒多之光复却成为欧洲学术复兴的转捩点，因为这使得许多阿拉伯学者和大量阿拉伯典籍落入西方手中，由是在西班

---

① 有关授职权之争，见 Uta-Renate Blumenthal，*The Investiture Contest：Church and Monarchy from the Nineth to the Twelfth Century*（Philadelphia：University of Pennsylvania Press，1988）。

② 有关诺曼人在 11 世纪欧洲军事扩张中的作用，见 David C. Douglas，*The Norman Achievements 1050 – 1100*（London：Eyre & Spottiswoode，1969）。

牙掀起了一个广泛、历时将近一个世纪之久（1120—1200）的拉丁文翻译运动——其实在西西里、安提俄和君士坦丁堡也有同样运动，不过规模稍逊而已。这就是所谓的"12世纪文艺复兴"①。在此运动中大量古希腊科学与哲学典籍连同许多伊斯兰文明产生的原创性著作被翻译成拉丁文，西欧因而开始吸收古希腊与伊斯兰文明的精华，其学术视野与水平亦因此全然改观。这最少导致了三方面的发展：以亚里士多德与阿威罗伊（Averroës ibn Rushd）哲学为底蕴的经院哲学（scholasticism），以及在此基础上发展出来的系统神学；由格罗斯泰斯特（Robert Grosseteste）、大阿尔伯特（Albertus Magnus）和罗吉尔·培根（Roger Bacon）等教士在12世纪开展的中古科学；以及在萨莱诺（Salerno）、蒙彼利埃（Montpellier）等地发展的医学。此外，还有第四方面的发展，那是由教皇革命直接触发的。在这个巨大的冲突中，教皇与神圣罗马皇帝双方都通过宣谕、通告、檄文来争取帝国内部各地主教、各级藩属的支持，而这些文告又都必须诉诸法理，因此法学（包括古罗马法规与教会法）研究受到强烈刺激而蓬勃发展，其中心就在仍然维持古罗马法学传统的北意大利城邦，特别是博洛尼亚（Bologna）。

欧洲最古老的大学就出现于巴黎和博洛尼亚。巴黎大学是由巴黎圣母院（Notre Dame）座堂学校发展出来的，其契机是威廉香浦（William of Champeaux）、阿伯拉德（Peter Abelard）、

① 有关12世纪文艺复兴与欧洲翻译运动，见 C. H. Haskins, *Studies in the History of Medieval Science*（Cambridge：Harvard University Press，1924）；以及同作者的 *The Renaissance of the Twelfth Century*（Cambridge：Harvard University Press，1993）。

彼得·隆巴德（Peter Lombard）等名学者云集于此讲授《圣经》、哲学和神学，由是从全欧洲吸引大批学子前来就学，这样就出现了雏形中古大学（当时称为 studium generale，至于 universitas 则指学生按不同族群组织的联合会），其特点是师生自由聚合，整体规模远胜于以前的座堂学校。这种学术上的热情大致上由两个因素推动：首先，亚里士多德辩证法与基督教的结合产生了系统神学，这门崭新学问不但具有思想深度，并且被视为一切知识之根源，因此对当时的学者构成富有吸引力的挑战。其次，教廷地位之急速上升使得受过高深教育特别是通晓教会法（canon law）的教士需求大增。所以大学中最重要的专科是神学和法律，医学犹在其后，至于被归入"七艺"的哲学与科学则属于准备课程性质而已。

令人意想不到的是，这样自发形成的师生聚合虽然好像是乌合之众，但由于教师的巨大声望和学生的热诚，人数以及整体经济能力，大学整体获得了前所未有的集体力量。通过先后与座堂监督（chancellor）、市政府监督（provost）、国王，乃至罗马教宗等各个权力中心的长期抗争和谈判（这主要是以罢课、集体迁徙［secession］，乃至自我解散［dissolution］等手段作为要挟），巴黎大学至终被承认为独立法人团体，并且获得高度自主地位，实际上可以说是成为"国中之国"。至于博洛尼亚大学则是由当地的法律专科学校发展出来，其契机为伊纳里乌斯（Inerius）与格拉提阿努斯（Gratianus）这两位著名法学教师和编纂家的出现。此大学的发展经历与巴黎大学大致相同，基本差别在于巴黎大学以教授为权力主体，博洛尼亚大学却以学生为主体，教授只是处于雇佣地位，这就是所谓"教授大学"和"学生大学"两种不同基本形态的分别。①

巴黎大学在 1200 年左右正式获得法国国王承认，此时它已经发展成为具有双层结构，四个不同学院的综合性大学。基本课程由"初等学院"（inferior faculty）即文学院提供，其课程以"七艺"为主，学生毕业后取得"文科教授"（master of arts）文凭，一般有义务视乎大学需要留校任教两年。有此资格的学生可进入神学院、法学院或者医学院之一，修习这些"高等学院"（superior faculty）的专科，毕业后成为该科教授。② 这就是阿尔卑斯山以北所有中古大学的原型，其中最早也最著名的如牛津大学也是在 12 世纪中叶出现。

至于博洛尼亚大学则由于原来的法学院名声高，力量大，所以一直维持"法律大学"的体制，文学院只是其预科，医科则独立于其外，要到 13 世纪末期法学、医学这两所专科大学

① 欧洲中古大学的历史以 Hastings Rashdall, *The Universities of Europe in the Middle Ages*, 3 vols. F. M. Powicke & A. B. Emden, ed. （London：Oxford University Press, 1958）为最详细和全面的标准论述；此外尚见 Hilde de Ridder-Symoens, ed., *A History of the University in Europe*, Vol. 1, *Universities in the Middle Ages* (Cambridge University Press, 1992)；C. H. Haskins, *The Rise of Universities* (Ithaca, NY：Cornell University Press, 1957) 则为简明的综述。

② 现代大学颁授学士（bachelor）、硕士（master）、博士（doctor）三个等级的学位，但在中古大学 master （magister）、doctor 乃至 professor 三个称谓意义相同，都指文科或者某专科毕业，有权在相应学院任教的资格；不过在博洛尼亚大学地位最高的法律学院毕业生则多数称为 doctor 或者 professor，这后来也影响到巴黎大学。见前引 Rashdall, *The Universities of Europe*, i, p. 19。

才合并成为像巴黎那样的综合大学。① 意大利、法国南部和西班牙的大学，体制上大体就以博洛尼亚为原型。到了 13、14 世纪之交，欧洲已经有十五所大学，在 1378 年增加到二十七所，到中古末期即 1500 年则已经有六十二所。据粗略估计，巴黎和博洛尼亚的大学生人数在 13 世纪初可能已经各有六七千之数，牛津当也达两三千，到了 15 世纪，全欧大学生总数当有好几万了。②

座堂学校和中国的官学一样，都是由人才需求所带动，是自上（君主、教会）而下建立的体制，因此无论目标或者运作模式都颇为相似。中古大学则完全不一样。首先，它起源于大量学生愿意远道负笈，自费求学，在性质上是由教育需求所带动，是自下（学生）而上自然形成的学术市场。在此情况下，大学没有亦不需要资助，教师薪酬由学生直接支付，授课则假座教堂、广场、租赁的教室，乃至私人住宅举行。经济上的自足使得大学的高度独立成为可能，也使得大学课程和考试基本上由教师而非由王室或者教会决定，这是它与中国官学和科举体制之间出现根本区别的原因。其次，中古大学虽然以神学（这可以比拟于中国的官立儒学）为尊，但它与法律、医学、

---

① 博洛尼亚直到 14 世纪中叶方才成立神学院，但它基本上是独立的，其为博洛尼亚大学所吸纳已经是 15 世纪的事情了。这主要因为意大利人和古代罗马人一样，对于理论性的哲学不感兴趣，因此连带不注重神学，有意投身教职者或在法学院研习实际教会法，或在修院研习具体教务。见前引 Rashdall, *The Universities of Europe*, i, pp. 250–253。

② 以上大学数目的统计是根据前引 Ridder-Symoens, *Universities in the Middle Ages*, pp. 69–74 的地图计算，学生数目的估计则根据前引 Rashdall, *The Universities of Europe*, iii, Ch. 13。

文科（包括科学亦即"四艺"）相比，也只不过是"位居前列"而非"独占鳌头"。至于在中国官学系统中，则如前面一再强调的，律学、医学、算学、词科等，无论人数、声望、地位都远远不能够与进士、明经科分庭抗礼。因此，知识、学术传统的多元并立是西方教育体系的特色，也是它与中国的绝大不同之处。

不过，这两个中古教育体系其实仍然有十分相似之处，在言语（拉丁文）、文化理念（基督教）以及大学立校权力的至终根据（罗马教会）这三者上，欧洲仍然和中国一样，都是统一的，而且，对于学问的态度，中古大学也同样以古为尚，已臻完整。换而言之，在建立一元普世性体制和接受静态学术观念这两方面，无论中西都还是相同的。

# 七、从中古到现代的蜕变

中古教会的一元体制到 16 世纪就随着宗教改革而结束，自此，大学体制也进入过渡与蜕变时期，以迄 19 世纪才重新建立相对稳定的现代模式。在此漫长的三百年间（1500—1800），欧洲经历了翻天覆地的变化，它们对于大学的冲击在其初是间接和缓慢的，但至终则导致极其深远和根本的蜕变。①

在此时期的前半（1500—1700），促成欧洲从中古进入近

---

① 有关此时期欧洲大学的综述见 Hilde de Ridder-Symoens, ed., *A History of the University in Europe*, Vol. 2, *Universities in Early Modern Europe* (Cambridge University Press, 2003)。

代的主要因素包括：人文主义的兴起与文艺复兴运动、火器普遍应用所导致的民族国家之出现、远洋探险与新大陆的发现、马丁·路德的宗教改革与宗教版图之分裂，以及科学运动与牛顿科学革命。在这些变化的冲击下政府与大学的关系日见密切，而教廷权威则逐渐衰落。其实，这变化在中古已经开始：博洛尼亚城邦在 14 世纪前后就已经拨公款成立带薪教授席位以吸引名学者，中欧早期大学如 14 世纪的布拉格（Prague）、维也纳（Vienna）、海德堡（Heidelberg）、克拉科夫（Cracow）等已经是由皇帝、君主、领主所颁令创办。到了 16 世纪，英国的亨利八世与教廷决裂，自立为英伦教会首脑，自此牛津、剑桥的师生被迫宣誓效忠国王，大学内不再讲授教会法（canon law），专业律师的教育也由于普通法（common law）日趋重要而从大学转移到伦敦的四所法律学院（inns of court）。同样，新教国家的大学如荷兰的莱顿（Leiden）、德国的维滕贝格（Wittenberg）、瑞士的日内瓦（Geneva）等也理所当然脱离教廷或者帝国管辖。另一方面，在反改革运动（Anti-Reformation）号召下，天主教的耶稣会（Jesuit Society）在高等教育领域发动了全面反击：它锐意培养学者，设立大量神学院与大学，一时也表现出充沛的活力。然而，在以维护罗马教廷的正统地位为至终目标的大框架限制下，这些院校进入 17 世纪以后就趋于严重僵化，甚至与社会完全脱节了。

　　人文主义意味着抛弃以亚里士多德学说为基础的经院哲学，转向古代希腊、罗马原典，包括《圣经》的深入研究，因此希腊文与希伯来文的研习风行一时，各大学纷纷设立相关讲座。这风气最初是由于奥托曼帝国攻陷君士坦丁堡，大批希腊学者携典籍迁徙到北意大利所造成。它不但促成人文主义，而且再次激发对于数学和天文学的热情，那实际上成为 17 世纪科学革命的起点。在此时期，大学里面开始设立古代语文、数学、天文学等新科目的讲席，使得这些专科从笼统的"文科"独立出来。不过，基本上大学是个极其保守的体制，因此它仍然为亚里士多德传统与经院哲学所笼罩。所以，16、17 世纪的原创性科学研究绝大部分是在大学以外完成的。① 从 17 世纪开始，大学的落伍遂促使众多以发展科学为目标的"学会"出现，例如意大利的"科学协进会"（Academia dei Lincei）、法国和普鲁士的"皇家科学院"（Royal Academy of Sciences）、英国的"皇家学会"（Royal Society）等等。到了 18 世纪，这更导致许多其他类型的教育机构的爆炸性增长，例如教授文法、修辞的"文法学校"（grammar school）和"书院"（college，gymnasium），它们后来发展成为中学和大学预科；此外还有称为"高等学校"（Hochschule，haute école）或者"学院"（academy，这往往是为贵族子弟开设，或者带有军事训练意味的）的专科高校。1781 年成立的斯图加特（Stuttgart）大学就改以"高校"为名，它又抛弃了传统的四学院，代之以法律、

① 不过这有两个显著例外：伽利略和牛顿分别在帕多瓦（Padua）大学和剑桥大学度过半生并且有辉煌发现，但他们只是借此栖身，其开创性工作和大学并无密切关系，而且一旦成大名就各自离开大学，略无留恋。不过，大学也的确为科学家提供了高等教育（包括科学方面的教育），这是不可忽略的。

军事、公共行政、林业、医学、经济六组现代课程。①

继宗教改革和科学革命之后，对大学造成猛烈冲击的还有 18 世纪的启蒙运动。它以激烈攻击基督教本身为开端，然后发展到鼓吹以理性来改造社会的所有体制，由是间接促成美国独立和法国大革命，也连带引致拿破仑彻底改造欧洲的雄心。不可思议的是，直至大革命爆发为止，欧洲大学仍然暮气沉沉，对周围有如狂飙激流的思潮无动于衷，以致社会上彻底改革乃至废除大学的呼声日益高涨。这样，在爆发大革命之后不久，法国大学系统就随着王室和教会的崩溃而陷于瘫痪、停顿（1793），它后来虽然恢复过来，并且屡经改革，但始终未能重新建立昔日的崇高地位。事实上，拿破仑所设立的众多专科高等学校基本上取代了大学为精英阶层提供高等教育的功能。②

然而，德国大学的演化却依循了完全不同的途径。③ 其实，在 18 世纪它们也同样由于教会和政府的共同控制而显得

---

① 新型院校的出现反映于大学数目的增长：在 1500—1800 年间有将近一百九十间大学先后存在，也就是三倍于 1500 年之数，但其中有许多是性质已经分化了的。见前引 *Universities in Early Modern Europe*, pp. 46 – 47，90 – 94。

② 有关法国大学在大革命前后的蜕变，见 R. R. Palmer, *The Improvement of Humanity*：*Education and the French Revolution*（Princeton University Press，1985）。

③ 有关德国大学在 18、19 世纪的发展，以下两本专著有深入讨论：Thomas Albert Howard, *Protestant Theology and the Making of the Modern German University*（Oxford University Press，2006）；Charles E. McClelland, *State, Soceity and University in Germany 1700 – 1914*（Cambridge University Press，1980）。

非常僵化、不合时宜，因此学生人数不断大幅度下降。在18、19世纪之交，也就是拿破仑的军队席卷欧洲之际，许多德国的大学为了各种原因被关闭。和法国不一样的是，德国的大学有少数成功改革的先例。这最早可以追溯到1694年在普鲁士成立的哈雷（Halle）大学，但真正重要的则是1737年在汉诺威（Hannover）成立的哥廷根（Göttingen）大学。它的特点在于：压制神学以避免内部争端，例如教授规定不准攻讦彼此的宗派立场，容纳天主教徒（大学本身宗奉新教），这成为宗教容忍与学术自由的滥觞；通过向全德国招聘学者，以及大幅度提高其教授的薪酬，来大力发展法学与哲学；在传统科目以外开设政治、物理、自然史、应用与纯粹数学、历史、现代语言等新兴科目；更提供骑术、剑击、舞蹈等训练课程以适应贵族子弟（那是在人口中占相当比例的中上阶层）的需求和提高声誉——可以说是无所不用其极以求赶上时代精神和吸引教师与学生。这样，在很短时间内它就蜚声全欧，被视为"现代型"大学了。

但第一所真正的现代大学，则无疑是1810年成立的柏林大学。它是出任普鲁士教育局长的著名语言学家洪堡（Karl von Humboldt）在国王威廉三世（Frederick William Ⅲ）和内政部长斯坦（Karl von Stein）授权下创办的。这不能不说是个奇迹，因为当时普鲁士刚刚为拿破仑打败（1806）并接受了极其苛刻的和约，法国军队也尚未撤离国土，而洪堡出任教育局长不到两年，大学尚未正式成立他就去职。他之被尊为此大学的创办人，主要是因为当时负盛名的哲学家、神学家如康德（Immanuel Kant）、费希特（Johann Gottlieb Fichte）、谢林（Friedrich Wilhelm von Schelling）、施莱尔马赫（Friedrich Ernst

Schleiermacher）等发表了众多有关大学改革的文章，其中的重要观念、思想都为他所吸收和熔铸于此大学的创校宪章中。其中最重要的，也许可以归纳为三条原则：第一，是尊重传统，但要彻底改革，这表现为大体上维持大学的传统四学院结构，但神学院则不再享有任何特殊地位；第二，教师和学生都有学术上的自由，即教授在研究、教学上的自由，以及学生选课不受干涉的自由；第三，学术研究亦即新知识的探求是大学的首要任务，这表现于教授的遴选标准上。在此世俗化、自由化和学术化的三大原则下，大学理念从崇尚传统转变为发现和扩充知识，从强调集体的团结一致转变为尊重个人选择与个别学科的发展，然而它在体制上却无所变更，也就是以旧瓶装新酒的方式维持了旧有架构。因此欧洲中古大学与现代大学之间的关系，是既连续但又有剧烈变革。在整个 19 世纪，德国和英、美大学的发展，基本上都是朝这新方向迈进的。①

不过，柏林大学虽然脱离教会和神学的笼罩，却又落入国家控制。不但它的教授委任大权为政府掌握，而且政府官员还

① 有关 19 世纪的西方大学，特别是德国典范对其他欧洲国家的影响，见 Walter Rüegg, ed., *A History of the University in Europe*, Vol. 3, *Universities in the Nineteenth and Early Twentieth Centuries*（Cambridge University Press, 2004），特别是 pp. 44–80。有关德国大学对美国高等教育的影响，见 Hermann Röhrs, *The Classical German Concept of the University and its Influence on* Higher *Education in the United States*（Frankfurt am Main: Lang, 1995）。有关英国大学在 19 世纪的改革，并见下列原始文献辑录：Michael Sanderson, ed., *The Universities in the Nineteenth Century*（London: Routledge & Paul Kegan, 1975）。

得以经常列席大学教务会，后来甚至教授的言论也规定不得涉及现实政治问题。因此柏林大学虽然在学术上名重一时，但它的自主地位和学术自由却仍然受相当大的限制。西方大学在这方面的进步，主要是由英国大学的榜样而来。在其初，牛津大学与剑桥大学拥有大量的资产与土地，不需政府资助，又与英格兰教会关系密切，宗教方面亦不受干涉，因此长期享有近乎独立的地位，而此传统亦为19世纪成立的伦敦大学与中部地方大学所仿效。到了20世纪，由于科技的飞跃进步，政府资助研究工作不可避免，这在第一次大战中变得非常明显。大学如何能够接受资助但仍然保持独立的问题，是由大战后（1919）成立的"大学资助委员会"（University Grants Committee，UGC）解决的。它基本上是由独立学者所组成，处于政府与大学之间的中间机构，一方面负责向政府提供有关资助的意见，另一方面每隔若干年（一般以五年或者三年为期）将政府拨款以整笔方式分配予全国各大学。在政府资助日益增加，乃至成为大学最主要的经济来源的情况下，英国大学始终能够保持高度独立性，主要就是得力于此机制所发挥的功能。①

## 八、总结

无论从体制、理念或者科目上看，座堂学校比起宋代官学和书院来，都显得简陋、落后。但短短两百年后，在巴黎、博

---

① 见前引 *Universities in the Nineteenth and Early Twentieth Centuries*，pp. 61–64，645–647。

洛尼亚和牛津这几所大学开始形成的时候，欧洲高等教育体系就表现出巨大的生机、活力与发展潜力，寝寝然超越南宋官学和书院了。从 14 以迄 18 世纪，也就是明清两代，中国的官学、科举和书院体制仍然蓬勃发展，而且日臻普遍、细密、完备，但同时也趋于停滞、僵化，失去其原来的（譬如说胡瑗、范仲淹、王安石诸大儒所表现的）理想与活力。另一方面，在此阶段差不多相同的痼疾也正在感染、侵袭、困扰欧洲大学，而且到了后期其情况日趋严重，大有病入膏肓之势。所截然不同的是，大学并非欧洲唯一的学术教育体制，欧洲社会、政治、文化的发展也并不受制于大学——远洋探险、发现新大陆、宗教改革、科学革命、启蒙运动等等基本上都是发生于大学以外的事情。而且，正是大学的停滞、僵化刺激了新体制如学会和不同类型院校的诞生。这样，在法国大革命摧毁旧体制的前后，新思潮终于在大学内部找到立足点，由是导致了第一所"现代大学"的出现，它又迅速为其他大学仿效，从而改变了西方高等教育的整体面貌。

然而，为什么从 13 世纪开始，中西教育体制的发展会如此之不同？一言以蔽之，我们也许可以说，这就是社会、政体、文化上的单元（unitary）和多元（pluralistic）之分别所造成的后果。欧洲整体自古以来就是多元、分裂的。这多元首先表现于欧洲文明中保存了希腊、罗马、希伯来三个截然不同的传统，中古大学的文、医、法、神学四个学院就是承接这些不同传统而来，而并非如国子监、太学中的特殊科目只是基于实际需要。而且，这三个传统的精神虽然因缘际会，一度纠合于天主教会之中，但它们仍然各自保持强韧的生命力：宗教改革的基本动力是回归《圣经》原典亦即原始希伯来精神，那就意味着这纠合之解体①；至于科学革命与启蒙运动为希腊重智精神之重新伸张，那更不待言了。除此之外，中古欧洲的多元性更反映于其政体在地域上和政、教之间的高度分裂。这导致了长期战争，却也产生了不断的竞争与蜕变：宗教改革之所以能够立足和发展，正是拜德国各邦林立所赐；科学革命之所以不致为教廷扼杀，也是由于后者的势力无法伸展到英国、荷兰；至于哥廷根大学和柏林大学之能够出现，自然更是由于个别小邦国就有力量将学者、君主的新理念径自付诸实施所致。

中国自宋代以来在许多方面的停滞往往被归咎于科举制度，或者宋明理学，或者阳明心学。这恐怕都不甚公平——至少应该说是未曾触及问题的底蕴。从欧洲中古大学与罗马教会的发展可见，任何教育体制或者文化精神无论如何高明都必然有其内在限制，因此经过长时期的实施、发挥之后，就必须有根本和断然的改革才能够重新适应时代，而这种改革力量不大可能从该文化教育体系本身出现。中国很早就形成文化与政治上的同质（homogeneous）和单元格局，其后吸收的外来文化因素例如佛教也基本上被彻底消化、同化，因此其逐步的停滞成为难以摆脱，几乎是无可避免的恶性循环，只有在外来力量的猛烈冲击下方才能够有所改变。在过去三十年间，由于改革开放的新政策，中国逐渐脱离了经济上的单元、同质格局，因

① 严格而言，基督教和《新约圣经》并不代表原始希伯来精神：它实际上已经是渗透了大量古希腊宗教观念（例如永生、圣灵与三位一体观念），但仍然以希伯来一神教为底蕴的宗教。我们在文中所采用的是比较粗略的说法。至于天主教会为三个文明之纠结是很显然的：系统神学为亚里士多德思想与基督教观念的结合，罗马教廷的组织特别是"教会法"则是罗马法学与基督教会的结合。

此取得了飞跃进步。不过，它两千年来的大一统政治格局却始终未曾改变，而且，这格局不但带来庞大的集体力量，更可能成为比较公平、和谐的社会的基础，因此是为大部分国人所认同和感到自豪的。问题是，政治上的单元格局很难以避免地导致理念和文化的趋同，而教育上的停滞则往往成为其自然后果。因此，如何在我们这个一统而又庞大的国家中，为多元文化找到发展空间，从而建立能够长期自新自强的教育体制，当是有待国人深思的迫切课题。

原刊王守常、余瑾编《庞朴教授八十寿辰纪念文集》（北京：中华书局，2008），第61—76页；又刊《中国文化》（北京）第28期（2008年秋季号），第3—16页；嗣收入《迎接美妙新世纪：期待与疑惑》（北京：三联书店，2011），第237—262页。

# 法律的革命与革命的法律
## —— 兼论西方法学传统

在 20 世纪 70、80 年代之交，有两本重要法律史著作相继出版：泰格（Michael E. Tigar）和利维（Madeleine R. Levy）的《法律与资本主义的兴起》①以及伯尔曼（Harold J. Berman）的《法律与革命》②。这两本著作都是以西欧法律系统之形成为主题，都是大量文献实证研究的结果，甚至，它们所追溯的西欧法系渊源以及所列举的一些关键事件也大致相同。然而，令人十分惊讶的是，这两本著作所反映的观念和所得出的结论，却如此之不同，乃至于截然相反。

《法律与革命》是一本六百多页的巨著，书题中所谓"革命"，是指 11 世纪末期由教皇格里高利七世（Gregory Ⅶ）对神圣罗马皇帝亨利四世（Henry Ⅳ）所发动的"授职权之争"（Investiture Contest），以及由此引发的全面政教冲突。此书的

---

① Michael E. Tigar & Madeleine R. Levy, *Law and the Rise of Capitalism* (New York：Monthly Review Press，1977)；中译本为泰格、利维著，纪琨译《法律与资本主义的兴起》（上海：学林出版社，1996）。

② Harold J. Berman, *Law and Revolution* (Cambridge, Mass.：Harvard University Press，1983)；中译本为伯尔曼著，贺卫方、高鸿钧、张志铭、夏勇译《法律与革命》（北京：中国大百科全书出版社，1993）。

中心论旨（其实更是伯尔曼的划时代创见）是：整个西方文化的形成，就是由这一争端所触发。在法律上，这争端导致对立双方对法理学的热切研究，以及对古代法典的大事搜索。其最直接的后果便是，1080 年左右古罗马《查士丁尼法典》全书的重现，以及 1087 年伊纳里乌斯（Irnerius）在意大利博洛尼亚创办欧洲第一所法学院，从而推动整个西欧的法律教育和法学研究，产生伯尔曼所谓第一种"现代科学的雏形"即法理学，特别是教会法理学。在政治上，这争端将教皇的权威推到一个足以与神圣罗马皇帝以及各国君主相抗衡，甚至凌驾后者之上的地位。这神权与俗世权力的分立与不断斗争，导致激烈的政治辩论与动员，从而又推动政治蜕变，产生伯尔曼视为第一个"现代国家的雏形"的教廷。此外，根本改变欧洲面貌与意识的许多重大事件，包括十字军东征，诺曼人征服英国和西西里岛，欧洲的急速都市化，远程贸易的开展，乃至古代希腊科学之重现于欧洲，中古大学之兴起，等等，也都正是在 11—12 世纪间发生，而且可以直接或间接追溯到从教皇利奥九世（Leo IX，1049—1053）开始的教廷振兴运动，而格里高利所发动的革命正是这运动的高潮。

因此，伯尔曼认为，宗教理想是了解西方法学传统的关键；希尔德布兰（Hildebrand，格里高利的原名）革命是 12 世纪以后教会法、王室法、商人法、城市法乃至现代较文明的刑法次第发展的原动力。很自然地，他的巨著就分为"教皇革命与教会法"以及"世俗法律体系的形成"这两大部分。在书的序言中他颇为沉痛地说："我们无可避免地会感到欧洲、北美和其他西方文明地区在 20 世纪的社会分裂与社群解体。……这是与西方文明整体的一统性以及共同目的性之衰退密切相关的。……西方社会共同体的象征，即传统形象和隐喻，从来都是宗教性和法律性的。然而，在 20 世纪，宗教初次变成大部分是私人事情，法律则多少成为只是权宜之计。宗教和法律之间的隐喻关系已经割断了。……这标志着一个时代的终结。"①那正好点出他心目中西方法律体系与宗教理想之间密切不可分割的关系，以及他对这一体系前途的深刻危机感。

泰格（利维基本上是他的助手）的著作却有一个完全不同的主旨。它其实同样可以名为"法律与革命"，但他的"革命"则是指 11—19 世纪八百年间资产阶级兴起——用他的术语来说这乃是一连串的造反（insurgency）——所倚赖而同时又促成了的法理学（jurisprudence）革命。从思想脉络和目标来说，这一本带有强烈新马克思主义色彩但仍完全符合学院标准的学术著作，其实可以更贴切地名为"资产阶级造反法理学：它的历史与教训"。

因此，这两本著作的分野是非常之清楚的：前者的重心是宗教理念对西方法系的影响，历史焦点集中于 11—12 世纪之间的政教冲突与思想蜕变这一大结（crux）；至于其后的发展，包括现代社会的出现，则是作为新法制观念所自然产生的事物来讨论。后者恰恰相反。虽然它同样是以 11 世纪为起点，并且明确指出当时罗马法之所以有系统地被发掘、收集、研究、发扬，大部分是教会学者的功劳，可是，书的重心却是商人，包括零贩、远航贸易商、银行家、工业家等各种不同身份的商人，对法律体系的影响乃至改造，即他们怎样在不同阶段利用蜕变中的法律体制来与当时的宰制性或强有力集团——先是封

①　上引 Berman：*Law and Revolution*，p. vi；中译本 II－III页。

建领主，后是城市行会，最后是中央集权的君主——作顽强抗争，以达到建立本身宰制性地位的至终目标。

律师在这一过程中的身份既微妙而又尴尬。他们由于专业训练而养成的保守与中立的态度，以及由于实际利益而与君主或商人发展出来的主从关系，无疑会产生内在冲突，这在书中有相当仔细的讨论。其中最突出也最令人感兴趣的，是两位截然相反的人物。第一位是 13 世纪法国博韦地区的郡守博玛诺瓦（Phillipe de Beaumanoir），他是名著《博韦地区习俗志》（*Books of the Customs and Usages of Beauvaisians*）的作者，以及王权扩张（相对来说也就是封建权利的压缩）的忠诚拥护者和鼓吹者。第二位则是英国 16 世纪伟大的人文与法律学者，名著《理想国》（*Utopia*）的作者，亨利八世的大法官，托马斯·莫尔（Thomas More）。他不但为贪婪无厌的商人之兴起以及中世纪秩序的崩溃而感到痛心疾首，更为了沉默抗议王权的无限扩张而在断头台上献出生命。这两位同样笃诚而又自信的君子迥然不同的心态，正好反映了那三百年间经济结构的变化对社会所产生的巨大冲击。

提到莫尔，我们不能不想起英国历史上另一位著名的托马斯：12 世纪的坎特伯雷大主教贝克特（Thomas Becket），他也同样是为了抗拒王权扩张而被另一位亨利——亨利二世手下的武士在大教堂中谋杀。奇妙的是，泰格居然完全没有提到贝克特和他所牵涉的《克拉伦登宪章》（Clarendon Constitution）法制争议。另一方面，伯尔曼的大著之中，贝克特大主教占了整整一章，但莫尔的名字却又没有出现——最少没有在索引中出现。单单从这两位托马斯在这两本书中迥然不同的命运，我们就可以再一次看出两位作者立场之南辕北辙了。

当然，立场分歧的表现远不止此。由于商人阶层和法律体系的互动是一个既反复又漫长的过程，所以泰格的着力点相当平均地分配在1000—1804那八百余年之间：从威尼斯东方贸易的兴起，以至英国清教徒革命、光荣革命、启蒙运动、法国大革命和《拿破仑法典》纂成等重大历史环节，书中都有详细讨论。而始终贯串这八个世纪的法律蜕变的主线索，则是契约和产权观念的变化——也就是订立可强制履行的契约的自由之逐步确立，以及产权之走向绝对化，即它之脱离所有其他社会因素，成为纯粹属于"个人"与"物"之间的关系。这两个发展，就是现代资本主义法理学的基石，也是稍为关心现代政治经济学的读者都非常之熟悉的了。至于伯尔曼则对贝克特以后的历史发展不感兴趣：不但人人必然会想到的《大宪章》只是零零碎碎地提及，甚至英国17世纪初期那么关键的国王与议会斗争以及在法制史上那么重要的人物柯克（Edward Coke）爵士也同一命运，至于其他近代变革（例如法国大革命）就更不用说了。他这书的副题"西方法律传统的形成"无疑是经过周详考虑才采用的，但说"形成"而不说"根源"，等于间接否定了自从13世纪以来那么多重大事件的独立性与根本重要性，那自然不能不算是十分独特而令人震惊的观点。

另一方面，泰格的纯经济法制史观虽然有很强的一致性和自洽性，但同样也留下不少令人感到疑惑的地方。其中最明显的，也许是一个较公平、客观，尊重被告基本权利的刑事检控和审判制度的出现。正如他所指出，这基本上是17世纪英国清教徒革命的产物，而在法制史上是有重大意义的。但我们也许可以追问：这一发展和经济结构的变化或资产阶级法权有什么内在关系？倘若的确有些关系，那就是作者略过了而没有讨论，这是很奇怪的。我们倘若把视野再扩大一点，进而追问书中所谓17世纪英国资产阶级革命到底是怎么一回事，它的起源如何，那就不免十分尴尬了。因为作者不可能不知道，也不可能否认，这一革命通称为"清教徒革命"（这一名词上文为了方便而采用，其实是作者始终避免提及的），它虽有极其重要的经济和社会结构背景，但最直接、最主要的原因则是信奉新教的乡绅、市民、大众与具有强烈天主教倾向的几位国王，包括上了断头台的查理一世和被逐出奔的詹姆斯二世的长期斗争。事实上，撇开了宗教，16—17世纪的欧洲历史，包括法制史在内，是否有可能全面了解？这一问题恐怕是泰格不愿意也难以回答的吧。

也许，至终应该承认，宗教与经济，教皇与商人，理想与资产阶级革命，对近代西方法律体制的形成来说，是同样重要的塑造因素，我们不可能从任何单一角度来真正理解这一漫长、曲折而又复杂的革命过程。

可是，对于中国读者来说，在消解这两个观点的张力之后，还有另一个必然会浮现，而且也许更迫切的问题，那就是为什么同样的法律革命和演化没有在中国发生？更确切的问题应该是：法律在中国为什么没有像在西方那样，形成一个高度精密与思辨性的系统，并且以此形式流传、发展和影响政治、文化、社会？中国为什么没有任何政治或思想演变是以法律为机制来开展的？明显的答案是中国的大传统重礼而不重法，讲求个人道德修养的儒家是主流，讲究刑律的法家自秦以后便失去势力——最少在外儒内法这一格局下失去了思想上的主导性和发展潜力。这与西方文明源头——重思辨的希腊精神以及重法律的罗马精神迥然不同，遂导致后来的发展相异。

这诚然不错，但为什么秦汉帝国与罗马帝国又有那么大的差异呢？我们不可忘记，成书于公元534年左右的《查士丁尼法典》（Justinian Code）其实已经是一套法律文库，它不但包括历代敕令、律例，而且还有教材和大量案例、判词。它的英译本统共有四千五百页，约二百万字。相比之下，秦汉时代遗留下来的法律文献，委实少得可怜。此外，双方在法律观念上的差异，也是同样巨大的。汉高祖入关时的约法三章，所谓"杀人者死，伤人及盗抵罪"，不但表现了对严密和繁复的法律条文的厌恶与不耐烦，更反映了民法和商法上的巨大空白：契约、财产、买卖、借贷、婚姻……这些罗马法中有详尽论述的题材，在秦汉都根本不见于律法，最少不被视为其重要部分。例如，《睡虎地秦墓竹简》有关法律的部分共六百余支，估计不过二三万字，其内容大抵上可以用刑法与行政规则来概括，亦即是说，只涉及国家与个人之间的关系，而没有涉及纯粹属于个人之间的关系。最少，我们不能不承认，刑法（criminal law）几乎是正史中唯一详细讨论的法律，而且其关注点亦只限于刑罚之轻重、法网之疏密，至于刑法本身的理论基础、结构、自洽性等等则罕有涉及。

更何况，东西方在法律观念与制度上的分歧起源远远早于秦汉和罗马时代，甚至也远早于罗马的《十二铜表法》（公元前449）。我们只要翻开地中海和中东文明（这我们现在知道是希腊罗马文明的源头之一，另一源头是埃及）的介绍，就可以知道查士丁尼实在是源远流长的一个法制传统的集大成者。在他之前一千年，希腊的梭伦（Solon）就已经以颁布成文的木

327

板法（约公元前592）于公众大堂并且组织"全民法庭"知名，那比子产铸刑而受到批判（公元前536）要早大约六十年。但梭伦也并非始创者，在他之前千余年，巴比伦第一皇朝的汉谟拉比（Hammurabi）就已经公布了详尽的，包括合约、财产、婚姻、离婚、遗产、专业（例如外科手术和建筑）渎职、法庭程序等各种事项的法典，它的时代（公元前1700）要比中国史书仅有极简略记载的《甫刑》（周穆王时代，公元前10世纪左右）早七百多年——那相当于先商而早于甲骨文时代，当时中国是否有文字，目前尚不能确定。这部刻在2.3米高黑色玄武岩上的重要法典原件在巴黎卢浮宫展览，是所有访客都可以见到的。而且，汉谟拉比也还非源头，他的法典其实是苏美尔（Sumerian）与闪米特（Semites）传统融合的结果。在他之前再追溯一千年（公元前2700），两河流域的苏美尔文明已经遗留下大量正式田地和奴隶售卖契约；在公元前2350—前1850年间，苏美尔人已经编纂了两部流传至今的法典，即所谓Ur-Nammu和Lipit Ishtar法典，而且还留下了数百宗记录在陶泥板上的法庭案例以及详细法庭组织和规程的记载。

换而言之，一个有大量文书记录并且高度发展的农业与商业混合文明早在中国三皇五帝的传说时代就已经在西亚出现，博洛尼亚的伊纳里乌斯和他的门徒在11世纪所秉承的，是一个已经累积了将近四千年之久（虽然是时断时续）的成文法传统。所以，它比中国最早不超过韩非子时代（公元前280—前233）才逐渐出现（而其后又一直缺乏发展空间）的法学要丰富、精密、深刻得多，是不足怪的。从这一个历史发展的角度看，我们对于东西方之间法学的差异，以及中国今后法律现代化所必须经历的艰辛途径，当会有一个更为平衡和全面的看法吧。

原为《法律与资本主义的兴起》一书序言，刊《二十一世纪》（香港）1996 年 8 月号，第 101—105 页，嗣收入《站在美妙新世纪的门槛上》（沈阳：辽宁教育出版社，2002），第 217—226 页。

# 彗星小史：它和科学、宗教与政治的纠缠

　　无论在东西方，彗星历来令人惊惶恐惧，被认为是灾异动乱的凶兆。这可能是因为常见天象固定不变（例如恒星），或者遵循一定规律运行（例如日月和五大行星），彗星则出没无常，不能预测，一旦出现，又巨大光耀，形状多变，持续相当时日，和流星之稍现即逝不一样。因此，把它和现实中的突变挂钩，认为是政变或者灾难动乱的先兆，是很自然的。另一方面，虽然它很早就已经成为学者探索的对象，但对它的了解却很晚方才走上正途。千百年来，它和政治、宗教、科学纠缠在一起，显示出千丝万缕，剪不断，理还乱的复杂关系，形成很有趣味的一段历史。

## 一、古代的两种不同观念

　　在中国，很早就有天象包括彗星的记载，但所谓《星经》并没有传世。幸运的是，安徽道士程明善于万历四十四年（1616）在一尊古佛像的肚子里面发现了失传已久的《开元占经》，那是唐代太史监瞿昙悉达的奉敕著作，共一百一十卷，完成于开元六年（718），里面保存了大量古代资料，包括战国时代石申和甘德两人所著的《星经》。从其中三卷《彗星占》，

我们得知不少古代彗星观念。首先，彗星有许多名称，例如孛星（蓬勃之意）、拂星、扫星、天棓（棒）、天枪、天搀（钩）等等，不一而足，都是形状的描述。其次，对彗星出现的原因，有许多不同的揣测，例如：是由于某行星与日、月或者某星座相合若干日，或者行星逆行多少度所致，或者是"逆气所生"、"海精死"、"君为祸"引致等等，正所谓议论纷纭，莫衷一是。最后，彗星所预报的，则不外"臣谋其主"，"天子死，五都亡"，"天下乱，兵大起"，"赤地千里"，"天下更改"等各种凶兆乱象。① 除了《占经》之外，我们还有其他古代的生动彗星记录，那就是西汉长沙马王堆出土帛书上手绘的二十九幅彗星图像，其旁注明了诸如灌、蒲、房、竹、蒿、苦、蚩尤旗、翟等各式各样的象形名称，说明它们的观察是非常丰富和仔细的。② 从这些传世和出土文献我们可以知道，古代中国人颇容易满足于表象，而没有兴趣探究深层次原因，为此作进一步思索、争辩或者观察。

在古代西方，彗星同样被视为重大政治事件或者灾难的警兆，其中最有名的，无疑是恺撒大帝被暗杀之前和威廉公爵率领诺曼人渡海征服英格兰之前，据说都曾经有彗星出现。托勒密（Claudius Ptolemy，约110—175）是伟大的天文学家，他的《大汇编》（*Almagest*）是集古代数理天文学之大成的经典。然而，因为受巴比伦观念影响，他也相信占星学。他的《四部

---

① 见瞿昙悉达编《开元占经》下册卷88—90"彗星占"（长沙：岳麓书社，1994），第927—983页。

② 见王树金《马王堆汉墓帛书〈天文气象杂占研究〉三十年》，2008年2月3日发表于武汉大学简帛研究中心"简帛网"。

书》（*Tetrabiblos*）就讨论了彗星，其中提到"横梁"、"喇叭"、"昙罐"等象形名称，并且说它们主凶兆，"视乎星首在黄道宫的位置和尾巴所指方向，显明灾难来临的位置；视乎星首形态，指示事件的性质以及受影响的阶层；其持续时间指明事件的长短"①。这和《开元占经》所说的其实大同小异，只不过作了理性和抽象的归纳，显得更系统化而已。

但更早期的希腊哲人对彗星却有完全不一样的观念，那虽然也不正确，却合乎科学精神。这主要留存在亚里士多德《天象学》第一卷第六章之中。首先，他征引了早期自然哲学家的三种不同说法：彗星是由行星互相接近以致像是彼此触碰造成；或者它其实是周期极长、运行面接近地平面的行星；还有大致相同的另一种说法，即彗尾其实并非彗星的一部分，而是由其所吸引的水汽反射阳光形成。跟着，他反驳了所有这些观点，主要理由是彗星和我们熟知的行星规律完全不同，例如彗星会在空中逐渐"隐没"，而不是如行星"落到地平线下"，等等。最后，他提出自己的看法，即彗星并非处于遥远星空（即月球"以外"）的事物，而是地球大气上层的干燥和炎热物质受了（当时认为是携带月球和行星运转的）急速旋转的天球摩擦，因此燃烧起来所产生的现象。② 很显然，不论他们的实际理据如何，这些哲学家所真正关心的，是纯粹以观察和思辨来探讨彗星本身性质，而并非它对人世的影响。

---

① Ptolemy, *Tetrabiblos*. F. E. Robins, ed. transl. （London：Heinemann 1964）。彗星的讨论在 Book 2。

② 见 Aristoteles, *Meteorology*, 342b25 – 345a10（Book I. 6 – I. 7）。

## 二、彗星研究的兴起

此后千余年间，北方蛮族入侵，罗马帝国沦亡，希腊理性精神随之逐渐熄灭。在此"黑暗时期"，虽然仍然有不少饱学之士，诸如西班牙的伊西多尔（Isidore of Seville，570—626）、英国的比德（Bede the Venerable，672—735）和德国的拉班纳斯（Rabanus Maurus，780—856）等，他们无一例外，都相信彗星是动乱、战争、瘟疫的预兆。① 到了 13 世纪，由于阿拉伯科学典籍被翻译成拉丁文和大学兴起，欧洲学术气候出现根本转变，所谓"中古科学"于焉诞生。当时最早的杰出科学家就是英国的格罗斯泰斯特（Robert Grosseteste，1168—1253）、罗吉尔·培根（Roger Bacon，约 1215—1292）和德国的大阿尔伯特（Albertus Magnus，约 1200—1280）三位。他们在光学、气象学和炼金术上各有重要贡献。然而，他们对彗星的基本观念并没有改变，仍然以之为灾异之兆。唯一不同的是格罗斯泰斯特提出了一个何以彗星是灾难预兆的理论。他认为彗星是上天星宿吸引地上人类清灵之气所形成的火球，人与该地既然失去了灵气，损毁灾难也就随之而来。这想法匪夷所思，但也可以视为以理性解释这奇特自然现象的"曙光"。②

彗星一直到文艺复兴时代方才脱离"异象"范畴，开始被

---

① 见 Lynn Thorndike，*A History of Magic and Experimental Science during the first thirteen centuries of our era*，Vol. 1（New York：Columbia University Press，1923），pp. 633，635，673。

② 见上引 Lynn Thorndike，*History of Magic and Experimental Science*，Vol. 2，pp. 446 – 447，583 – 584。

视为正常天文现象，那是 14—15 世纪间维也纳大学多位天文学家重新发现和仔细研究古希腊天文学的结果。这学派的开创者是格蒙登（Johann of Gmunden，1380—1442）；更重要的是波伊尔巴赫（Georg Peuerbach，1423—1461）和雷格蒙塔努斯（Johannes Regiomontanus，1436—1476），他们师徒二人重新整理《大汇编》，为哥白尼的工作奠定基础，也为哥伦布西航提供了赖以测定方位的《星历》。他们还在 1456—1457 年间一同观测彗星，留下报告。①

但这只是开端，真正的改变要等到整整一个世纪之后。当时丹麦的第谷（Tycho Brahe，1546—1601）获得国王赏赐，在赫文（Hven）小岛上建立庞大天文台，以二十年光阴做了大量精密天文观测，这就是后来开普勒（Johannes Kepler，1571—1630）发现行星运动三定律的基础。② 在彗星方面，第谷有开创性贡献。他对 1577 年的明亮大彗星作了详尽观测和研究，为此先后发表通俗小册子和拉丁文专著，并且提出革命性的观点。③ 他指出，根据在多个不同时间、不同地点的仔细观测，可知彗星的视差（parallax，即处于地上不同地点观测同一彗星，所得方位之差别）极为细微，这就证明，它的距离远远超过月球，因此不可能如亚里士多德所猜测，是地球大气上层的现象。那也就是说，即使在月球以外的"天界"，宇宙也并非

---

① 这三人的事迹和工作，见 Ernst Zinner, *Regiomontanus: His Life and Work.* Ezra Brown, transl. (Amsterdam: North Holland, 1990)。

② 第谷的权威传记是 Victor E. Thoren, *The Lord of Uraniborg: A Biography of Tycho Brahe* (Cambridge University Press, 1990)。

③ 这是他在赫文小岛上开始天文观测之后第一件重要工作，见上引 Thoren, *The Lord of Uraniborg*, pp. 123 – 132。

恒久，也同样会有像彗星（以及他同样用心观测的"新星"[nova]）那样的生灭变化。这是个大胆的新观念，是首次基于实测证据而对亚里士多德权威提出的挑战。① 不过，他仍然很保守，他虽然不喜好占星学，却仍然接受它的原理。

## 三、彗星和宗教的碰撞

彗星的性质开始被了解之后，它无可避免就要和宗教观念发生碰撞、纠缠，因为当时的基督教是以宇宙万象的终极阐释者自居的。在17世纪，这样的碰撞一共有三趟，但性质完全不一样：第一趟它是意气争端的"触媒"；第二趟它成为观念冲突的焦点；第三趟最诡异，它居然被用作调和科学与宗教的"安全阀门"。极为奇怪的是，第一和第三趟碰撞分别牵涉了两位伟大科学家，但他们居然都是站在错误的一方！

第一趟碰撞的主角是伽利略（Galileo Galilei, 1564—1642）。如所周知，他因为坚持哥白尼的地动说而受到罗马教廷的严厉谴责。可是，他到底为什么会和教廷发生严重冲突呢？远因就是1618年出现的三颗彗星。当时梵蒂冈罗马学院的天文学教授格拉西（Orazio Grassi）发表了一篇演讲，引用上述的第谷新学说，指出彗星是处于月球与太阳之间，即属"天界"的事物。此文立论客观，语气平和，并没有任何挑衅意味，却不幸被广泛引用为反对哥白尼的借口——因为第谷是

① "天界"和数学定理一样恒久不变的观念根深蒂固，源远流长，它可以一直追溯到亚里士多德的老师柏拉图，甚至影响柏拉图的毕达哥拉斯教派。

仍然不相信地动说的，而他的理论被引用了！伽利略此时名声已经如日中天，但由于身体抱恙，工作不顺遂，脾气变得很坏。因此，他接到朋友从罗马来信，说格拉西的文章有如此这般影响，加上周围好事朋友一力撺掇煽动，就按捺不住，决定派弟子圭杜奇（Mario Guiducci）出马攻击格拉西。这样，双方就打起笔仗来了。开头伽利略只在幕后督战，但亦往往捉刀，至终则被迫披挂上阵，具名发表《测试师》（*Assayer*）小册子，以求一锤定音。这场笔仗轰动一时，前后打了四年之久（1619—1623），详情不必细表，但至终结果却十分令人错愕。首先，伽利略反对第谷的彗星理论，这出发点压根儿就错了，由是他被迫作出许多遁词，无形中充当了亚里士多德陈旧理论的辩护士，学术生涯因而蒙上白圭之玷。更糟糕的是，他因此而与梵蒂冈的耶稣会士结怨，乃至变成死敌，为他十年后受审蒙羞埋下导火线。① 所以，说来吊诡，彗星的确是为伽利略带来了莫名其妙的噩运！

第二趟碰撞的主角是法国一位新教徒培尔（Pierre Bayle，1647—1706）。从大约17世纪中叶开始，路易十四一反已经有半个世纪的宗教宽容政策，压迫新教徒无所不用其极。培尔生于法国西南部一个贫困的新教牧师家庭。他早年为了争取求学机会，曾经一度改宗天主教，但毕业后却又秘密重投新教，因此不容于政府，被迫流亡多年，最后移居新教国家荷兰，在鹿

---

① 见伽利略的传记 J. L. Heilbron，*Galileo*（Oxford University Press，2010），pp. 233 – 252，303 – 317。

特丹获得哲学教席，这才安顿下来。① 1680 年彗星出现，他由此得到灵感，两年后发表第一部著作《彗星随想》②。它宣称，彗星其实是自然现象，民众视为灾难预兆，那是迷信，教士和君主为了迷惑、操控民众，所以不惜助长此种愚昧观念。他由此展开了对教会与王权的批判，指出只有上帝掌握宗教真理，道德、社会稳定等问题与宗教信仰不相干，因此人人都应当有信仰自由，宗教迫害毫无道理。此书立论大胆，辨析深入周全，出版后大受欢迎，迅即奠定了作者的地位。此后他著述不倦，寓思想于史实，出版三大册《哲学与批判辞典》③（1697），以锐利笔锋和坚实考证，为西方文明中大量古今人物作传并加评论。他的观念和著作深深影响了伏尔泰，《哲学与批判辞典》由是成为日后"百科全书派"的先驱，他也被尊为"启蒙运动之父"。因此，追本溯源，1680 年的"扫把星"对于廓清欧洲的陈腐观念，为新思潮铺平道路，是颇有功劳的！

为什么像培尔那样一个潦倒的流亡学者，居然有胆色和底气去发表那样的石破天惊之论呢？最根本的原因自然是荷兰是新教国家，而且有多种宗教并存和言论自由的传统，因此他无惧迫害。同样重要的，当是两位在荷兰工作的前辈哲学家之深刻影响，那就是犹太人斯宾诺莎（Baruch Spinoza, 1632—

① 有关培尔，见 Elisabeth Labrousse, *Bayle* ( Oxford University Press, 1983 ) 的简明传记。

② Pierre Bayle, *Various Thoughts on the Occasion of a Comet*. Robert C. Bartlett, transl. ( Albany: State University of New York Press, 2000 ).

③ Pierre Bayle, *The Dictionary Historical and Critical of Mr. Peter Bayle*. 5 vols. A reprint of the 1734 English edition ( London: Routledge, 1997 ).

1677），激进的泛神论者亦即自然主义者①，和名声笼罩全欧洲的科学家、哲学家笛卡尔（Rene Descartes，1596—1650）——他首先提出所谓"机械世界观"（mechanical world view），试图以物理碰撞来解释一切运动，又建构了一个宇宙动力系统，其中特别讨论彗星与行星两种完全不同的运动。②培尔能够信心十足地宣称，彗星是自然现象，视为凶兆实在是迷信，那是由于第谷、伽利略、笛卡尔等一脉相传的科学思潮的熏陶；至于他胆敢借题发挥，撄罗马教会之锋镝，宣扬宗教宽容与自由，那除了有斯宾诺莎作为榜样以外，恐怕就靠从自身痛苦经历得来的勇气了。

---

① 斯宾诺莎在 1670 年发表《神学政治论》（*Tractatus Theologico-Politicus*）鼓吹言论、思想和信仰自由，而且从纯粹理性角度来审视基督教，此书出版后风行一时；至于他阐扬泛神论（其实等于是论证人格化［anthropomorphic］上帝之无意义）的《伦理学》（*Ethics*，此书与伦理毫无关系，翻译为《道德论》也许更妥当）则是在 1675 年完成，但延迟至 1677 年他死后方才出版，也同样引起轩然大波。这两部著作对培尔都有巨大影响。

② 笛卡尔在 1630—1633 年间著有《宇宙》（*Le Monde*）一书的手稿，但不久就慑于伽利略的命运，没有完成就搁置了，其后始终没有发表。在此书中他以充斥宇宙的大小不同物质漩涡来解释行星的运行，但彗星的轨道与行星不同而且显然彼此相交，对此他也有特别的解释。有关此书及其对彗星的构想见 Stephen Gaukroger, *Descartes：An Intellectual Biography*（Oxford：Clarendon Press，1995），Ch. 7，特别是 pp. 249 - 253。培尔无疑知道机械世界观，但大概未曾见过《宇宙》手稿。

## 四、第三趟碰撞：科学与宗教的调和

1680年的彗星激发培尔，也同样引起牛顿的浓厚兴趣，就此他曾经和天文学家弗拉姆斯蒂德（John Flamsteed）多次通信讨论。五六年后，他夜以继日地撰写《自然哲学的数学原理》之际，彗星更成为这本划时代巨著的重要论题—— 甚至到此书出版（1687年7月）之前半年，他还在研究根据观测数据确定彗星轨道的可靠方法。结果，在《原理》第三卷"宇宙系统"中，彗星占了大量篇幅。它的运动被认定为基本上和行星一样，同样是由太阳的万有引力决定，因此它的轨迹也同样是以太阳为焦点的椭圆，只不过"偏心率"极高而周期达数十以至数百年之久，因此大部分时间离地球极为遥远，难以观察，所以显得和行星截然不同而已。① 这样，经过两千年的探索，人类终于发现，亚里士多德之前那些古希腊哲人对彗星性质的诸多猜测之一，竟然是正确的！

但牛顿与彗星的关系并不止于此，它还有个令人十分惊讶的转折。牛顿是位极其真诚虔敬的基督徒，他发现了宇宙（在当时，太阳系就是宇宙）运行规律，即运动三定律和万有引力定律，认为这适足以彰显上帝的智慧与大能。然而，这却产生了一个难题：倘若世界严格依照自然规律运行，那么上帝岂非多余？他的意志从何得以彰显呢？牛顿认为，彗星可能是解决

---

① 见 Isaac Newton, *Sir Isaac Newton's Mathematical Principles of Natural Philosophy and his System of the World.* 2 vols. Florian Cajori, transl. (Berkeley：University of California Press, 1962), ii, pp. 491 – 542.

这个难题的关键。《原理》第三卷末了指出：1680 年的彗星在近日点离日球极为接近，倘若它在其漫长轨道受到其他行星或者彗星即使微不足道的不规则摄动，那么至终就有可能撞入日球，由此引起的巨大爆炸与所产生的火焰、蒸气很可能波及邻近行星，包括地球。研究牛顿的著名学者多布斯（B. J. T. Dobbs）指出，牛顿的大量繁复计算和隐晦言辞都有特殊含义：他认为，彗星撞日很可能就是上帝毁灭地球，令世界末日降临，以施行最后审判的途径，而那不必与自然规律有何抵触，因为只需要通过远方其他天体对彗星轨道作极其微妙的完全不可觉察的扰动就足够了。① 这样，彗星竟然成为了牛顿用以消解科学颠覆宗教的"安全阀门"！

## 五、从绚烂归于平淡

牛顿跨入 18 世纪，活到八十五高龄才去世，那时孟德斯鸠已经发表《波斯书简》，伏尔泰已经被迫流亡英国，启蒙运动已经静悄悄地在酝酿了。然而，牛顿和彗星的故事还是余音袅袅，未曾结束。原来《原理》这部巨著出版之后，只有英国人心悦诚服，无条件接受它，欧陆学界虽然震撼于其数学推理之奥妙，却对它的核心观念"万有引力"大不以为然，因为它的作用超越空间，不受阻挡，无远弗届，这在当时看来，是没有根据，匪夷所思的。相比之下，笛卡尔的"漩涡说"更为具

---

① 见前引 Isaac Newton, *Mathematical Principles*, ii, pp. 540 – 542；并见 Betty Jo Teeter Dobbs, *The Janus faces of genius：The role of Alchemy in Newton's thought*（Cambridge University Press, 1991）, pp. 230 – 243。

体，也更容易明白和采信。所以，在此后半个世纪之间，也就是一直到 18 世纪 30 年代中期，牛顿学说的根本原理仍然饱受质疑和冷待。①

至终形势逆转，是靠两个崭新的实测证据。首先，是 1738—1749 年间地球形状被法国科学家莫佩尔蒂（Pierre de Maupertuis，1698—1759）实地测定为略带扁平的南瓜状，这和"漩涡说"所意味的"柠檬状"相反，而和《原理》从计算所得，地球在赤道方向要比在两极方向的半径长 17 英里（27 公里），则正好吻合。这一重大发现成了欧陆学界对牛顿力学态度的转捩点。② 然而，问题并没有就此完全解决，因为达朗贝尔（Jean d'Alembert，1717—1783）、克莱罗（Alexis Clairaut）和欧拉（Leonhard Euler，1707—1783）三位数学、物理学家从 1742 年开始应用所谓"微扰算法"（perturbation method）来精确计算月球在地球和日球两者的万有引力作用下的运动。这是十分困难，而且（后来证明）没有完全准确的解决方法（即所谓严正解 [exact solution]）的所谓"三体问题"（three-body problem）。由于计算程序上的错误，他们不约而同在 1747 年先后宣布，月球的实测运动证明，牛顿的万有引力定律并非完全正确！但在短短两年后，他们发现了计算上的问

――――――――――

① 有关牛顿学说在欧陆所引起的巨大争论，以及其最后被接受的复杂过程，见 J. B. Shank，*The Newton Wars and the Beginning of the French Enlightenment*（The University of Chicago Press，2008）。

② 有关莫佩尔蒂在法国科学院资助下到芬兰作地球形状实测的过程，以及由此引起的大争论，见 Mary Terrell，*The Man Who Flattened the Earth：Maupertuis and the Sciences in the Enlightenment*（The University of Chicago Press，2002）。

题，又转而承认，牛顿毕竟还是正确的。① 由于三位顶尖专家都出现了这种态度上的反复，一般学者心中的疑虑自然还是难以完全消除。

牛顿学说被完全肯定的最后一幕颇富戏剧性，那仍然和彗星有关。哈雷（Edmond Halley，1656—1742）是才华横溢的后辈天文学家，牛顿的崇拜者。牛顿之所以会下决心毕生撰写巨著，正就是由于哈雷的刺激、劝说、鼓励；此书的编辑、校对，乃至印刷费用，也都由哈雷个人负责。在 1705 年，哈雷应用《原理》所发明的方法，详细研究了历史上出现过的许多彗星，发现在 1531、1607 和 1682 年出现的三颗彗星，其轨道形状和位置都极其相近，因此判断，这三者其实是同一颗彗星，回转周期为七十五至七十七年。他并且预测，它将在1758—1759 年间重新出现。到 18 世纪中叶，由于上述月球轨道计算的刺激，所以三体问题的解决已经大有进步，克莱罗因此能够把微扰算法应用到土星和木星对哈雷彗星轨道之摄动的计算上去。他在 1758 年 11 月向法国科学院宣布，根据他的测算，哈雷彗星将于翌年 4 月中重现，误差不会超过三十天。果不其然，经过漫长的七十七年之后，这颗最著名的彗星在万众期待中终于依时出现，比预测日期恰恰只提早一个月!② 这样，牛顿学说在 18 世纪 50 年代末，也就是发表七十多年之后，终于否极泰来，成为无可争辩的科学正统。而且，差不多

---

① 但欧拉是一直到 1751 年方才公开证实自己的错误。这段公案见 Thomas L. Hankins, *Jean d'Alembert*: *Science and the Enlightenment* (New York: Gordon and Breach, 1990 [1970]), pp. 32–35。

② 见上引 Hankins, *Jean d'Alembert*, pp. 37–39。

同时，由此学说所激发的启蒙运动也进入高潮：卢梭的《论人类不平等之根源》出版于 1755 年，《民约论》则出版于 1762 年。

自此以后，在人类脑海中，彗星就从绚烂归于平淡，变成可以理解、测度、计算，甚至预告的自然现象，它的神秘、传奇色彩也一去不返了。

原刊《南风窗》（广州）2012 年 6 月 6 日号，第 90—92 页；部分经删节改写发表于网刊《赛先生》2017 年 3 月 27 日号；此处经修订和补充。